믿습니까? 믿습니다!

일러두기

사진 및 자료를 제공해주신 모든 기관 및 관계자 분들에게 고개 숙여 감사드립니다.
일부 확인이 미비한 사진은, 저작권이 확인되는 대로 절차에 따라 재차 허가를
받도록 하겠습니다.

믿습니까? 믿습니다!

별자리부터 가짜 뉴스까지 인류와 함께해온 미신의 역사

오후 지음

동아시아

차례

믿는 사람들

"지옥에는 아무것도 없다. 모든 악마들은 지금 여기에 존재한다."

– 윌리엄 셰익스피어, 『템페스트』

사주, 타로, 점성술, 별자리, 관상, 손금, 신점, 풍수지리, 수맥, 혈액형 성격론, MBTI….

세상에는 수많은 미신이 있다. 그리고 당신이 믿든 말든 미신은 역사를 만들어왔다. 이건 미신이 과학적으로 타당한지 아닌지와는 무관하다. 틀리든 말든 믿는 사람들이 있고, 그 믿음이 어떤 식으로든 역사에 흔적을 남긴다. 지난 수백 년간 과학은 인간의 진화 과정을 밝혔고, 지구가 우주의 중심이 아니란 걸 알아냈으며, 지구 밖으로 우주선을 날려 보냈다. 아동 사망률을 10분의 1로 떨어뜨렸고, 평균 수명을 배 이상 끌어올렸으며, 추위와 더위에서 우리를 구원하고, 앉은뱅이를 일으켜 세우는 기적을 선보였지만, 그럼에도 미신은 사라지지 않았다.

우리는 미신을 믿는 사람을 쉽게 비웃지만, 미신을 믿는 사람 중 대부분은 광신자나 멍청이가 아니다. 그들은 소위 말하는 '정상적인 사람'이며, 특정 분야에서 매우 뛰어난 사람도 있다. 심지어 그런 이들을 비웃고 있는 우리조차 어떤 부분에서는 미신을 믿고 있을지 모른다. 물론 자신은 그것이 미신이 아니라고 생각하겠지만.

누구나 자신의 운명을 알고 싶어 한다. 그리스 신화의 주인공들은 늘 신탁을 받는다. 심지어 신도 신탁을 받는다. 그들은 자신의 운명을 알기 위해 신탁을 받고, 막상 신탁을 받고 나면 그 운명을 피하기 위해 발버둥 치지만, 결국 그 발버둥 때문에 운명에 휩쓸린다.

지금도 마찬가지다. 자신의 미래가 궁금한 이들은 연말연시가 되면 신탁을 받기 위해 점집으로 몰려간다. 모든 것이 민영화된 현대사회에서는 신전이 여기저기 널려 있다. 사람들은 자신이 옳다고 생각하는 방식으로 신탁을 받고, 마음에 들면 받아들이고, 마음에 들지 않으면 다른 신탁을 찾아 나선다. 신탁이 이루어지느냐 마느냐는 중요하지 않다. 신탁을 받는 그 과정이 중요할 뿐이다.

대한민국에는 약 50만 명의 점술가가 있으며, 그들이 만들어내는 산업 규모는 4조 원에 이른다. 언론이 하는 많은 일이 그렇듯 이 수치는 다소 과장되었을 수도 있지만, 어쩌면 더 거대할 수도 있다. 미신을 다루는 이들은 대부분 현금 거래를 하며, 공식 매출도 카페 수익 같은 다른 명목으로 잡히는 경우가 많기 때문이다.

만약 음모론이나 종교, 각종 사상, 잘못된 상식에 근거한 상품 팔이까지 모두 미신으로 묶는다면 우리 사회에서 미신을 분리하는 것은 사실상 불가능하다. 꼭 한국만의 현상도 아니다. 방식이 다를 순 있지만 미신이 없는 곳은 없다. 세상 어느 분수가에 가도 분수 안에는 사람들이 소원을 빈다고 던진 동전이 가득하다. 로마 트레비 분수에는 매년 13억 원의 동전이 쌓인다.

과학이 우주의 모든 비밀을 밝혀낸다 해도, 미신은 결코 사라지지 않을 것이다. 인터넷에 활개치는 지구 평평론자와 안아키스트(약 안 쓰고 아이를 키워야 건강하게 자란다고 믿는 무지막지한 부모들), IP 번호로 당신의 배우자를 점쳐주는 인터넷 페이지, 몇 가지 질문으로 당신의 성격을 알아내는 심리 검사, 비행기를 타고 날아가 51구역을 방문하는 사람들, 지상파 방송에 버젓이 등장하는 최면술과 신문의 유일한 인기 코너인 '오늘의 운세', 혈액형을 대체하고 있는 MBTI를 보고 있노라면, 과학기술이 오히려 미신을 더 흥하게 하는 것은 아닌가 하는 생각마저 든다. 기술의 발전 덕에 이제 우리는 무엇을 믿어도 웬만하면 생존할 수 있는 시대를 살게 되었다. 우리는 자신에게 피해만 주지 않는다면, 타인이 무엇을 믿든 신경 쓰지 않으며, 심지어 그런 무관심을 미덕으로 여긴다.

미신도 취향으로 존중받는 세상, 현대는 진정한 판타지 랜드다.

근거가 있을 거란 착각

문화인류학자 마빈 해리스^{Marvin Harris}가 쓴 『문화의 수수께끼』는 다문화 사회를 살아가는 현대인이라면 꼭 읽어야 할 필독서다. 이 책은 우리의 눈으로는 이해되지 않는 문화들, 예를 들어 힌두교는 왜 소를 숭상하고 먹지 않는지, 몇몇 종교는 왜 돼지를 키우거나 먹지 않는지 등의 문제를 해당 지역의 날씨와 생활 방식을 통해 합리적으로 추론한다. 해리스는 어떤 문화가 만들어진 데는 그럴만한 이유가 있다고 말한다. 훌륭한 시각이다. 나는 해리스의 책을 스무 살에 처음 읽었는데, 그의 사고방식은 내가 세상을 바라보는 관점에 큰 영향을 줬다. 쉽게 이해 가지 않는 사건을 겪거나 사람을 만날 때면, 그 사건 혹은 그 사람이 '그렇게 될 수밖에 없는 이유'를 찾기 위해 노력한다. 아마 대부분의 문명인이 그렇게 세상을 바라볼 것이다(제발 그렇게 좀 바라보자). 특히 지성인들은 사회를 이런 방식으로 이해하려고 노력한다. 그래야 쓸데없는 적대감을 줄이고, 객관적으로 문제를 파악할 수 있다고 '믿기' 때문이다.

하지만 지난 몇 년간 나는 이런 생각에 반하는 사건과 사람들을 많이 만났다. 특히 믿음에 관한 문제와 직면하면 사람들의 태도는 합리성과는 정반대로 멀어진다. 사람들은 한번 믿기 시작하면 웬만해선 자신의 생각을 바꾸지 않았다. 거기에는 어떤 이유도 없다. 심지어 잘못됐다는 것이 명확히 밝혀진 뒤에도

잘못된 믿음의 훌륭한 예. 어떻게 동성애가 담배보다 나쁜지 확신하는 걸까? 어떻게 맛을 들이면 끊을 수 없다고 확신하는 걸까? 본인이 동성애자가 아니라면 이런 것이 바로 믿음이다.

많은 이들이 자신의 주장을 끝까지 고집했다. 사람들은 모두 어느 부분에서는 미쳐 있다. 여기서 미쳤다는 건 이유가 없다는 뜻이다. 물론 처음에는 이유가 있었겠지만, 어느 순간이 되면 이유는 사라지고 믿음만이 남는다.

근거 없는 믿음, 이 중에는 행운 속옷 같은 사소한 징크스도 있고, 사주팔자, 점성술, 혈액형 심리학같이 광범위하게 퍼진 미신도 있다. 종교도 포함된다. 인종차별, 성차별 같은 잘못된 가치관, 심지어 우리가 훌륭하다고 생각하는 몇몇 문화와 가치도 이런 범주에 포함된다. 물론 처음에는 각자 나름의 이유가 있었을 것이다. 누군가는 여전히 이성적으로 이런 결론을 내리고 있을 수도 있다. 하지만 대다수는 뿌리 없이 그냥 믿는다.

이 책에서는 근거 없는 믿음을 통틀어 미신이라고 칭한다.
일괄 분류가 기분 나쁜 사람도 있겠지만, 나의 근거 없는 믿음
은 이런 것들을 모두 '근거 없다'고 판단하고 있다. 그리고 근거
가 없다고 했지, 나쁘다거나 틀렸다고 한 것은 아니다. 물론 많
은 경우 근거 없는 것은 나쁘고 틀리지만, 꼭 그런 것은 아니다.
인류의 발전은 종종 근거 없는 믿음을 확신한 사람들의 손으로
이루어졌다.

이 책은 수많은 미신 중에서도 미래를 예언하는 것들이 어
떻게 생겨나고 변해왔는지를 다룬다. 이렇게 범위를 한정한다
해도 미신은 너무도 광대해서 아주 일부밖에 다루지 못할 것이
다. 미래를 예언하는 것에는 사주, 역술, 점술, 신점, 손금, 관상,
타로, 점성술, 나아가서는 종교와 사상, 심지어 일부 과학까지
도 포함된다. 독자들의 돈과 시간을 생각하는 마음에서 미리 알
려드리자면, 이 책은 운세를 보거나 점을 치는 방법을 알려주지
않는다(간단하게 몇 가지 방법을 알려주긴 하지만 주된 내용은 아니다).
또한 이 책은 미신을 이 세상에서 사라지게 할 비법이나 대안을
제시하지도 않는다. 책을 읽은 후에 독자 스스로 그런 생각을
해볼 수는 있겠지만, 책 속에는 그런 내용이 없다.

그렇다고 이 책이 과학적인 입장에서 미신을 반박하고 공
격하기 위해 쓰인 것이냐 하면 그렇지도 않다. 어쩔 수 없이 나

의 생각과 태도가 반영되겠지만, 그뿐이다. 혜안을 바란다면, 이 책에서 당신이 얻을 건 별로 없다.

　　그럼 이 책에는 어떤 내용이 들어 있을까? 궁금하면 일단 장바구니에 담아라.

순리를

거스르는 순리

"미신은 인간의 본성에 속한다.

사람들이 미신을 완전히 몰아내려고 하면

미신은 미묘한 구석으로 대피했다가

어느 정도 안전하다고 생각되면 다시 기어 나온다."

- 요한 볼프강 폰 괴테

미신은 언제 시작됐을까

초기 인류의 삶을 상상해보자. 아침을 맞으려면 밤을 살아내야 한다. 밤은 모든 것을 삼킨다. 맹수들은 호시탐탐 나와 가족을 노린다. 인간은 빠르지도 강하지도 않다. 지구력이 상대적으로 좋지만, 게임이라고 한다면 아무도 선택하지 않을 특성이다. 운 좋게 밤을 버티고 아침을 맞으면, 그날 먹을 것을 구하기 위해 떠나야 한다. 하루 벌어 하루 먹고산다. 방향을 잘못 잡아, 먹을 것을 구하지 못하는 날도 많다. 하늘에서는 예고 없이 비가 쏟아지고 천둥 번개가 친다. 숲에 큰불이라도 나면 타 죽기도 한다. 당시 기후는 지금보다 훨씬 불안정했다. 기후가 현재처럼 안정된 시기는 1만 년 전이다. 원시인들은 지금보다 더 극단적인 날씨를 제대로 된 보일러와 에어컨 없이 버텨야 했다.

그들이 기도를 드린 것은 어찌 보면 당연하다. 무언가가 자신의 삶을 보호하고 가족의 앞날을 밝혀줘야 한다. 그들에게는 어쩔 수 없는 일이 너무 많이 벌어졌다. 자연스레 '운명'을 떠올렸을 것이다. 아마도 인류는 탄생한 그 순간부터 종교와 비슷한 것을 가지고 있었을 것이다. 그들 인생의 너무 많은 것이 운으로 결정되었으므로.

학창 시절 교과서에서 본 동굴벽화를 기억하는가? 우리는 벽화를 통해 오래전부터 인류가 일종의 미신(혹은 종교, 어차피 그게 그거지만)을 가지고 있었다고 추정한다. 그런데 일부 사람들은 벽화를 종교의 흔적으로 여기는 것은 너무 과도하다고, 벽화는 단순한 오락이나 초기 형태의 예술일 뿐이라고 주장한다. 하지만 이는 동굴벽화를 이미지로만 보기 때문에 하는 착각이다.

쇼베 동굴에서 발견된 벽화를 보자. 그림도 그림이지만 더 중요한 건 그림이 그려진 위치다. 벽화는 종유석이 달려 있어 위험하기 이를 데 없는 통로를 수백 미터 지난 곳에서 발견됐다. 완벽한 어둠 속이므로 벽화를 그리기 위해서는 불을 밝혀야 했을 텐데, 요즘처럼 스마트폰에 플래시가 달린 시절도 아니었을 테니 상당히 힘든 작업이었을 것이다. 물론 누군가 그림을 너무 그리고 싶어 동굴 속으로 들어갔을 수도 있다. 지금도 누군가는 그라피티를 남기려고 지하도 깊숙이 들어가니까. 이 벽화가 한두 번 만에 그려진 것이라면 아무리 험한 곳에 있어도

쇼베 동굴벽화와 그곳에 이르는 험난한 길

당시의 그라피티로 이해하고 넘어갈 수도 있다. 하지만 이 벽화
는 5,000년의 시차를 두고 조금씩 그려졌다. 즉 우리 조상들은
대를 이어가며 정기적으로 이 동굴에 들어가 벽화를 그렸다. 미
신이든 종교든 집단 믿음이 없었다면 불가능한 일이다.

현 인류인 호모사피엔스는 대략 30만 년 전에 등장했다.

학자들은 호모사피엔스가 등장 초기부터 원시 형태의 종교적 믿음을 가지고 있었을 거라고 추정한다. 그럼 현생인류 이전에는 미신이 없었을까?

1908년 프랑스 남서부 지방의 한 동굴에서 네안데르탈인의 무덤으로 추정되는 흔적이 발견됐다. 무덤은 미신이 존재했다는 강력한 증거다. 시체를 매장했다는 것은 네안데르탈인에게 '죽음 이후의 삶(사후 세계)'에 대한 개념이 있었다고 판단할 수 있는 근거가 된다. 매장이 왜 특별한지 이해가 가지 않는 사람도 있을 것이다. 가족이나 가까운 이가 죽으면 묻어주는 것은 미신과 아무 상관이 없다고 생각할지 모른다.

하지만 인간 외에 어떤 동물도 매장하지 않는다. 포유류 대부분이 가족 구성원에게 친밀감을 느끼며, 구성원이 죽으면 한동안 그 옆을 뜨지 않는 등 슬퍼하는 모습을 보인다. 하지만 그들은 아무리 슬퍼도 매장하지는 않는다. 매장에는 애정과는 다른 무언가가 필요하다.

물론 매장에는 실용적인 이유가 있다. 시체를 그대로 놓아두면 부패해서 병이 퍼질 수도 있고, 냄새 때문에 포식자가 몰릴 수도 있기 때문이다. 하지만 네안데르탈인의 무덤에서는 시체뿐 아니라, 그가 생전에 사용한 것으로 추정되는 물건도 함께 발견됐다. 죽은 이가 사용한 물건을 함께 묻어준 것이다. 만약 실용적인 이유로 매장을 했다면, 귀한 물자를 함께 묻을 필요가 없다. 원시인들은 죽은 사람에게도 물건이 필요하다고 생각했다. 왜 물건이 필요하겠는가? 죽음 이후에도 무언가 있을 거라고 가정한 것이다. 아니면 적어도 '죽은 이의 물건을 쓰면 재수 없다' 정도의 생각, 귀신 비슷한 존재를 떠올린 것이다.

그래서 네안데르탈인의 매장 흔적이 처음 발견되었을 때는 이것이 진짜 매장 흔적이 맞는지 논쟁이 있었다. 하지만 이후 추가로 유적이 발견되고 스페인에서 벽화까지 발견되면서, 이제 대다수 학자는 네안데르탈인에게 매장 문화가 있었을 것으로 추정하고 있다. 사실 네안데르탈인에게 원시 종교와 같은 미신이 있었다는 것이 특별한 일은 아니다. 그들은 인간보다 큰 뇌를 가지고 있었고, 언어도 사용했다. 그러니 당연히 미신도 있었겠지.

지금까지 발견된 네안데르탈인들의 매장 유적은 대부분 5만 년 전후, 최대 12만년 밖에 되지 않은 것들이다. 현생인류 등장 이전 미신의 흔적은 없다. 하지만 네안데르탈인과 호모사피엔스 둘 다 매장을 했고 벽화를 그렸다. 이는 두 종이 갈라지기 전부터 해당 문화를 가지고 있었을 가능성이 있다는 뜻이다. 네안데르탈인과 호모사피엔스는 약 100만 년 전에 분화됐다.

반면 600만 년 전에 인간과 공통 조상에서 분리된 침팬지나 보노보에게는 매장 문화가 없다. 그러니 최초의 미신은 기원전 600만 년 이후에 생겼다고 볼 수 있다. 네안데르탈인 이전에도 여러 호모 종이 있었다. 그들도 일종의 미신을 가졌을 가능

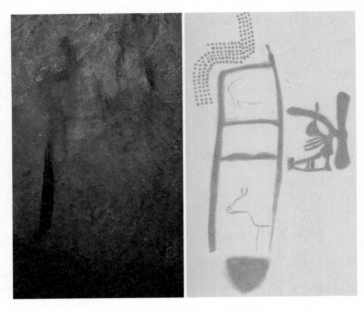

(좌) 네안데르탈인이 남긴 벽화, (우) 벽화에서 그림만 그래픽으로 따낸 것.
확실히 종교적인 느낌이 있다. 오른쪽 그림은 일종의 상형문자처럼 보이기도 한다.

성이 있지만, 아직까지는 그들의 매장 문화나 종교 활동 흔적은
발견되지 않았다. 그러니 최초의 미신은 600만 년 전부터 현생
인류와 네안데르탈인이 분화한 100만 년 전, 그사이 어디쯤에
서 생겨나지 않았을까 싶다.

∴ 결론 : 미신이 언제 생겼는지는 아무도 모른다. 아무튼 엄청
오래됐다. 심지어 인류보다 미신이 먼저 생겼을지도 모른다.

기원전 3000년경부터 이집트 지역에서 사용된 〈사자의 서〉, 죽은 사람이 저승에 가는 방법을 그리고 있다. 사자의 서는 일종의 '저승사용설명서'로 죽은 이의 무덤에 함께 묻어주었다. 즉 일회용. 하지만 정성을 다해 정교하게 그렸다. 가운데 저울은 심장의 무게를 재는 것으로 이집트 사람들은 심장에 인간의 지성과 감성이 응축되어 있다고 믿었다. 그래서 미라를 만들 때도 다른 장기들은 제거하지만 심장만은 그대로 남겨두었다. 인간은 아주 오래전부터 사후 세계를 인식했을 뿐 아니라, 그 과정을 중요하게 여겼고, 급기야 설명서가 필요한 수준으로 발전시켰다. 형식과 내용은 다르지만 이집트뿐 아니라 모든 문명에서 이런 기록이 발견된다.

동물의 미신

동물에게 매장 문화나 벽화가 없다고 해서 그들에게 전혀 미신이 없다는 뜻은 아니다.

20세기 중반까지 학자들은 "미신은 고차원적인 인지 특성으로 인간만이 가질 수 있다"고 주장했다. 하지만 미국의 심리학자 스키너Burrhus Frederic Skinner는 이에 동의할 수 없었고, 동물의 미신을 증명할 실험을 계획한다.

실험은 간단했다. 비둘기를 상자 속에 넣는다. 상자 안에는 원반과 먹이통이 있다. 비둘기가 원반을 쫄 때마다 먹이를 하나씩 준다. 어느 정도 시간이 지나면, 비둘기는 원반을 쪼면 먹이가 떨어진다는 인과관계를 파악한다.

이제 준비는 끝났다. 이 비둘기를 다시 상자 속에 넣는다. 이 상자에는 먹이통만 있다. 이번에는 비둘기가 무슨 행동을 하든 먹이를 15초 간격으로 제공한다. 비둘기의 행동은 먹이 제공에 아무 영향을 끼치지 않는다. 비둘기는 어떻게 행동할까?

사실 비둘기는 아무 행동도 할 필요가 없다. 어차피 먹이는 15초마다 나오니까. 하지만 이전에 먹이와 특정 행동의 인과를 익힌 비둘기는 먹이가 나오는 원인을 찾기 시작한다. 어떤 비둘기는 목을 앞뒤로 흔들었고, 어떤 비둘기는 구석에서 한쪽 방향으로 도는 행동을 반복했다. 모서리에 머리를 박는 비둘기도 있었다. 먹이가 나오기 직전에 한 행동이 먹이를 불러왔다고 착각

제인 구달 선생과 그의 친구들, 구달 선생이 그렇다면 그런 것이다. 이 정도로 친한 사이인데, 친구가 교회를 가는지 안 가는지도 모르겠다는가? 인간 외의 동물이 도구를 사용한다는 것도 구달 선생이 가장 먼저 발견했다.

하고, 그 행동을 되풀이하는 것이다. 연구진은 이후 먹이 배급 간격을 15초에서 60초로 늘렸다. 먹이가 줄어들자 간절해진 비둘기는 특정 행동을 더 격렬히 하기 시작해 마치 광신도 같은 모습을 보였다.

　　제인 구달Valerie Jane Goodall 박사도 침팬지를 관찰하던 도중 그들의 종교 행위를 발견했다. 하루는 침팬지를 뒤쫓았는데, 폭포에 모인 침팬지들이 일제히 가슴을 두드리는 게 아닌가. 이 행동은 짝짓기나 사냥같이 생존을 위한 행위와는 아무 관련이 없었다. 연구팀은 이 행위가 일종의 종교 행위가 아닐까 추정한다.

　　다른 포유류 동물에게서도 이유를 알 수 없는 행위가 발견됐다. 대부분 짝짓기를 위한 행위로 밝혀졌지만, 그중 일부는 여전히 무슨 이유에서 하는지 알 수 없다. 학자들은 이 역시 일종의 종교의식이 아닐까 추측하고 있다.

∴ 결론 : 스키너의 실험과 구달의 발견은 동물도 미신을 가질 수 있다는 것을 보여준다. 하지만 동물의 행동은 여전히 원시적 수준이다. 매장이나 벽화 같은 고도의 미신적 행동은 아직 발견된 적이 없다.

토테미즘, 애니미즘, 샤머니즘?

'원시 종교' 하면 꼭 나오는 것이 토테미즘, 애니미즘, 샤머니즘이다. 이 셋은 보통 세트로 소개되고, 사람들도 구분하지 않고 사용한다. 이번 기회에 이 셋을 칼같이 정리하고 구분해보자.

(1) 토테미즘Totemism

특정 동식물 혹은 자연물을 신성시하는 것이다. 보통 이런 경우 그 특정 대상물과 자신의 부족이 이어져 있다고 생각한다. "우리는 그 토템의 자손이며 혈연이다", 이런 식으로 주장하는 것이다. 로마의 늑대와 독수리, 중국의 용과 봉황, 단군신화의 곰, 모두 그런 성격을 가지고 있다. 초등학생이 "우리 아빠가 더 대단해!"라고 말하는 것과 비슷한 논리. 초등학생뿐 아니라 음주 운전자들도 종종 이런 소리를 한다.

이런 관습은 현대에도 쉽게 찾아볼 수 있다. 마을 입구에 서 있는 큰 나무, 스포츠팀이나 대학에서 쓰는 심벌 등이 토테미즘의 흔적이다(그나저나 우리는 곰의 후손인데, 어째서 곰보다 중도 포기한 호랑이가 더 많이 상징으로 쓰이는지 모르겠다).

(2) 애니미즘Animism

자연현상이나 물건 등 모든 것에 영혼이 있다고 보는 세계관이다. 앞에 붙은 'anim'을 'animal'로 생각해서 동물을 모시는 것으로 착각하는 경우가 있는데, anim은 생명, 정신, 숨이라는 뜻의 라틴어 'anima'에서 유래한 것이다. 특정 동물을 섬긴다면 앞에 소개한 토테미즘이다.

애니미즘을 믿는 공동체는 자연이나 물건도 인간처럼 욕구와 의지가 있다고 생각한다. 일종의 의인화다. 예를 들어 파도가 거세면 바다가 화가 났다고 생각해서 바다에 제물을 바치는 행위가 전형적인 애니미즘이라 할 수 있다. 한반도는 애니미즘의 전통이 강한데, 문, 부엌, 더 나아가서는 장독, 도자기, 솥처럼 집 안의 소소한 물건에도 영혼이 있다고 생각했다. 집터를 지키는 지신과 터주신, 부엌을 지키는 조왕신, 문을 지키는 문왕신 등이 있으며 이 중 가장 강력한 영혼을 성주신이라 불렀다. 서양에서는 물건에 혼이 들어가면 저주가 되는 경우가 많지만, 한반도에서는 물건에 깃든 영혼을 집을 지켜주는 긍정적인 존재로 여겼다. 영화 〈신과 함께〉에서 성주신으로 무려 배우 마동석이 나오는데, 우리 조상들은 그 정도로 성주신을 강하게 생각했다.

　동양 문화권은 지금도 애니미즘의 성격이 강한데 이를 잘 보여주는 인물이 '정리의 여왕' 곤도 마리에近藤麻理惠다. 그녀는 정리 컨설턴트(물건 정리를 도와주는 사람)로 전 세계에 명성을 떨친 독특한 인물이다. 그녀가 남의 집을 방문해 물건을 정리해주는 리얼리티 프로그램 〈곤도 마리에 : 설레지 않으면 버려라〉를 보면 매번 같은 장면이 나오는데, 그녀는 정리를 시작하기 전에 의식이라도 진행하듯이 사물에게 무릎을 꿇고 공손하게 인사를 한다. 물건에 영혼이 들어 있다고 믿는, 다분히 애니미즘적인 행동이다. 서양인의 눈에는 그녀의 이런 모습이 신비롭고 숭고하게 보이는 것 같다. 물론 그녀는 그렇게 의식을 치른 다음 언제 그랬냐는 듯 가차 없이 물건을 갖다 버리지만 말이다.

　애니미즘은 여전히 강력한 영향력을 행사한다. 환경오염과 기후변화가 끼치는 피해는 이미 과학적으로 밝혀졌다. 하지만 사람들이 모두 과학을 잘 알아서 자연을 보호하는 것은 아니다. 과학 지식과 무관하게 자연을 소중히 여기고 조화롭게 살려고 노력하는 사람들이 있는데, 이들도 넓은 의미에서 애니미즘 사상을 가지고 있는 것이다. 인간은 기본적으로 모든 물건에 감정을 이입하는 경향이 있다. 인공지능이나 동물에게 쉽게 감정 이입하는 것을 보면, 애니미즘은 사상이 아니라 인간의 본성이

토크쇼에 출연해 진행자에게 스튜디오에 감사하는 법을 가르치는 곤도 마리에

아닐까 하는 생각마저 든다.

(3) 샤머니즘Shamanism

무당, 무녀, 주술사, 호칭이 무엇이든 신과 소통할 수 있는 샤먼을 중심으로 한 신앙 체계를 샤머니즘이라 한다. 샤먼은 신의 음성을 듣고 사람들에게 전하며, 사람들의 말을 신에게 전하기도 한다. 지금의 무당들이 그렇듯, 고대 샤먼들도 퍼포먼스를 벌였다. 그들은 무언가 신들린 모습을 보여줘야 했고, 이 과정에서 마약 식물을 사용하기도 했다.

이제 토테미즘, 애니미즘, 샤머니즘, 이 셋의 차이를 알겠는가? 그럼 바로 실전 문제를 풀어보자.

Q. 아이의 설명을 읽고, 이 부족의 믿음을 고르시오.

"모든 만물에는 영혼이 있어요. 말 못하는 짐승은 물론이고, 돌멩이 하나에도 영혼이 있죠. 물론 그중에서도 곰님이 최고지요. 곰은 세계의 왕이니까요. 우리도 예전에는 곰이었어요. 할머니 말로는 할머니의 할머니 할아버지의 할아버지가 곰과 태양 사이에서 태어났대요. 그래서 과거에는 사람도 자연과 소통할 수 있었대요. 하지만 이제는 너무 오랜 시간이 지나서 우리는 자연의 언어를 잃어버렸죠. 선택받은 무녀들은 아직까지 곰과 자연의 음성을 들을 수 있어요. 우리는 무녀를 통해 여전히 자연과 함께한답니다."

(1) 토테미즘

(2) 애니미즘

(3) 샤머니즘

∴ 결론 : 모르겠고, 이제까지 그래 왔던 것처럼 그냥 쓰자. 구분 안 하고 잘 살았는데 뭐….

문명을 일으킨 인류 최대의 미신

좋은 이야기는 점층적으로 스케일이 커져야 한다. 하지만 안타깝게도 인류 역사상 최고의 미신은 선사시대에 등장한다.

이야기꾼에게는 최악의 상황이다. 그래서 이 미신을 언급하지 말까 고민했지만, 이 미신은 너무 중요해서 도저히 이야기하지 않을 수가 없다. 만약 이 미신이 없었다면, 인류는 절대 지금과 같은 문명을 건설하지 못했을 것이다. 한마디로 이 미신은 지금 우리를 존재할 수 있게 만들었다.

그 미신은 바로 '농사'다.

농사, 씨를 뿌려 농산물을 수확하는 것. 원시인들은 농사를 짓기 위해 정착했고, 부족은 마을이 되고, 문명과 도시, 국가가 되었다. 모든 것은 농경에서 시작됐다. 농산물은 1년에 한 번 또는 두 번 수확 철이 정해져 있다. 그때 생산된 것을 쌓아 1년을 버텨야 한다. 그러니 수렵 채집 시절에는 없던 '보관'을 해야 하고 관련 기술이 발전한다. 농산물이 쌓여 있으니 이웃 부족이나 야만인들이 이를 뺏기 위해 침략하고, 이를 막기 위해서는 공동체 내부의 규칙과 협동이 필요하다. 군대가 생기고, 이를 운용할 시스템이 만들어진다. 시스템을 관리하기 위해 육체노동을 하지 않는 계급이 생겨나고, 이들은 곧 권력자가 된다. 그 이후 모두가 아는 역사가 시작된다.

그런데 왜 농사가 미신일까? 농사의 탄생을 생각해보자. 어떤 사람이 과일이나 곡식을 먹고 숲에 들어가 '일'을 본다. 그런데 1년쯤 뒤에 그 자리에 열매가 자란 것을 발견한다. 혹은 음식을 먹고 잔여물을 버렸는데, 그 속에서 자라날 수도 있다. 이런 현상을 깨달은 누군가는 혹시나 하는 마음으로 계속 이런 현상을 눈여겨볼 것이다. 그중 일부는 간단한 실험을 해볼 수도 있다. 씨앗을 뿌리고 변화를 관찰한다. 만약 실험이 결실을 맺게 되면, 그는 "유레카"를 외칠 것이다. 물론 당시에는 이런 표현이 없었겠지만. 여기까지의 과정은 지극히 합리적이다. 하지만 이 실험이 집단 전체의 농사로 이어지려면 비약이 필요하다.

그 사람은 이 사실을 자신의 가족과 공동체에 알린다. 모두 힘을 합쳐 충분히 많은 씨앗을 심고 가꾸면, 떠돌아다니지 않고 한곳에서 살 수 있을 정도의 식량을 수확할 수 있다고 주장한다. 그는 부족원에게 자신을 따르면 이밥과 고깃국이 있을 것이라 약속한다. 회의가 열린다. 공동체의 성격에 따라 다수결에 부칠 수도 있고, 지도자 혼자 판단을 내릴 수도 있다. 샤먼의 예언을 따르는 집단도 많았을 것이다. 그때나 지금이나 현명한 이들은 반반을 선택할 수도 있다. 반은 농사를 짓고 반은 이전처럼 생활한다. 어쨌든 농경이 시작된다. 한 해가 지나고 수확 철이 된다. 일부 공동체는 수확에 실패할 것이다. 씨앗이 아닌 걸 잘못 심었을 수도 있고, 날씨가 도와주지 않았을 수도 있다. 실패한 이들은 다시 수렵 채집의 삶으로 돌아갈 것이다. 하지만 날씨가 잘 받쳐준 일부 공동체는 우연히 수확에 성공한다. 물론 처음이므로 선지자가 약속한 것처럼 만족스럽지는 않았을 것이다. 하지만 경험이 쌓였으니 다음 해에는 더 나을 것이라는 기대를 할 수 있다. 그렇게 1년씩 시간이 흘러간다. 농사는 잘될 듯 잘될 듯 잘되지 않는다. 굶어 죽지 않을 정도로만 성공한다.

그렇게 몇 세대 이상 지나고 나면, 그들은 이전 생활로 돌아갈 수 없다. 채집이나 수렵도 기술과 경험으로 하는 것이다. 떠돌이 생활도 요령이 필요하다. 인간은 어느새 농사밖에 짓지 못하는 존재가 된다.

농경은 분명 진보다. 농경으로 인류는 한곳에 정착했고, 개체 수가 급격히 늘었고, 문명을 만들어 지구의 깡패가 되었다. 하지만 과연 농경을 시작한 사람들에게도 농경이 그렇게 위대한 것이었을까? 산업혁명이 일어나서 생산력이 폭발하기 전까지 1만 년간 인류는 지배층을 제외하고는 수렵 채집 시절보다 못 먹고 못살았다. 사람들은 항상 굶주렸다. 풍족히 먹었다 해도 과거 농산물은 대부분 탄수화물이었다. 중동 지역에서는 보리와 밀, 동아시아에서는 쌀, 중남미에서는 옥수수가 주식이었다. 그들은 늘 단백질과 비타민, 필수아미노산이 부족했고, 지독한 영양 불균형에 시달렸다. 종종 저개발국의 기아 사진에서 배만 볼록 튀어나온 아이들을 볼 수 있다. 이런 증상을 콰시오커kwashiorkor라고 하는데, 콰시오커는 못 먹어서가 아니라, 탄수화물은 섭취하는데 단백질이 부족할 경우 발생한다.

우리의 상상과 다르게 수렵 채집인들은 영양분을 골고루 섭취했다. 육류, 곤충, 견과류, 각종 풀은 영양의 균형을 맞추는 데 도움이 되었다. 그리스와 터키 지역에서 발견된 화석을 비교해보면 농경을 시작하기 전, 성인 남성의 평균 신장은 175센티미터 정도였지만, 농경이 자리 잡고 난 기원전 3000년 경에는 평균 신장이 160센티미터밖에 되지 않았다.

농경으로 인한 영양 불균형이 극명하게 드러나는 예가 바로 우리의 피부색이다. 인류의 조상은 두 발로 뛰게 된 이후부터 사냥감을 지치지 않고 뒤쫓아, 지쳐 죽은 동물을 섭취하거나 다른 동물이 먹다 남긴 것을 먹었다. 그런데 아프리카 적도 부근에서 뜀박질하는 것은 너무 더웠다. 자연스레 털이 사라지는 쪽으로 진화한다. 다행히 털이 사라져 시원해졌지만 또 다른 문제가 생긴다. 털이 없으니 피부가 자외선의 직접적인 영향을 받는다. 적도 부근은 해가 바로 머리 위에 있으니 쨍쨍하고 당연히 자외선도 강하다. 그러니 자외선을 차단하는 멜라닌 색소가 많은 이가 자연선택으로 살아남는다. 한마디로 인류의 조상은 흑인이 되었다. 그런데 인류는 200만 년 전에 지구 전역으로 퍼진다. 각 위도에 따라 자외선의 양은 다르다. 자외선이 너무 부족하면 비타민 D를 합성할 수 없다. 그래서 지역별로 피부색이 달라졌다…는 것이 과거 학자들의 추정이었다.

하지만 최근 DNA 분석을 통해 밝혀진 바로는 인류의 피부색이 달라진 건 200만 년 전이 아니라 1만 년도 채 되지 않았다고 한다. 그래서 새로운 이론이 나왔다. 바로 농경 때문에 피부색이 달라졌다는 것이다. 수렵 채집을 할 때는 자외선 없이도 식량으로 비타민 D를 충분히 공급받을 수 있으니 인류의 검은 피부가 굳이 바뀔 필요가 없었다. 하지만 농경이 시작되고 탄수화물 덩어리만 먹으면서 비타민 D가 부족해졌고, 피부색이 날씨에 맞춰 밝게 변화한 것이다. 간단하게 말하고 있지만, 집단 전체의 피부색이 자연선택으로 바뀔 정도면 얼마나 많은 죽음이 있었겠는가. 적응하지 못한 이들은 일찍 죽어 자손을 남기지 못했거나 덜 매력적인 이성이 되어 자손을 남기지 못했다. 잘 먹고 잘 살던 인류가 한순간의 잘못된 선택으로 큰 변화를 겪은 것이다.

또 농사일은 기본적으로 인간의 신체와 맞지 않다. 기껏 두 발로 서게 되었는데, 농사를 하면 다시 허리를 굽혀야 한다. 허리는 휘고, 관절에 무리가 왔다. 평균 노동시간도 더 길어졌다. 농경을 하고 집단의 규모가 커지자 전염병도 발생한다. 역사상 전쟁보다 역병으로 더 많은 사람이 죽었는데, 결국 모여 살았기 때문에 벌어진 일이다. 평균 수명도 줄었다. 현대 의학이 발달하기 전까지 인간의 수명은 수렵 채집 시절과 비슷하거나 그보다 못했다.

농경 이후 그나마 나아진 점이 있다면 인구가 급격히 늘었다는 것이다. 농사는 일손이 많을수록 유리하다. 농경 사회의 여성들은 만성적인 영양부족 상태에서도 아이를 계속 낳아야 했다. 많은 아이들이 유아기를 버티지 못하고 죽었지만, 그보다 더 많이 낳았기에 농경이 시작된 이후 인구는 큰 폭으로 늘어났다. 유전자 입장에서 보면 개체 수가 늘었으니 성공이라 할 수도 있다. 하지만 개체 수가 폭발적으로 늘어난 현대의 가축들이 행복한 삶을 산다고 생각하는 사람이 거의 없듯이, 인구가 늘어났다고 우리 조상들이 좋은 삶을 누렸다고 보기는 어렵다.

정처 없이 떠돌던 수렵 채집 시절에 비해, 정착한 농경 사회가 스트레스가 적고 안정적이라고 볼 수도 있다. 그런 측면이 분명 있었겠지만, 반대로 생각할 수도 있다. 농경 사회에서는 재난으로 농사를 망치면 한 마을이 떼죽음을 맞을 수도 있다. 기술이 비약적으로 발전한 현대에도 가뭄이나 홍수로 농사를 망치는 경우가 종종 있는데, 과거에는 오죽했을까. 수렵 채집인은 먹을 것이 없으면 다른 곳으로 떠나면 그만이다. 하지만 정착민들은 자신의 논밭이 있는 곳에 머물 수밖에 없다. 그곳에 자신의 모든 것이 있기 때문이다.

그들은 자신이 가진 아주 적은 재산을 지키기 위해 투쟁해야만 했다. 수확은 1년에 한두 번이었다. 양은 적었지만 어쨌든 재산이 생긴다. 재산은 재앙을 불렀다. 사람들은 자신의 것을 지켜야 했다. 그리고 농사를 망치게 되면 다른 부족의 것을 뺏어야 했다. 처음에는 한두 집의 싸움이었겠지만, 이는 곧 부족 간의 전투로, 국가의 전쟁으로 발전한다. 생사가 걸린 싸움이니 치열해질 수밖에 없다. 수렵 채집 시절에도 종종 싸움은 일어났지만 이겨도 뺏을 것이 별로 없었다. 싸움은 패배자를 쫓아내는 정도에서 끝이 났다. 진 쪽이 떠나면 그만이었다. 하지만 정착민들은 떠날 수 없다. 수렵 채집인과 정착민, 과연 누가 스트레스를 더 많이 받았을지 생각해볼 일이다.

장기적으로 봤을 때 농경은 인류에게 도움이 되었다. 인류가 농경을 시작하지 않았다면, 다른 동물이나 다른 호모 종과 마찬가지로 적당히 살다가 지구상에서 사라졌을지도 모른다. 1만 년 뒤 후손이 성공했으니, 그들의 선택은 틀리지 않았다. 하지만 적어도 그들과 그들의 바로 아래 자식들은 불행했다. 그들은 농경이라는 감언이설에 속아 모험을 했고, 힘든 삶을 살았다. 『총, 균, 쇠』를 쓴 문화인류학자 재레드 다이아몬드Jared Mason Diamond는 농경을 "인류 역사상 최악의 실수"라고 썼다. 『사피엔스』를 쓴 유발 하라리Yuval Noah Harari는 여기서 한발 더 나아가 "농경은 인류 역사상 가장 큰 사기"라고 표현했다.

나는 농경을 실수나 사기라고 생각하지 않는다. 나는 농경을 '인류 최대의 미신'이라 생각한다. 실수라는 표현에는 '우연히 어쩌다 한 번'이라는 의미가 포함되어 있다. 사기라는 건 '사기 치는 사람이 그것이 거짓말인 줄 알 때 성립'한다. 하지만 농경은 둘 다 아니다. 농경은 제대로 자리 잡기까지 1,000년 이상 걸렸다. 그사이 농경을 시도한 사람들은 최소한의 생활도 보장받기 힘들었다. 농경을 한 이들은 신념으로 가득 차 있었다. 적어도 지도자들은 그랬을 것이다. 그들은 사람들에게 더 나은 삶을 약속하며, 자신도 정말 더 나은 세상이 될 거라 믿었다. 그들은 스스로도 그 사기를 믿었기에 자신이 사기를 치는지도 몰랐다. 그들에게는 근거가 없었다. 그들이 아는 것은 콩 심으면 콩

이 난다는 것뿐이었다.

하지만 그들은 믿었다. 농경이 더 풍요로운 삶을 선사해줄 것을.

∴　결론 : 우리는 미신 덕분에 문명을 만들 수 있었다.

그렇다면 왜?

　물론 의문이 남는다. 그렇다면 대체 인류는 왜 목숨을 걸고 농경을 한 걸까? 아무도 정확히는 알 수 없다. 사실 인류가 농경을 받아들인 것이 너무도 이상해서 학자들은 특별한 이유가 있었을 것이라 가정하기도 한다.

　첫 번째 주장은 종교다. 터키에는 '괴베클리 테페^{Göbekli Tepe}'라는 특별한 유적이 있다. T자형 돌기둥 200개 이상으로 이루어진 거대한 유적지로 기둥의 최대 높이가 5.5미터에 달한다. 종교 시설로 추정되는 이 건축물을 짓기 위해서는 최소 500명 이상의 인력이 필요했을 것이다. 여러분은 거대 유적지가 별로 특별할 게 없다고 생각할지도 모르겠다. 이미 피라미드, 스톤헨지와 같은 기적을 우리는 많이 목격했으니까. 대체 괴베클리 테페를 왜 특별하다고 하는 것일까?

　탄소동위원소연대측정에 따르면 괴베클리 테페는 1만 년

전에 만들어졌다. 1만 년 전이면 인류가 수렵 채집을 하며 먹고 살던 때다. 그러니까 수렵 채집민들이 한곳에 모여 살면서 대형 교회를 지은 것이다. 이 건축물이 발견되기 전까지만 해도 학자들은 수렵 채집 시기에 너무 큰 공동체는 식량을 구하는 데 방해가 되기 때문에 수렵 채집인들은 소규모 공동체를 이루었을 것이라 가정했다. 즉 학자들은 ① 수렵 채집 시기에는 소규모 공동체를 이루다가 ② 농경이 시작되면서 인구가 늘어나고 ③ 사람이 모였으니 대형 종교가 생기고 ④ 그에 따라 대형 유적을 만들게 됐다고 생각해왔다. 그런데 이 유적은 그 가설에 전혀 들어맞지 않는다.

앞에서 나는 농경이 '인류 최대의 사기'라는 학자들의 주장을 인용했다. 어쩌다 전 인류가 사기에 넘어갔는지는 몇 가지 설이 있지만 확실한 건 없다. 어쩌면 그 사기의 비밀이 종교일지도 모른다. 가설은 이렇다. ① 농경 이전에 종교가 발생했고, ② 종교란 생기고 나면 경쟁적으로 거대한 제단을 세우니, ③ 제단을 세우기 위해 사람이 모일 수밖에 없었고, ④ 인구가 늘어나니 수렵 채집으로는 먹고살기가 어려워졌고, ⑤ 그래서 농경을 할 수밖에 없던 게 아니냐는 것이다.

물론 이 가설을 증명할 건 이 유적밖에 없다. 심지어 이 유적도 확실한 증거는 아니며, 설혹 그렇다 하더라도 다른 모든 지역에서 같은 이유로 농경을 시작했다고 말하기는 어렵다. 하지만 만약 이 가설이 맞다면 인류가 농경이라는 미신에 뛰어든

괴베클리 테페

게 이해가 된다. 코로나19로 다들 경험했겠지만, 신실한 종교인은 신앙을 위해서 기꺼이 고난을 감수한다. 심지어 그 대가가 목숨이라 하더라도 말이다.

또 다른 가설은 인류가 식량이 아니라 마약 식물을 기르기 위해 농경을 시작했다는 것이다. 아직까지 수렵 채집으로 살아가는 피그미족이 유일하게 기르는 식물이 대마인데, 이는 대마가 주는 즐거움을 안정적으로 누리기 위해서다. 즉 농경이 마약 식물에 중독된 인류의 손에서 시작되어 어려움 속에서도 자리를 잡았다는 것이다. 이 역시 증거는 미약하지만, 만약 그런 이유라면 종교와 마찬가지로 역시 고개가 끄덕여진다. 마약 중독자들을 보라. 그들은 마약을 구하기 위해서라면 뭐든지 한다.

피그미족이 평화로운(?) 데는 다 이유가 있다.

2

가부장 신화

본능의 시대

"우리가 정말로 알 수 없는 것은 미래가 아니라 과거다."

– 마커스 드 사토이, 『우리가 절대 알 수 없는 것들에 대해』

가부장제 이전에는 가모장제?

우리는 가부장제 속에서 살고 있다. 단순히 한반도에 유학을 기반으로 세워진 조선이 존재했기 때문이 아니다. 그냥 지구 전역이 가부장제 문화를 가지고 있다. 그나마 근대 이후에 여성을 비롯한 여러 소수자 인권이 향상되면서 조금씩 옅어지고는 있지만, 전반적으로 가부장제가 대세인 건 부정할 수 없다. 현대를 점령한 자본주의도 가부장제를 바탕으로 했기에 이를 벗어나긴 한동안 어려울 것 같다.

가부장제가 언제부터 자리 잡았는지는 명확하게 밝혀지지 않았다. 일단 동서양의 고대 기록들, 『길가메시 서사시』, 『일리아드』, 『마하바라다』, 『시경』, 『서경』, 『구약성경』이 모두 가부장제를 전제로 쓰인 것을 보면, 아마 그 이전부터 확고히 자리를 잡고 있었던 것으로 보인다. 일부 학자들은 농경과 함께 가부장제가 자리 잡았다고 주장하고, 일부는 일부일처제가 생겨난 시점에 가부장제가 자리 잡았다고 주장한다. 프리드리히 엥겔스Friedrich Engels(주로 마르크스와 한 세트로 언급되는 사상가)는 『가족, 사유재산, 국가의 기원』에서 사유재산이 발생하는 시점에 가부장제가 생겼다고 주장한다. 가부장제를 사유재산과 엮다니 역시 원조 빨갱이다운 해석이다. 그는 남녀관계에서도 계급 차이를 발견한 것이다.

일부 학자들은 원시시대는 모권이 중심이 되는 가모장 사회였을 것으로 추정하기도 한다. 이유는 간단하다. 부부관계가 일부일처가 아닐 때, 아이의 아버지는 확실하지 않지만 어머니는 확실하니, 어머니 중심으로 공동체가 꾸려지고 운영되었다는 것이다. 여성 인권 운동이 확산되면서 원시시대에 이런 모권 중심의 사회가 있었다는 관념이 널리 퍼졌다.

아버지의 불명확함이 가모장 사회로 이어진다는 논리는 그럴듯하지만, 아직까지 가모장 사회가 원시시대 주류였는지에 대해서는 명확한 증거가 없다. 현재까지 원시 형태의 삶을 유지하는 부족을 관찰해보면 가부장 중심으로 사회가 운영되는 경우가 더 많아서, 과거 원시 상태의 우리 조상들이 가모장 사회를 살았다고 보기는 어렵다. 그리고 설혹 모계 중심의 사회였다 하더라도 권력은 어머니가 아니라 어머니의 남자 형제들이 가지고 있었을 것으로 추정된다.

가부장제는 인간의 본성?

가모장제가 없었다면, 가부장제가 인간의 본성이라고 할 수 있을까? 인간과 가까운 동물들을 통해 유추해보자.

침팬지는 인간과 DNA 구조가 98.4퍼센트 동일하며, 보노보는 98.7퍼센트 동일하다. 대부분의 영장류는 수컷이 무리를 이끄는 가부장제 사회에서 살고 있다. 동물의 습성을 가부장제라고 구분하는 건 좀 이상하지만, 일단 그렇다고 해보자. 침팬지는 그중에서도 가부장제의 특성이 강하다. 우두머리 수컷을 중심으로 군대와 같은 위계질서를 가지고 있다.

반면 보노보는 모계 중심의 매우 독특한 습성을 가지고 있다. 이들은 암컷과 수컷이 먹이를 함께 구한다. 분배는 나이 많은 암컷이 하며 권력도 암컷에게 있다. 역시 인간이든 동물이든 자본을 가져야 권력이 생긴다. 그렇다고 보노보 암컷이 수컷에 비해 신체적으로 강한 것은 아니다. 보노보도 평균적으로 수컷이 암컷보다 힘이 세고 덩치가 크다. 그렇다면 그들은 다른 영장류와 어떤 점이 다를까? 보노보는 평균 90분에 한 번꼴로 성관계를 가진다. 일단 만나면 관계부터 갖고 본다. 갈등이 생겨도 관계를 해서 긴장을 완화한 뒤에 문제를 해결한다. 꼭 이성 간의 문제도 아니다. 보노보는 대부분 범성애 성향으로 같은 성이라도 만나면 일단 하고 본다. 그들은 침팬지보다 비교적 평화롭다.

현대사회의 중요한 화두 중 하나는 가부장제를 벗어나자

는 것이다. 그렇기에 이런 보노보의 특성을 이상화하는 시각도
많다. 하지만 이들도 동물이다. 침팬지나 다른 영장류와 비교하
면 상대적으로 평화롭다고 할 수 있지만, 다른 집단에 배타적이
고 갈등 상황 해결에 있어서는 침팬지보다 부족하다는 지적도
있다. 침팬지처럼 엄격하진 않지만, 계급도 있다. 새끼를 많이
낳은 암컷의 계급이 더 높다. 애를 많이 낳는 게 권력이라니…
이런 부분 때문에 보노보 사회를 여권이 강한 사회로 보는 것은
문제가 있다.

유전적으로 인간은 보노보와 가장 가깝지만, 그렇다고 인
간의 본성이 보노보와 비슷하다고 보기에는 무리가 있다. 사실
보노보는 동물 중에서도 꽤 독특한 편에 속한다. 아마 근대적
의미의 문명이 생기지 않았다면 인간은 침팬지와 비슷한 가부
장 문화를 이루고 살았을 가능성이 높다.

하지만 인간의 본성이 가부장제와
적합하다고 해서 가부장제가 옳은
것이 되진 않는다. 이미 인간 사
회는 본성과는 멀리 떨어져 있
다. 중요한 것은 우리가 어떤 가
치를 추구하느냐지 우리와 비슷한
동물이 어떻게 살고 있느냐가 아니다.
침팬지 한 마리가 우연히 보노보 무리

인사 중인 보노보

를 보고 화난 인셀… 은 아니고 영화 〈혹성탈출〉의 '시저(침팬지)'.
〈혹성탈출〉 시리즈에서 침팬지는 온건파로, 고릴라는 강경파로 묘사되는데 실제 생
태에서는 정반대라고 한다.

를 만난다고 해서 갑자기 페미니스트가 되는 일은 일어나지 않
는다. 하지만 인간 사회에서는 가능하다. 그 가치가 진짜든 이상
화된 것이든 그 가치는 세상을 바꾼다. 나는 인간의 가장 중요한
특성이 '부자연스러움'이라고 믿는다. 해병대의 오래된 격언대
로 "인간은 적응하는 원숭이"다.

가부장제의 핵심 이미지는 남성이 외부에서 생계 수단(혹
은 생계비)을 마련하고 그로써 가족의 수장이 되는 방식이다. 하
지만 역사상 단 한 번도 정말 남성만이 가족을 먹여 살린 시대
는 없다. 물론 아주 특수한 시기, 혹은 지금도 특출 나게 능력이
있는 사람은 혼자서 가족을 건사하겠지만, 대부분 부모의 동등
한 노동(현대 이전에는 아이들까지) 혹은 많은 경우 여성을 착취하
면서 유지됐다.

모권제 사회의 대표격인 아마조네스 존재한 적이 없을 가능성이 높지만, 오늘날에
도 끊임없이 소환된다.

농사짓고 살던 조부모님들을 떠올려보라. 놀고먹는 아낙
네가 있던가? 농사일도 하고 가정일도 한다. 가부장제는 어찌
보면 물질적인 토대에서 이루어진 것이 아니라 쌓아 올린 믿음
으로 유지된 것일지도 모른다.

남성 중심의 그리스 시대

가부장제의 성립과 함께 '하늘'이란 개념도 생겼다. 대부분
의 고대사회는 '하늘'을 최고의 존재로 여겼다. 하지만 하늘은
당연하면서도 당연하지 않다. 미신이 처음 생겼을 때는 곰, 호

랑이, 불 등 직접적인 것을 숭배했다. 하늘이 아닌 번개나 비, 태풍 같은 특정 기상 현상을 숭배했다. 먹을 것을 주는 땅을 숭배하기도 했다. 여기까지는 직접적이다. 하지만 그 모든 걸 통쳐 하늘이라는 개념이 등장하는 것은 다르다. 하늘을 숭배한다고 할 때 여기서 하늘은 진짜 하늘이 아니라 세상을 이루는 이치나 신을 의미한다. 실제로 대부분의 문화권에서 하늘은 모든 것을 지배하는 존재로 그려진다. 가부장제가 강화되는 시점도 인류가 하늘을 숭배하기 시작한 시기와 겹친다. 어머니라는 확실한 존재가 아닌 모호한 아버지란 존재를 가족의 중심으로 가져다 놓는다. 아버지의 어떤 씨앗이 사람을 만들듯, 하늘도 정확히 어떤 일을 하는지는 모르겠지만 세상 만물을 만들어낸다는 것이다. 즉 하늘이란 개념과 가부장이라는 개념이 합쳐지고 거기에 지도자와 권력까지 결합하면서 하늘 숭배와 가부장제는 공고해진다.

거의 모든 문명은 남성이 권력을 차지한 가부장 문화였다. 대부분 신화는 남신이 미쳐 날뛰는 원시 신을(혹은 악마를) 처단하는 내용으로 이루어져 있다. 여기서 처단되는 대상은 보통 여성으로 상정되며, 하늘의 신이 땅의 신을 몰아내는 형태로 구성된다. 신화학자들은 신화의 이런 구조가 가부장제가 자리 잡으면서 나타나는 현상이라 말한다. 신화에서 남신이 여신을 제압하고 군림하게 함으로써 그런 사고를 자연스레 사회에 녹아들게 하려는 것이다. 가장 극단적인 것이 그리스 신화다. 그리스에서는 이런 여성 혐오를 이민족에 가져다 붙인다. 그리스 신화를 흔히 다신교 문화라고 하지만, 모든 신이 추앙받는 것은 아니다.

가령 그리스 로마 신화에서 괴물로 묘사되는 세이렌, 하르피아, 메두사, 스핑크스(넷 다 여성이다)는 로마가 정벌한 이민족에게 추앙받던 신들이었다. 이민족의 신을 그리스 로마의 신과 영웅들이 처단함으로써 우위를 드러내는 것이다. 신화는 꼭 여성이 아니어도 타민족의 신들을 짓밟음으로써 그리스의 위상을 높였다.

또 다른 방식은 강간이다. 가만 보면 그리스 로마 신화의 최고 빌런(악당)은 남신 제우스다. 사건은 대부분 제우스가 여기저기 쏘다니면서 여자를 덮치는 바람에 벌어진다. 강간을 당한 여성 중에는 신도 있고 인간도 있는데, 제우스의 취향은 확고하다. 그는 매우 아름다운데 순진한, 보통은 처녀인 여성을 건드린다. 처음 그리스 신화를 읽을 때는 주인공을 왜 이런 후레자식으로 설정해놓았는지 도통 이해가 되지 않았는데, 지나고 보니 이것은 일종의 유치하고 직접적인 은유였다. 해당 지역의 여신을 그리스의 대장인 제우스가 성적으로 정복함으로써 그리스가 그곳을 정복했음을 선언하는 것이다.

신화를 보다 보면 신의 행동이 이상하게 느껴질 때가 있다. 그런데 그건 신이 이상한 게 아니라 신으로 상징되는 당시 사회규범 자체가 이상한 것이다. 현대에 오기 전까지 전쟁 후 강간은 일상이었고, 신도 그 짓을 한 것뿐이다. 여성이 늘 순진한 처녀여야 했던 건 효과를 극대화하기 위한 장치일 뿐이다. 음탕한 여성은 이미 악녀가 되어 영웅들에게 처단됐기 때문이기도 하고. 하긴 20년 전까지만 해도 강간 후 결혼을 하면 강간이 사랑이 되고, 강간범이 진취적인 남자가 되던 시기였으니까.

그리스 신화만 가부장적인 것은 아니다. 평등 혹은 모성 우위의 시대에서 가부장 시대로 전환되면서 대부분의 신화가 여성을 짓밟는 방식을 취하지만, 그리스 신화의 영향력이 워낙 크다 보니 대표로 욕을 먹고 있다. 비판은 원래 권력을 향한 것이니, 강한 영향력을 가진 것이 많은 비판을 받는 거라고 생각하면 억울할 건 없겠지만, 그리스 신화가 유난히 특별한 것은 아니라는 걸 유념해야 한다.

가부장제를 미신에서 다루는 이유는 이런 관념이 사람의 운명에 큰 영향을 미치기 때문이다. 사실 능력보다 성별이 훨씬 인생에 큰 영향을 미치는 경우가 많다. 단순히 남자가 유리하고 여성이 불리하다는 게 아니라, 잘되든 못 되든 누구든 성별의 한계 내에 있다는 뜻이다. 가령 신사임당이나 허난설헌을 생각해보자. 신사임당은 현모양처의 상징이고, 허난설헌은 뛰어난 문인이었다. 그 사람들은 탁월한 재능이 있었고, 그 재능을 발휘해 업적을 이뤘다. 하지만 조선이 가부장제 사회가 아니었다면, 그들은 전혀 다른 삶을 살았을 것이다. 정치나 군사에 탁월한 인물이 되었을 수도 있고, 오히려 역사에 이름이 남지 않았을 수도 있다. 물론 지금처럼 현모양처나 문인이었을 수도 있지만, 그 모습은 지금과는 많이 달랐을 것이다.

과거만의 이야기도 아니다. 빌 클린턴과 힐러리 클린턴 부부의 일화를 들어봤는가? 어느 날 두 사람이 주유소에 들렀는데, 주유소 주인이 힐러리가 결혼 전에 잠깐 만났던 남자였다. 빌은 힐러리에게 "만약 저 사람과 결혼했다면, 당신은 지금 주유소 사장의 부인이 되었겠군" 하고 말했다. 그러자 힐러리는 "아니요. 저 사람이 미국 대통령이 되었겠죠"라고 답했다고 한다.

1990년대에 떠돌던 일화이니 정치적 올바르지 않음은 무시하자. 이 일화는 부인의 중요성, 힐러리의 패기 등을 드러내는 이야기로서 처음으로 이슈가 됐다. 이 일화가 사실인지 지어낸 이야기인지는 명확하지 않다. 중요한 것은 이 시대에도 여전히 남녀의 성 역할이 고정되어 있다는 것이다. 힐러리는 빌 못지않은 정치적 야심을 가진 인물이다. 만약 1990년대 미국이 가부장제를 벗어난 상황이었다면, 빌이 아니라 힐러리가 대통령이 됐을 수도 있다.

2015년 정부 통계에 따르면 종교를 가진 남성은 900만 명, 여성은 1,200만 명으로 상당히 큰 차이가 난다. 종교는 대부분 가부장적이고 여성을 억압하는데 여성 신도가 많다는 것은 아이러니한 일이다. 이에 대해 사람들은 여성이 남성보다 섬세하고 영적인 것에 관심이 많기 때문이라고 해석한다. 그런 측면이 있을 수 있다. 그런데 혹시 가부장제 사회이기 때문에 여성이 종교에 더 빠진 것은 아닐까?

가부장제 사회에서 남성과 여성의 삶을 생각해보자. 남성은 힘이 들든 고생을 하든 어쨌든 자신의 운명을 스스로 개척한다. 반면 여성은 남편이나 아들에 따라 운명이 바뀐다. 불확실한 요소가 너무 많다. 물론 좋은 부인과 좋은 어머니는 남편이나 자식의 성공에 영향을 미치겠지만, 어쨌든 그녀들의 삶이 온전히 자신의 것이라 하긴 어렵다. 여성에게는 운이 너무도 중요한 것이다. 그러니 미신에 빠져들고 종교를 신봉할 확률도 높다.

비슷하게 사업가나 정치인 중에서도 점을 보는 사람이 많다. 독재자나 군사정권 지도자도 일이 있을 때마다 점쟁이를 불렀다. 재벌 가문에는 대부분 전속 점쟁이가 있는데, 신입사원을 뽑거나 큰 투자를 할 때 점쟁이의 조언을 듣는다. 사회 지도층이 이런 짓을 하는 게 한심하긴 하지만 정치나 사업에는 변수가 많고 운이 크게 작용하다 보니, 점에 의지하고 싶은 마음이 큰 것이다. 실제로 점괘를 믿는지 안 믿는지는 모르겠지만.

인형놀이의 시대

　가부장제에 관한 가장 큰 착각 중 하나는 가부장제 사회에서 여성이 늘 탄압받았다는 것이다. 하지만 18세기 절대왕정의 유럽에서는 아주 이상한 형태의 가부장적 여성우월주의가 팽배했다. 공쿠르 형제는 저서 『18세기 여자』에서 당시를 이렇게 묘사한다.

　　1700년부터 1789년까지 여자는 모든 것을 움직이도록 만들어진 거대한 태엽 같은 존재만이 아니었다. 여자는 매우 높은 권력, 프랑스 사상계의 여왕과 같은 존재였다. 사회의 가장 높은 곳에 도사린 관념, 곧 모든 사람의 눈이 우러러보고 모든 사람의 마음이 그리워하는 관념이었다. 여자란 남자가 무릎을 꿇는 초상, 남자가 기리는 모습이었다. 종교는 환각, 기도, 동경, 정진, 복종, 신앙 등에 의해서 인간을 지배한다. 그러나 그 자리는 언제부터인가 여자에 의하여 대체되었다. 여자는 신앙이 만드는 것을 만들었다. 여자는 영혼과 마음을 찾아냈다. 루이 15세와 볼테르가 지배하는 동안 여자는 신이 없는 시대의 하늘을 대표하는 모든 것이었다. 모든 사람이 여자를 숭배하려고 혈안이 되었다. 모든 사람이 여자를 떠받드는 일에 열성적이었다. 우상숭배는 모든 사람의 손으로 여자를 지상에서 천상으로 받아들어 올렸다. 여자를 찬양하지 않는 작가는 한 사람도 없었고, 여자에게 날개를 빌려주지 않는 날개깃의 펜은 하나도 없었다. 여자는 지방 도시에서조차도 자기를 숭배하는 시인이 있었다. 도라나 장티-베르나르가 여자의 발밑에 퍼뜨려놓은 향기로운 연기에서 여자를 신으로서 숭앙하는 구름이 만들어졌다. 그 구름은 비둘기가 날개 치며 날아감으로써 꿰뚫리고 꽃비에 맞아 여자의 옥좌와 제단이 되었다. 산문, 시가, 화필, 조각용 끌, 하프는 마치 신을 대하듯이 여자에게 열중했다. 여자는 마침내 18세기에 행복, 기쁨, 사랑의 여신이 되었을 뿐만 아니라 시적인 것, 특히 신에게 바쳐지는 것, 모든 정신적 진보의 목표, 여자를 빌려서 나타낸 인간의 이상이 되었다.

절대왕정의 궁정은 여성들이 자신의 미를 과시하는 공간이었다. 모든 고관대작은 아름다운 여인들에게 기꺼이 자신의 권력을 바쳤다. 시인들은 그들의 아름다움을 노래했다. 손 한 번 만져보지 못한 이를 평생 가슴에 담아두고 그녀를 위해 목숨을 끊기도 했다. 매춘부도 찬미의 대상이 되었다. 그들은 연애의 활력소로서 공식 석상에 초청되어 귀족들과 철학과 시를 이야기했다. 가부장제 속 여성에게 늘 강요되었던 순결도 이 시기에는 중요하게 여겨지지 않았다. 오히려 그 반대에 가까웠다. 아내의 인기는 남편의 권력이 되었다. 자신의 부인이 왕의 애인이라도 되면 바로 출셋길이 열렸다. 남편과 애인이 가깝게 지내는 경우도 많았다. 종교적으로 너무 신실한 나머지 정숙한 부인은 오히려 사교계에서 좋은 대접을 받지 못했고, 그 부인의 남편도 출셋길이 막혔다. 이 시기의 이런 독특한 성적 매너를 갈랑트리galanterie 라고 한다.

16세기 유럽 상인들의 세계도 이와 비슷했다. 대항해시대가 열리자 상인들은 이전에는 상상도 못한 어마어마한 재산을 모았고, 그 재력으로 상인들의 아내는 가사 노동에서 해방됐다. 더 이상 손수 일할 필요도 없었고, 자녀 양육을 직접 할 필요도 없었다. 아내가 아무리 사치를 부려도 상인들은 그 이상의 돈을 벌어들였기에 아무런 문제가 되지 않았다. 그러자 아내는 완전한 의미의 사치품이 되어버렸다.

역설적이게도 여성이 사치품이 될수록, 해방이 되는(것 같은) 현상이 일어난다. 이전까지 아내가 해야 한다고 여겨진 모든 일을 돈이 해결해줬으므로 상인의 아내에게는 전혀 다른 덕목이 요구된다. 부인은 오직 남편의 쾌락을 위한 존재가 되었다. 남편의 쾌락을 위해 아내는 모든 것을 최상으로 유지했다. 그런데 쾌락의 많은 부분은 다른 사람의 시선으로부터 나온다. 라캉Jacques Lacan이 말했듯이 '우리는 타인의 욕망을 욕망하기 때문'이다. 그래서 부인은 남편뿐 아니라 모든 사람에게 매력적이어야 했다. 그녀는 남편의 향락 도구였고, 모든 남성의 향락 도구였다. 그녀들의 임무는 오직 매력적일 것, 오직 사교적일 것이었다. 아내가 사치를 누리고 행복한 것은 남편에게 크나큰 명예였다. 그녀들은 심지어 여성에게 언제나 강요되었던 출산의 의무에서조차 해방되었다. 임신과 출산은 여성의 매력을 반감시킨다고 여겨졌고, 이는 아내의 즐거움을 뺏는 것이기 때문이다. 특히 다산하는 것은 아내에게 엄청나게 무례한 일로 여겨졌다.

당시 여성들은 그 이전과 이후 어느 시대의 사람들도 살아본 적 없는 화려한 시대를 살았다(물론 일부였지만). 절대왕정 시절은 그 절정이었다. 절대왕정과 프랑스 혁명, 나폴레옹 시절까지 모두 거친 정치인 탈레랑은 말년에 이렇게 회고했다.

"1789년 이전의 시대를 알지 못하는 사람은 이 세상을 산 보람이 없다."

프랑스 혁명 이전 시대가 지배층에게는 이전에도 없고 이후에도 없을 지상낙원이었다는 것이다. 혁명 이전의 구체제는 당연히 없어져야 할 시기지만, 역설적으로 특권층 안에서는 문학과 미술이 꽃피던 시절이다. 여성은 당연히 아름다웠고, 남성조차 아름다웠으며 모두 고상해 보였다. 심지어 철학조차 지루함이 없었고 재기 발랄했다. 사람들은 품위가 있었고, 연애는 자유분방했지만 음탕하지 않았다. 이 시대를 겪어봤으니 혁명이란 대의조차 탈레랑에게는 매력적이지 않았던 것이다.

지금 우리가 생각하는 보수적인 성 관념이나 연애와 결혼의 일치 등은 부르주아가 권력을 획득하면서 나타났다. 그들은 소시민적 관점에서 과거 귀족과는 다른 모습을 보여줘야 했다.

베르사유 궁전 거울의 방. 인류 역사상 다시는 오지 않을 향락의 시대, 아! 옛날이여.

그들은 자유연애를 강조하면서도 결혼 후 정절을 강요하는 이
상한 방식을 추구하게 된다. 따라서 불륜에 가까운 갈랑트리는
악덕이 된다. 매춘부 역시 절대왕정 시절의 대접을 받지 못했
다. 돈을 주고 성관계를 맺는 것은 최악의 일로 여겨졌다. 하지
만 그런 가치를 지녔다고 부르주아들이 자신이 강조한 대로 살
았던 것은 아니다. 권력을 가졌으니 타락은 정해진 수순이었다.

　절대왕정 시대와 16세기, 남성들은 여성을 위해 기꺼이 불
행을 감수하고 종종 목숨까지 바쳤지만, 그것이 진정한 의미에
서 여성을 위한 행동은 아니었다. 여성의 이상화가 극에 달한
시기는 여성 혐오가 극에 달한 시기와 별반 다르지 않다. 다만
시대가 마조히스트였기에 여성의 손에 채찍을 쥐여주고 자신을

때려달라고 강요한 것뿐이다. 기사도가 있는 시대는 여성이 존중받는 시대가 아니라 보호받는 시대인 것이다.

남자들에게는 이상한 습관이 있다.
자기가 남성이기 이전에 '보편적인 인간'이라고
생각하는 습관이다.
"세계 평화를 위해 '우리'는 무엇을 할까?" 묻는 남자에게,
버지니아 울프는 대답 대신 이렇게 되물었다.
"당신은 왜 '우리'라고 말하는가?"

-김태권 『불편한 미술관』, 창비

오늘 하루, 당신의 운이 좋으려면

불길한 꿈을 꾸면 일진이 사납다.

좋은 꿈을 꿔도 조심하라. (꿈은 현실과 반대라고 말하므로)

문지방을 밟으면 복이 나간다.

다리를 떨어도 복이 나간다. (애초에 복이 들어왔는지는 중요하지 않다.)

이름을 빨간색으로 쓰면 안 된다. (자칫하면 죽을 수도 있다.)

하지만 중국에서는 괜찮다. (중국에서는 빨간색을 길하게 여겨 이름을 일부러 빨간색으로 쓰기도 한다.)

매달 4일은 좋지 않다.

매달 13일도 좋지 않다. (금요일이면 더더욱)

4층이나 13층도 재수가 없다.

당연히 이 두 숫자가 들어간 다른 일도 안 된다. (이 책은 나의 네 번째 책이다.)

첫 번째도 불길하다. (실제로 그렇다. 처음 하면 모든 것을 책임져야 한다.)

9도 조심하라. 아홉 번째에는 저주가 있다. (아홉수)

일본에서는 7과 9가 재수 없다.

베트남에서는 8이 재수 없다.

이탈리아에서는 17이 재수 없다.

유리가 깨지면 불길하다.

거울이 깨진다면 당신은 망한 거다.

접시가 깨지는 것도 나쁜 징조다.

하지만 당신이 독일에 있다면 괜찮다. (독일에서는 접시가 깨지는 걸 길조로 여긴다. 러시아에서는 건배를 한 후 잔을 깨는 경우가 있는데 이는 행운을 빌고 액운을 쫓아내는 의식이다.)

사람의 시체를 보면 좋지 않다.

동물의 사체를 봐도 좋지 않다.

사람이든 동물이든 살생 과정을 보면 더 안 좋다. (슬래셔 영화를 봤다면 망한 거다.)

이사를 하려면 손 없는 날에 하라. 참고로 손 없는 날은 열흘 중에 이틀뿐이다. 즉 10일 중 8일은 귀신이 든다.

…

…

…

(뒤돌아보지 마라. 지금 당신 뒤에…)

사다리 밑을 지나면 운이 없다.

실내에서 우산이 펴지면 불운하다.

검은 고양이는 불길하다. (이런 미신 때문에 검은 털을 가진 동물들은 반려동물로 인기가 없다.)

까마귀가 울면 나쁜 일이 생긴다.

거미도 불길하다.

생일이라면 미리 축하받아선 안되고, 타인의 생일을 미리 축하해서도 안 된다(독일).

중국에서는 배를 나눠 먹지 않는다. (배를 나누다分梨와 이별하다分離의 발음이 같다.)

결혼식 날짜를 정한 뒤에는 초상집에 가서는 안 된다.

왼손을 쓰면 불운하다.

임신부가 산다면 집을 수선하거나 개축해선 안 된다.

선풍기를 틀고 자면…

…

…

아, 이건 상관없구나. 어차피 이미 죽어서 이 책을 못 볼 테니.

3

서양의 미신

하늘은

모든 것을 알고 있다

"브루투스여, 잘못은 별이 아니라 우리에게 있다네."

– 윌리엄 셰익스피어, 『줄리어스 시저』

명당을 둘러싼 신들의 전쟁

고대 그리스인들은 신탁을 받았다. 그리스 로마 신화의 모든 이야기에는 예언과 저주가 등장한다. 사람들은 자신의 운명을 알고 싶어 발버둥 치지만, 막상 신탁을 받고 나면 운명을 피하기 위해 발버둥 친다. 하지만 결국 그 발버둥 때문에 자신의 운명을 맞이한다. 그리스 전역의 명당에는 신을 모시는 사원이 세워졌고, 사원에는 신의 뜻을 알려준다는 신탁소가 있었다.

그 수많은 명당 중 델포이가 최고였다. 델포이는 그리스 신화에서 세계의 배꼽(중심)으로 설정되어 있다. 대지의 여신 가이아는 자신의 심복인 거대 뱀 피톤에게 델포이의 관리를 맡기면서, 자기 대신 예언을 할 수 있는 능력을 내렸다. 피톤은 세계의 균열에 몸을 숨기고 있다가 신관들이 제물을 싸들고 찾아오면 기어 나와(비하가 아니라 뱀이라 기어 나온다) 신탁을 내렸다. 피톤이 예언을 잘한 덕분인지, 균열에서 솟아오르는 자욱한 연기가 신탁의 위엄을 더했기 때문인지, 델포이의 영빨에 관한 소문이 그리스 전역에 퍼져 나간다. 아테네에서 북서쪽으로 160킬로미터 떨어져 있는, 지금은 차로 2시간이면 주파할 수 있지만 당시에는 한철을 희생해야 했던 이 시골 마을은 미래를 알고 싶은 부자들이 재산을 싸들고 몰려드는 관광지가 되었다.

그런데 잘나가는 지점장 피톤에게도 근심거리가 하나 있었으니, 가이아가 자신에게 내린 신탁 때문이다. "다음 태어날 제우스의 아들에게 너는 목숨을 잃을 것이다." 신탁치고는 상당히 상세한 내용이다. 단순히 제우스의 아들이라고만 했다면, 연쇄 강간마였던 제우스의 수많은 아들 중 누구인지 어떻게 알겠는가. 하지만 다음 아들이라 명확히 했기에 오해는 없었다. 얼마 지나지 않아 레토가 제우스의 아이를 임신한다. 초음파 검사기가 없어 딸인지 아들인지 알 수 없었지만, 피톤은 자신의 운명을 막기 위해 레토를 통째로 삼켜버릴 생각으로 그녀를 추적한다. 또한 제우스가 성범죄를 일으킬 때마다 피해자에게 저주를 퍼붓는 헤라도 레토를 방해한다. 헤라는 레토에게 "태양이 닿는 모든 땅에서 출산할 수 없다"는 저주를 내린다. 씨는 뿌리되 책임지지 않는 제우스는 이를 수수방관하고, 받아주는 곳 없는 레토는 세계를 떠돌며 방랑한다.

보다 못한 북풍의 남신 보레아스와 바다의 남신 포세이돈이 레토를 도와준다. 보레아스가 바람을 불러와 레토를 작은 섬에 닿게 하고, 포세이돈이 큰 파도를 일으켜 섬이 그림자로 덮이게 한다. 그림자 덕분에 해가 닿지 않는 섬에서 레토는 쌍둥이를 출산한다. 먼저 딸 아르테미스가 태어난다. 하지만 헤라의 명령을 받은 출산의 여신이 출산을 도와주지 않아 레토는 둘째를 낳지 못한 채 9일간 산통에 시달린다. 그런데 9일 만에 성인이 된 아르테미스가 출산을 도와 레토는 아들 아폴론을 낳는다.

그제야 제우스가 나타났고, 죄책감 때문인지 제우스는 아폴론에게 예언의 능력을 준다. 현명한 아들은 아버지의 의중을 즉각 파악한다. 하늘 아래 두 개의 태양이 있을 수는 없는 법. 아폴론과 피톤, 둘 중에 하나는 사라져야 한다. 사실 제우스는 장사가 잘되는 델포이가 탐났던 것이다. 그러면 그렇지, 제우스가 죄책감 따위 느낄 리 없다. 아폴론은 피톤을 처리하기 위해 델포이로 떠난다. 태어난 당일이라는 이야기도 있고 사흘 후라는 이야기도 있는데, 아무튼 아폴론은 꼬꼬마였다. 피톤은 50대 아저씨가 인절미 보듯 꼬꼬마 아폴론 앞에서 긴장을 풀었고, 아폴론은 그 틈을 놓치지 않고 화살을 쏘아 피톤을 저세상으로 보내버린다. 델포이의 새 주인이 된 아폴론은 피톤이 기거하던 균열 위에 신탁소를 차리고 영업을 시작한다. 수많은 신들이 등장하는 이 거대한 신화는 결국 아폴론이 권리금 한 푼 내지 않고, 명당을 차지하는 이야기다(앞에서 말한 여신을 몰아내고 신이 되는 가부장 스토리와도 겹친다).

참고로 족보를 따지면 신탁의 원주인이었던 대지의 여신 가이아는 아폴론의 고조할머니이면서 현조할머니다(가이아가 자신의 아들과 관계를 맺어 자손을 낳기 때문이다). 즉 손자의 손자가 할머니의 할머니가 가진 금싸라기 땅을 빼앗는 스토리. 할머니의 할머니는 예언으로 손자의 손자인 아폴론을 제거하려 한 것이고… 평화로운 명절이다.

델포이 신탁, 진실 혹은 거짓

주인은 바뀌었지만, 델포이의 명성은 바뀌지 않았다. 그리스 시대 내내 신탁을 원하는 이들의 방문이 이어졌다. 식당이 아무리 많아도 방송에 나온 곳만 손님이 몰리듯, 미래를 내다보고 싶은 사람들은 가까이 있는 다른 신전은 제쳐놓고 델포이로 몰려들었다. 점집 사장 아폴론은 무녀와 신관을 고용해 신전을 운영했다. 너무 많은 사람이 찾아오자 복채에 따라 예언도 다르게 내렸다. 복채를 적게 내면 간단히 OX로 답변했고, 복채를 넉넉히 내면 문장으로 된 상세한 신탁을 내렸다. 그때나 지금이나 중요한 건 복채다.

델포이 신탁이 용하다고 소문이 난 데는 몇 가지 추측이 있다. 가장 유력한 설은 대지의 균열에서 흘러나온 유황 가스

깊은 산속 델포이, 누가 와서 듣나요♬ (현재 남아 있는 델포이의 모습)

때문이라는 것이다. 유황 가스는 뿌연 연기로 신성한 분위기를 조성했을 뿐 아니라, 신탁을 내리는 무녀를 환각 상태로 만들었다. 근로기준법이 없어 과도한 노동에 시달리던 무녀는 유황 가스에 쉽게 취했고, 환각 상태에서 아무 말이나 내뱉었다. 무녀 옆을 지키는 신관은 무녀의 말을 옮겨 적어 복채를 낸 사람에게 전해주었다.

유황 가스에 취해 신탁을 내렸다고 해서 신탁 자체가 거짓이란 뜻은 아니다. 유황 가스가 영빨을 좋게 만들었든, 신비로운 이미지가 영빨이 좋은 것처럼 느끼게 했든 간에, 어쨌든 가스에 취했다는 게 거짓이라는 증거일 순 없다. 어떤 뮤지션의 명곡이 후에 약빨고 만든 거라는 사실이 밝혀진다고 해서 명곡이 아닌 것이 되지는 않듯이 말이다(물론 스포츠 선수라면 그 기록은 종종 인정되지 않는다).

예언은 자고로 모호해야 한다. 그래야 틀렸을 때 해석을 잘못한 것이라 변명할 수 있다. 무녀가 뱉은 신탁 역시 난해하기 그지없었다. 원래 취한 사람이 하는 말은 알아듣기 힘들다. 이 난해한 신탁 덕분에 신전 아랫마을에는 신탁을 해석해주는 해설소가 성행했다. 순례자들이 지낼 여관과 식당도 많았을 테니, 델포이 신탁소는 그야말로 지역 경제의 일등 공신이라 할 수 있다.

아폴론은 태양과 예언, 의술, 궁술, 음악, 시 등등을 주관하며 그리스 시대 내내 추앙받았다. 델포이 신탁의 명성도 아폴론의 이름값과 함께 올라갔다. 흥하던 도시국가는 바뀌어도 델포이의 명성만은 변하지 않았다. 아폴론이 위대한 신이어서 델포이에 사람이 몰렸는지, 신탁이 흥해서 그가 위대한 신이 되었는지 그 선후는 명확히 알 수 없다.

델포이의 전설은 로마 황제 테오도시우스가 기독교를 국교로 선포하고 모든 신전의 문을 닫아버림으로써 끝이 난다. 하지만 사람들의 아폴론 숭배는 계속된다. 12월 25일은 예수의 탄생일로 알려진 크리스마스다. 하지만 예수는 이날에 태어나지

바닥에서 올라오는 유황 가스를 쐬며 영빨을 올리는 파티아(무녀)
존 콜리어, 〈델포이의 여사제〉, (1891)

않았을 가능성이 높다. 그럼 왜 이날이 예수의 탄생일이 되었을 까? 크리스마스는 동지와 시기가 거의 비슷하다. 동지는 해가 가장 짧은 날이며 동지 이후부터 해가 조금씩 길어진다. 그래서 과거 사람들은 해가 가장 짧은 날을 태양신이 탄생한 날로 여겨 축하 행사를 벌였다. 로마를 접수한 기독교는 자연스레 기존에 행해지던 가장 큰 행사에 예수의 생일을 갖다 붙였다. 그리스 신화에서 태양신은 아폴론이다. 신화가 몰락한 뒤에도 아폴론 은 예수가 되어 지금까지도 찬양받고 있으니, 그리스 신화의 모 든 신을 통틀어 가장 큰 영광을 누린다고 해도 과언이 아니다.

천문학과 점성술

소개팅 상황이라고 가정해보자. 서로 질문이 이어지고, 상 대방은 당신에게 꽤 호감을 보인다. 당신도 그런 상대가 나쁘 지 않다. 그때, 대학 전공 이야기가 나온다. 상대방은 자신이 천 문학을 전공한 재미없는 이과라며 겸손하게 말한다. 당신은 이 답변에 호응해준답시고, "천문학 전공하셨군요. 천문학이 왜 재 미가 없어요? 저 별 엄청 좋아해요. 저는 쌍둥이자린데 호기심 이 많아서…" 같은 소리를 한다면, 다시는 그 사람을 만나기 어 려울 것이다. 물론 싫어하는 사람을 떼어놓기 위한 전략으로 이 방법을 사용할 수도 있다(이렇게까지 했는데도 집적댄다면 그 사람은 사기꾼이 분명하다).

현대 천문학은 점성술과 완전히 다른 학문이다. 점성술을 일단 학문으로 쳐준다면 말이다. 학문으로 분류한다면 점성학이라 부른다. 점성학이라 부르든 점성술이라 부르든, 이를 천문학과 혼동하는 사람은 이제 거의 없다. 하지만 천문학과 점성술이 완벽히 나뉜 것은 생각보다 오래되지 않았다.

영어로 천문학은 astronomy, 점성술은 astrology다. 하지만 르네상스 시기까지는 천문학과 점성술을 구분하지 않고 astrologia라고 불렀다. 이는 그리스어 ἀστρολογία에서 유래했는데 '별의 해석'이라는 뜻이다. 근대 이전까지는 천문학과 점성술을 구분하는 것이 사실상 의미가 없었다. 튀코 브라헤Tycho Brahe나 요하네스 케플러Johannes Kepler 같은 근대의 천문학자들도 모두 점성술을 겸업했다. 당시 학자들이 얼마나 진지하게 점성술을 대했는지는 사람마다 차이가 있을 것이다. 일부는 점성술을 진지한 학문으로 여겼을 것이고, 일부는 점성술을 믿진 않지만 먹고살기 위해 용돈 벌이로 했을 수도 있다. 어쨌든 천문학과 점성술은 동시에 발전했다. 언어에는 여전히 이 흔적이 남아있는데 '변덕스러운, 활달한'이라는 뜻의 단어 mercurial은 수성Mercury에서, '음침한'이라는 뜻의 saturnine은 토성Saturn에서, '미친, 정신 나간'이라는 뜻의 lunatic은 달Lune에서 파생했다. 이는 마치 "A형이세요?"란 질문이 '소심하다'는 뜻을 가진 것과 비슷하다.

천문학의 발전 중 많은 부분은 점을 더 제대로 치기 위한 점성가들의 관찰로 이루어졌다. 그들은 큰 사건이 벌어진 때의 하늘의 변화를 상당히 자세하게 기록했다. 더 훌륭한 관찰로 더 많은 정보를 가지고 하늘의 변화를 더 많이 예측해야 더 훌륭한 점성가로 대접받았기 때문이다. 특히 혜성이나 유성, 천재지변 등 평소에 없던 일이 일어나면 그를 자세히 서술해놓았다. 혜성의 주기는 수십 년에서 길게는 수백 년이기에 예측하더라도 실제로 관측하기 쉽지 않은데 이런 기록은 간접 증거가 될 수 있다. 가령 핼리혜성은 기원전 467년부터 기원후 1910년까지 총 32번 나타났는데, 중국 사료에는 단 한 번도 빠지지 않고 모두 기록되어 있다. 이외에도 천문 관측기구, 지표 천문학, 기하학, 그 밖의 온갖 수학 도구의 발전이 점성술에 빚을 지고 있다.

천문학과 점성술은 17세기가 지나서야 명확히 나뉜다. 지동설의 등장이 결정적이었다. 점성술은 기본적으로 천동설을 바탕으로 한다. 지동설이 과학적 사실로 인정받기 시작하면서 점성술은 과학과는 완전히 선을 긋고 순수 미신의 영역으로 들어간다.

점성술과 천문학의 관계를 연금술과 화학에 비교하는 경우가 있다. 이는 유사하긴 하지만 조금 다르다. 연금술은 화학의 과거 명칭이었다고 해도 무방하다. 금을 만들려는 과정에서 화학이 발전했기 때문이다. 연금술사는 현대의 관점에서 볼 때 대부분 화학자였다. 그래서 화학이 완전히 틀을 갖춘 뒤로 연금술사는 사라졌다. 반면 천문학과 점성술은 그 정도로 일치하지는 않는다. 물론 과거에는 둘을 구분하기 힘들었지만, 천문학이 완전히 자리 잡고 난 뒤, 천문학과 점성술은 과학과 미신으로 명확히 나뉘었다. 연금술사는 완전히 사라졌지만, 점성가는 오히려 과거보다 더 많아졌다.

바빌로니아 점성술

점성술의 시작은 고대 메소포타미아로 거슬러 올라간다. 메소포타미아의 위치는 현재 이라크 근처다. 과거에는 이 지역에서 인류 최초의 문명이 발생했다고 여겼으나, 현재 이 학설을 믿는 사람은 별로 없다. 하지만 점성술의 시작이 메소포타미아 문명이라는 데는 큰 이견이 없다. 메소포타미아 문명은 모든 거대 문명이 그렇듯 한 민족으로 이루어진 하나의 국가가 아니다. 여러 민족이 살았고, 국가도 수차례 바뀌었다. 하지만 그들은 같은 지역에 살았으므로 주류 민족과 국가가 바뀐 뒤에도 특유의 문화는 이어졌다. 이 지역에 있던 대표적인 국가가 4,000년 전에 세워진 바빌로니아다. 그래서 종종 바빌로니아는 메소포타미아 지역 고대 국가 전체를 의미하는 단어로 사용된다.

고대 문명이 있던 곳은 모두 천문학이 발달했다. 농사로 먹고살았으니 당연하다고 할 수 있다. 농사를 짓기 위해서는 1년의 주기를 어느 정도는 알아야 한다. 바빌로니아 사람들은 태양과 달의 움직임을 기본으로 1년을 거의 정확히 계산했다. 당연히 이를 수치화하기 위해서 수학도 발전했으며, 시간의 단위도 정확히 만들어냈다. 이들은 60진법을 사용했는데, 그 덕분에 우리는 여전히 1시간을 60분으로, 1분을 60초로 나눈다.

체계가 잡힌 점성술에 관한 기록은 바빌로니아 시대에 처음 등장하지만, 아마 이 지역에서는 그 이전부터 하늘을 바탕으로 한 기초적인 미신이 성행했을 것이다. 점성술의 기본은 해와 달, 태양계의 5개 행성(수금화목토), 그리고 황도 12궁이다. 황도 12궁이란 태양이 지나가는 길목에 위치한 12개의 별자리를 말한다. 별자리는 실제 관측의 결과이기도 하지만, 각 부족이 믿는 신이 공존하는 다신교 문화의 한 형태라고도 할 수 있다. 각자가 하늘과 특정 시기를 나눠 가지며 공존하는 것이다. 거기에 혜성의 등장, 일식, 월식처럼 특별하게 일어나는 이벤트나 재난도 점성술의 중요 요소다.

점성술의 전파

하늘의 뜻을 읽으려는 시도는 어느 문명이든 늘 있었다. 하지만 모든 문명이 바빌로니아처럼 점성술을 체계적으로 발전시키진 않았다. 이집트 지역은 메소포타미아와 비교해 발전이 늦지도 않았고, 수학이나 천문 지식도 부족하지 않았지만 체계적인 점성술을 만들지 않았다. 그들에게도 자체적인 기초 점성술이 있었지만, 메소포타미아 점성술이 들어오면서 사라진다. 물론 문화란 것은 사라지더라도 흔적을 남기는데, 가령 염소자리, 처녀자리, 황소자리는 이집트 문명이 모시던 신의 모습을 닮았다.

메소포타미아 점성술은 알렉산더 대왕이 이집트를 점령하면서 유럽과 아시아로 퍼져 나간다. 유럽으로 간 바빌로니아 점성술은 그리스를 거치며 살이 많이 붙기는 하지만, 어쨌든 큰 변화 없이 지금까지 이어지고 있다. 반면 인도를 거쳐 동아시아로 퍼진 바빌로니아 점성술은 토착 점성술과 결합해 새로운 점성술이 되었다. 이 과정에서 바빌로니아 점성술의 영향력이 어느 정도였는지는 학자마다 의견이 분분하다. 중국 쪽 학자들은 바빌로니아 점성술이 들어오기 이전부터 중국 지역의 자체적인 점성술이 완성 단계에 있었다고 주장하고(중국은 세상 모든 만물에 대해서 자기들이 원조라고 주장하는 경향이 있다), 서양 학자들은 반대로 주장한다.

점성술은 크게 한 국가 혹은 민족의 미래를 예언하는 국가점성술과 탄생 시간으로 보는 개인점성술로 나눌 수 있다. 바빌로니아에서는 둘 다 흥했지만, 이후 서양은 개인점성술을 중심으로, 동양은 국가점성술을 중심으로 발전한다.

중세의 미신

⑴ 기독교의 미신

우리는 교회에 다니는 사람들은 미신을 믿지 않을 것이라고 생각한다. 대부분의 종교가 미신을 우상숭배라고 비난하기 때문이다(물론 종교 자체도 미신이지만, 이에 대해서는 뒤에서 다루니 일단 넘어가자). 하지만 몇 년 전 명리학을 공부하면서 나는 종교인들을 많이 만났다. 그중 많은 이들이 사주를 보러 다녔고, 그중 몇은 사주 보는 법 자체를 배우기도 했다. 종교인이라고 특별히 사주를 더 믿는다고 할 순 없지만, 적어도 일반인이 사주를 믿는 비율만큼은 믿는 것처럼 보였다. 내 경험에 의한 통계를 종교계 전체에 적용할 순 없겠지만, 어쨌든 체감하기에는 그랬다. 당시 나는 이런 행태가 이해 가지 않았기에, 사주를 보러 오는 종교인들을 믿음이 부족한 '가라' 신자 정도로 여겼다.

그런데 중세 시대를 공부해보니 미신을 갖는 것이 꼭 종교적 믿음과 배치되는 것은 아니라는 생각을 하게 됐다. 중세에는 점성술에 관한 두 가지 대립된 태도가 공존했다. 처음에는 우리가 흔히 생각하듯 탄압했다. 기독교가 유럽을 점령한 이후, 이전 시대의 이교도 전통들은 쫓겨나고 억압받았다. 당연히 점성술도 우상 취급을 받았다. 흔하진 않지만, 점을 봤다는 이유로 화형을 당한 이도 있었다.

하지만 13세기에 활동한 신학자 토마스 아퀴나스[Thomas]

Aquinas가 점성술을 긍정적으로 해석하면서 상황이 달라진다. 그는 하늘의 별자리는 신이 몰고 다니며, 하느님은 별자리의 힘을 빌려 간접적으로 지구에서 필요한 모든 것을 내보낸다고 주장했다. 그의 주장대로라면 별자리는 인간의 육체와 성격에 당연히 영향을 준다. 물론 기독교는 자유의지를 긍정하므로, 별자리로 운명이 정해진다고 믿지는 않았다. 다만 일종의 가이드로 별자리를 통해 한 인간의 운명을 추측할 수 있다고 생각했다.

14세기 초 옥스퍼드 대학교의 학장이자 캔터베리 대주교였던 토머스 브래드워딘Thomas Bradwardine은 "신학자라면 응당 점성술을 연구해야 하며, 천체 과학은 모든 과학 가운데 가장 하느님에 근접한 것"이라고 주장했다. 물론 그는 "하늘의 영향을 받지 않는 절대적인 존재가 분명히 있고, 그가 행사하는 기적도 있다"고 덧붙여 이단이라는 비난을 피했다. 브래드워딘의 사고는 어떻게 두 가지 이상의 미신이 동시에 존재할 수 있는지를 잘 보여준다. 하나의 강력한 미신이 다른 미신을 없앤다고 생각하기 쉽지만, 미신은 상하 관계가 되어 동시에 살아남는다.

물론 중세의 모든 교인들이 점성술을 긍정했던 것은 아니다. 4세기 신학자인 아우구스티누스Sanctus Aurelius Augustinus Hipponensis는 일란성 쌍둥이가 다른 삶을 사는 것을 예로 들며, 태어난 시각을 중요하게 여기는 점성술을 비판했다. 아우구스티누스는 원래 마니교 신자로 점성술 등 여러 미신에 현혹됐으나, 기독교로 개종하면서 이런 미신을 완전히 극복했다고 한다. 이탈리아의 시

『신곡 삽화』, 점 좀 봐줬다고 이럴 거까지야.

인 단테 역시 점성술에 비판적이었는데, 그는 『신곡』 지옥 편에서 점성가가 '8층, 사기 지옥 제4 구렁'에 떨어진다고 썼다. 이들은 머리가 뒤틀린 상태로 고문을 받고 눈물이 엉덩이를 적신다.

　　점성술에 대한 상반된 견해는 중세 내내 이어졌고, 교황청은 명확한 입장을 밝히지 않았다. 점성술을 부정한 아우구스티누스도, 긍정한 아퀴나스도 모두 성인의 반열에 올랐다. 아퀴나스가 성인의 반열에 오른 뒤로는 점성술이 공공연해졌다. 중세에는 점성술이 크게 발전하지도 않았지만, 크게 탄압받지도 않았다. 생각해보면 기독교는 그 탄생부터 점성술의 흔적이 역력하다. 『마태복음』 2장을 보자.

헤롯 왕 때에 동방에서 온 박사들이 예루살렘에 이르러 말했다. "유대인의 왕으로 나신 이가 어디 계시냐? 우리가 동방에서 그의 별을 보고 그에게 경배하러 왔노라." 그러자 헤롯 왕과 온 예루살렘이 놀랐다. (…) 그들은 별을 보고 매우 크게 기뻐하고 또 기뻐했다. 집에 들어가 아기와 그의 어머니 마리아가 함께 있는 것을 보고 엎드려 아기에게 경배하고 보배합을 열어 황금과 유향과 몰약을 예물로 드렸다.

세 명의 동방박사(박사인지, 왕인지, 점성가인지 혹은 셋 다인지)는 별을 보고 예수의 탄생을 예견한다. 그들은 예언을 믿으며 먼 길을 힘들게 찾아와 선물을 주고 간다. 신의 뜻이 하늘을 통해 예견되는 전형적인 점성술 스토리다. 사실 절대자인 신의 탄생이 고작 별자리로 알려진다는 게 시시해 보이지만, 당시 점성술은 그 정도의 위상을 차지하고 있었다. 『시편』 19장에는 이런 구절도 나온다.

하늘은 하느님의 영광을 속삭이고 창공은 그 훌륭한 솜씨를 일러주니, 낮은 낮에게 그 말을 전하고 밤은 밤에게 그 일을 알려준다. 그 이야기, 그 말소리 비록 들리지 않아도….

이 구절에서는 하늘이 하느님의 뜻을 알려주는 도구인 것처럼 묘사되어 있다. 기독교의 모태가 되는 이스라엘 민족 자체가 점성술에 심취해 있었다. 성경에 나오는 이스라엘의 12지파는 각각 12개의 별자리 중 하나를 상징하며, 유대교 제단에는 12개의 빵 덩어리가 올라간다. 예수의 제자가 12명인 것도 결코 우연이 아니다. 『누가복음』 12장에는 예수가 사원에서 선생들과 논박하는 장면이 나오는데, 그가 율법에 능통하고 지도자로서 완성되었음을 보여준다. 그런데 당시 그의 나이는 하필 12살이다. 12는 이후 꾸준히 완성된 수로 여겨졌다. 원탁의 기사도 12명이고, 현대 미국 배심원도 12명이다. 물론 미국법이 점성술에서 유래한 것은 아니겠지만, 무의식적으로 12명 정도면 다양한 의견을 가진 인간 군상을 모아 동의할 만한 판결을 내릴 수 있다고 생각한 것이다.

점성술은 중세에 큰 탄압 없이 받아들여졌지만, 단 하나, 예수의 운명을 점성술로 해석하는 것만은 철저히 금지되었다. 당시 점성술은 하느님의 뜻을 인간에게 상징적으로 알려주는 것이었다. 신 아래 점성술이 있는 것이다. 그런데 그 방식으로 신의 운명을 점치는 것은 일종의 반역이었다. 하지만 호기심에 찬 점성가들은 예수의 운명을 점쳤고, 이단으로 몰려 사형당하거나 그에 못지않은 처벌을 받았다.

교회에서도 점성술을 인정할 정도니, 점성술은 일반 귀족이나 대중에게는 더 광범위하게 퍼져 있었다. 12세기에 출간된 『제왕의 역사』에는 이런 구절이 나온다.

금기는 깨라고 있는 것. 예수의 탄생일이 정확히 언제인지는 논란이 있지만, 일단 서기 1년 크리스마스로 잡았다. 서기 0년이 아닌 1년인 이유는 원년을 예수의 탄생에 맞출 당시 유럽에는 0의 개념이 없었기 때문이다. 역사에 0년은 존재하지 않는다.

대학에서는 200명의 철학자들이 점성술과 과학을 연구했다. 그들은 왕의 명령을 받고 별자리의 운행을 관측했으며, 아울러 이런 관측들을 근거로 국왕에게 미래의 사건들을 알려주었다.

이 책은 구전으로 전해져 오던 이야기를 묶은 것으로, 실존하는지조차 확실하지 않은 아서왕에 대한 내용이 절반이다. 위 구절도 아서왕 시기를 설명하며 나온 것으로, 당시 유럽의 변방이었던 영국에 저 정도 규모의 학자들이 왕의 직속으로 있었다는 것은 과장일 가능성이 높다. 하지만 점성가가 왕궁에 상주했다는 것은 사실일 것이다. 실제 유럽 대부분 왕국에는 왕에게 조언해주는 점성가들이 있었고, 이들은 대부분 전문적인 학자 대접을 받았다. 또한 아서왕이라는 상징적인 인물이 점성술을 중시했다는 표현만 봐도 당시 사람들이 점성술을 어떻게 생각했는지 알 수 있다.

(2) 이슬람의 미신

중세는 여러모로 정체된 시기였다. 최근에는 중세를 조금 더 창의적인 시대로, 힘을 비축하는 시대로 보려고 갖은 애를 쓰는 학자들도 있지만, 아무리 좋게 보려고 해도 정체되었다는 느낌을 지우기는 힘들다.

그리스와 로마에서 융성했던 많은 학문들은 중세에 아랍 지역으로 넘어가 발전한다. 서유럽 중심의 역사관에 익숙한 우리는 중세도 서유럽을 중심으로 생각하지만, 사실 중세에는 아랍 지역이 서유럽보다 잘살았으며 문화도 더 발달했다. 천문학과 점성술도 마찬가지다. 이 흔적은 지금까지 별의 이름으로 남아 있다. 우리가 익히 아는 별자리 이름은 라틴어가 많다. 대부분 그리스 신화에서 이름을 따왔기 때문이다. 하지만 별자리를 이루는 각 별의 이름은 아랍어에서 온 것이 많다. 그리스 로마 시대에는 별자리는 관찰했지만, 그것을 이루는 별까지는 제대로 관측하지 못했다. 중세 아랍에서는 관측 기술이 더 정교해져

별자리를 이루는 별까지 관측하게 되었고, 그 때문에 아랍 이름
이 붙은 것이다.

강대국이 언제나 그렇듯, 당시 아랍 지역은 유럽보다 여러
모로 개방적이었다. 하지만 아랍은 이슬람 사회였으니, 유럽과
마찬가지로 종교가 점성술을 어떻게 바라보는가가 중요했다.
아래는 이슬람의 성전인『코란』의 일부분이다.

하느님은 시리우스 별의 주인이다. (수라 053 - 나즘)
별들의 궤도를 둔 하늘을 두고 맹세하사, 약속된 심판의 날을
두고 맹세하며, 증언하는 자들과 증언받는 그들을 두고 맹세
하나니… 하늘과 대지의 왕국이 하느님께 있으며 그분은 모든
것을 지켜보고 계시니라. (수라 085 - 부루즈)

한국 이름	영어 이름	아랍어 기원과 뜻 *아랍어는 모르니 영어 발음으로 씀	바이어 명명법 (밝은 별 순으로 알파 베타…)
견우성	Dabih	Ad-Dabih(푸줏간 주인, 도살자)	염소자리 베타
데네브	Deneb	Dhanab Al-Dajaja(암탉의 꼬리)	백조자리 알파
리겔	Rigel	Rijal Al-Jabbar(거인의 다리)	오리온자리 베타 (알파인 베텔기우 스보다 밝은 것이 함정, 베텔기우스 역시 아랍어 이름에서 연원했다).
알데바란	Aldebaran	Ad-Dabaran(따라가는 자)	황소자리 알파
알페라츠	Alpheratz	Surrat Al-Faras(말의 배꼽)	안드로메다자리 알파

아랍 이름이 붙은 대표적인 별들

코란 역시 성경과 마찬가지로 별을 중시했으며, 점성술에 호의적이었다. 기존 천문학, 인도 천문학, 그리스 천문학까지 합쳐져 천문학은 중세 중동에서 집대성을 이룬다. 점성술에서 이 시기 아랍의 가장 중요한 업적은 그리스의 천문학자 프톨레마이오스Klaudios Ptolemaeos의 저작을 번역하고 계승, 발전시켜 르네상스 이후 유럽에 다시 전파한 것이다.

프톨레마이오스는 그리스의 천문학자이자 수학자다. 천동설을 주장한 대표적인 학자이다 보니 우매한 학자의 전형으로 알고 있는 사람도 많지만, 천동설은 그렇게 쉽게 무시할 수 있는 이론이 아니다. 물론 천동설은 틀렸다. 하지만 틀린 토대를 가지고도 실제 하늘에서 이뤄지는 천문 현상을 이해해야 했기에 천동설은 복잡하고 정교하게 발전했다. 지동설이 처음 등장했을 당시에는 천동설이 지동설보다 훨씬 정교하고 정확했다. 천동설 체계를 완성한 사람이 프톨레마이오스다. 그가 쓴『알마게스트』는 총 13권으로 이루어진 어마어마한 분량의 책으로 근대 이전 천문학의 기본이자 완성이라고 할 수 있다.

프톨레마이오스는 당시 모든 천문학자가 그랬듯 점성가이기도 했는데, 그가 쓴『테트라비블로스』는『알마게스트』의 지식을 토대로 하늘의 뜻을 해석하는 점성술 책이다.『테트라비블로스』는 네 권의 책이라는 뜻인데, 이름 그대로 네 권짜리다. 1권은 태양과 달, 5대 행성의 위치와 운동 등 천문학적 지식이 담겨 있고, 2권에는 이 지식을 토대로 점성술을 확립하는 원칙과 기초가 담겨 있다. 3권과 4권에는 본격적으로 점성술을 보는 방법이 적혀 있다. 『알마게스트』는 1,000년 간 명성을 누리다 지동설이 수용된 후에는 크게 읽히지 않는 편이지만, 『테트라비블로스』는 아직까지 점성가들의 성경으로 여겨진다.

그는 이 두 책을 포함해 총 13종의 책을 썼는데 현재는 10종만이 남아 있다. 권이 아니라 종인 이유는 어떤 책도 한 권으로 끝나지 않기 때문이다. 『실용 천문표』, 『행성 가설』, 『지리학』, 『광학』, 『해시계』, 『화성학』(행성 화성이 아니라 '음악의 하모니')… 제목만 봐도 어떤 사람인지 감이 올 것이다. 많은 그리스 학자가 그렇듯 안 건드린 분야가 없다. 그러면서도 문·사·철 관련 학문은 하지 않은 걸 보면 미래를 내다보는 능력까지 탁월했던 것 같다.

그리스의 천문 지식이 들어오기 전에도 아랍의 천문학과 점성술은 어느 정도 체계가 잡혀 있었다. 아랍 지역에서는 달과 별과 밤에 큰 의미를 뒀는데, 사막에서 자신이 있는 위치와 가야 할 방향을 알기 위해서는 별자리를 정확히 알아야 했기 때문이다. 무엇보다 이슬람교 신자는 하루 5번 메카를 향해 기도해야 하는데, 메카의 방향을 알기 위해서라도 별자리를 알아야 했다. 일부 이슬람 사원에서는 올바른 시간에 기도하기 위해 무와키트muwaqit라 부르는 전문 천문학자를 고용하기도 했다.

태양력이 세계 표준이 된 지금도 이슬람교는 달의 주기를 기준으로 삼는 태음력을 사용한다. 심지어 윤달이나 윤일도 없는 순수 태음력으로 한 해가 354일밖에 되지 않아, 계절이 다 틀어지지만 여전히 이를 고수하는 데는 이런 역사적 맥락이 있다. 그만큼 아랍 지역에서는 달과 별과 밤이 중요했다. 당시 아랍인들에게 별이 없는 것은 이름 그대로 재난이었다(재난을 뜻하는 disaster는 '없다dis' +'별astrer'의 합성어다).

9세기 바그다드에서는 모든 학자가 천문학을 배웠다. 지금으로 따지면 선택과목이 아니라 필수과목. 당연히 점성술도 포함된 천문학이었다. 이슬람이 점령한 지역에는 천문대가 세워졌다. 지금은 점을 볼 때, 누구도 하늘을 보며 운세를 봐주진 않지만, 과거 점성가들은 천문대에 올라 하늘을 보았다. 지도자들은 자신의 안위가 궁금해 천문대를 세웠지만, 이유야 어쨌든 천문학자들은 자신들이 할 일을 했다. 별자리를 분류하고 기록했으며, 별들에 이름을 붙이고, 매우 정확한 역법을 개발했으며, 일식과 월식을 계산하고, 천체의 움직임을 기록한 표를 개량했다.

점성술의 르네상스

"신들을 몰아내니 유령들이 몰려온다."

 – 에마누엘 가이벨

당시 이슬람에서 사용되던 천문 관측 장비인 아스트롤라베. 오른쪽은 항해사들이 사용하던 휴대용 장비

    역사를 단편적으로 배우면 르네상스를 유럽에 이성이 찾아온 시기로 잘못 이해할 수 있다. 물론 르네상스 때는 이성과 철학, 과학이 발전했다. 하지만 르네상스의 정확한 뜻은 그리스 로마 시대로의 회귀, 즉 기독교 중심의 사회에서 탈피한다는 것이다. 이 시기에는 이성과 철학, 과학뿐 아니라 비종교적인 모든 것이 부흥했는데, 그중 대부분은 미신이었다. 물질의 발전은 기존 정신(종교)을 무너뜨렸다. 종교는 모든 만물을 해석하는 방식이다. 그 방식이 사라졌으니 사람들은 새로운 해석을 해야 했고, 종교의 빈자리는 미신으로 채워졌다.

    점성술은 자연스레 제2의 전성기를 맞이한다. 거의 모든 궁정에 점성가가 고용되어 고문으로 활동하며 국정에 관여했다. 영국의 엘리자베스 1세는 즉위식 날짜를 점성가의 조언에 따라 정했다. 프랑스의 절대왕정을 확립한 재상 리슐리외 역시 점성술을 신봉했는데 그는 회의 때마다 점성가를 한 명 이상 참석시켜 자신의 주장을 뒷받침하게 했다.

로마 교황들도 대부분 점성가에 의지했다. 율리우스 2세는 즉위식 날짜를 점성가에게 물었고, 레오 10세는 매일 점성가를 만나 조언을 들었다. 파울루스 3세는 점성가가 정해준 시간 외에는 주교 회의도 열지 않았고, 손님 접대를 점성가에게 맡기기도 했다.

권력자가 점성가를 가까이하니 이를 이용한 공작 시도도 있었다. 프랑스 황제 루이 14세는 영국 여왕 메리 2세가 점성술을 좋아한다는 사실을 알고 영국 주재 대사에 점성가를 임명했다. 여왕 가까이 접근해 정보를 캐고, 여왕이 프랑스 친화적인 정책을 펴도록 할 요량이었다. 하지만 이 계획은 실패했다. 경마 경기에 참석한 여왕이 대사에게 우승마를 예언해보라고 했는데, 그 예언이 빗나갔기 때문이다. 점성가는 아무것도 이루지 못한 채 프랑스로 귀환했다.

이 시기 활동한 점성가 중 가장 유명한 이가 바로 노스트라다무스Nostradamus다. 의과대학을 졸업한 그는 흑사병으로 아내와 자녀를 잃은 후 프랑스와 이탈리아를 떠돌며 역병 전문 의사로 활동했다. 이런 과정에서 삶과 죽음의 경계에 있는 수많은 사람들을 목격하고 운명에 대해 고찰한 것일까. 이후 점성가로 명성을 쌓은 그는 프랑스 왕가의 점성술 자문위원으로 발탁된다. 노

악마숭배자… 는 아니고 17세기 전염병 의사Plague Doctor의 복장. 환자에게서 자신을 보호하기 위해 착용했다. 어쩌면 노스트라다무스도 입었을지도. 강렬한 이미지 때문에 게임이나 애니메이션 등에 서브 캐릭터로도 종종 등장한다. 코로나19 시기에 적당한 핼러윈 복장. 아마존 등에서 구매 가능하다.

스트라다무스는 이름이 아닌 일종의 칭호인데 '성모의 대변자'라는 뜻이다. 이 이름만으로도 그의 예언이 어느 정도 위치에 있었는지 알 수 있다.

　델포이의 신탁처럼 그의 예언도 모호하기 짝이 없었는데, 결코 정확한 시간이나 장소나 인물을 특정하지 않았다. 그는 4행짜리 시로 예언을 남겼고, 이는 해석하는 이에 따라 세상 모든 일에 대한 예언으로 변했다. 무엇보다 노스트라다무스는 엄청나게 성실한 예언가였다. 그는 3년간 하루도 쉬지 않고 매일 하나씩 새로운 예언을 남겼고, 현재 남아 있는 시만 942편이나 된다. 그러니 세상에 사건이 터질 때마다 '노스트라다무스가 ××마저 예언했다'는 기사가 아직까지도 나오는 것이다.

점성가를 찾는 곳은 점점 더 늘어났다. 이탈리아의 자유 도시에는 시 정부가 공식적으로 임명한 점성가가 있었으며 귀족들과 부유한 상인들도 자신의 집안 전용 점성가를 고용했다. 일반 시민들 사이에서는 점성술과 함께 손금과 타로, 심령술이 유행했다.

16세기가 되면 인쇄술의 보급과 함께 별점 달력도 홍행한다. 별점 달력은 '오늘의 운세'와 비슷하지만 훨씬 많은 내용을 담고 있다. 크게 세 부분으로 구성되는데, 앞부분에는 한 해 동안 예측되는 천문 변화, 일식, 월식, 행성의 모임과 같은 사건이 적혀 있다. 중간에는 오늘날의 달력처럼 국가 행사와 종교 기념일 등을 알려주는데, 여기까지는 객관적 사실에 가깝다. 중요한 것은 마지막 파트인데, 여기에는 점성가가 예언하는 그해의 사건·사고가 적혀 있다. 전쟁과 자연재해, 홍수, 풍년, 가끔은 유명인사의 중대사도 포함됐다.

별점 달력의 정확도는 점성가 명성의 가장 중요한 잣대였다. 많이 맞힐수록 점을 보러 찾아오는 고객이 늘고 가격도 올랐다. 물론 점성가는 많고, 별점 달력에는 온갖 예언이 난무했기에 그중 어떤 점성가의 예언은 맞을 수밖에 없었다.

별점 달력의 전성기였던 17세기, 영국에서만 한 해 2,000종이 넘는 별점 달력이 출간됐다. 전 세계 단일 판매량 1위는 그때나 지금이나 언제나 성경이지만, 모든 별점 달력의 판매량을 합치면 같은 시기 성경보다 많이 팔렸다고 한다. 구텐베르크 금속활자는 성경을 보급하는 데 기여한 만큼 미신이 퍼지는 데도 결정적 역할을 한 셈이다.

일부 점성가들은 지금의 의사나 과학자처럼 자신이 맡은 상담 사례를 상세히 기록해두었다. 이를 보면 당시 사람들이 얼마나 미신과 밀착된 삶을 살았는지를 알 수 있다. 사람들은 뭐든 점성가에게 물었다. 연애, 결혼, 합궁 일자, 출산 일자, 소송의 승패, 직업 선택, 사업의 흥망처럼 지금 우리가 점쟁이에게 묻는 것은 당연하고, 병이 낫는 방법이나 잃어버린 물건을 찾는 법, 도망친 노예가 숨어 있는 곳을 알기 위해 점성가를 찾았다. 이런 질문은 점성가를 상당히 곤혹스럽게 했다. 왜냐하면 너무 쉽게 틀리기 때문이었다. 그렇다고 들어온 질문을 거절할 경우, 명성에 흠이 가기 때문에 거절할 수도 없었다. 그래서 그들은 "당신의 과거에 답이 있다", "북쪽으로 가라" 같은 식으로 모호하게 답변해 위기를 넘겼다.

국가에서도 점성가에게 이와 비슷한 질문을 했다. 당시 유럽 국가에게 중요한 것 중 하나는 새로운 항로를 개척해 벌어들이는 수익이었다. 하지만 바다는 언제나 위험천만한 곳이었고, 사고가 잦았다. 출항하기 전에 점을 치는 건 기본이었고, 사고가 나면 잃어버린 배를 찾기 위해 점을 쳤다. 점성술을 믿지 않는 이는 "점성가가 항해하는 선박의 길흉을 예견할 수 있다면,

항해 보험사를 차려 돈을 벌지 뭐하러 점을 치고 있냐"고 비꼬았다. 마치 우리가 주식 책 내는 사람에게 "그럼 주식으로 돈이나 벌지, 왜 책을 쓰냐"고 비꼬듯이 말이다. 그런데 그 일이 실제로 벌어졌다. 당시 점성가들은 보험사에게 배의 보험을 들어줘도 되는지 아닌지를 조언해줬다고 한다. 16세기, 전 세계를 활보했던 네덜란드의 상인들은 전용 점성가를 고용해 사업의 앞날을 예측했다.

점성술에 빠진 지성들

1492년 콜럼버스는 대서양을 가로질러 아메리카 대륙에 닿는다. 그가 이런 업적을 이룬 바탕에도 점성술이 있었다. 일단 아랍의 발달한 점성술과 천문학 지식, 관측 장비가 있었기에 그는 바다에서 제대로 방향을 잡을 수 있었다. 하지만 더 중요한 것은 그의 생각이었다.

그는 점성술에 관심이 많았는데, 특히 프랑스의 신학자이자 점성가였던 피에르 다이Pierre d'Ailly의 저서에 큰 감명을 받았다. 황도 12궁은 일주하는 데 960년이 걸리는데, 다이는 이때마다 신기원을 이루는 변화나 지진 또는 홍수와 같은 자연재해가 발생한다고 주장했다. 그의 이론에 따르면 성경에 기록된 대홍수, 트로이의 몰락, 모세의 사망, 예수의 탄생이 모두 이 시기에 벌어진 일이다. 다이의 이론에 따라 콜럼버스는 곧 성경에서 예언한 세계의 종말이 올 것이며, 그때가 되면 모든 이교도들이 기독교에 귀의하게 될 것이라고 확신했다. 그는 자신이 예수의 대리자라고 여겼으며 이교도들의 세계로 하루빨리 기독교를 전파해야 한다고 믿었다. 콜럼버스가 이사벨라 여왕에게 보낸 편지에는 이런 구절이 나온다.

> …이교도인을 찾아내어 그들에게 구원의 복음을 전달하는 일이야말로 신께서 저에게 부여하신 임무입니다… 주께서는 남은 백성들을 다시 규합하시고 흩어졌던 사람들을 사방으로부터 불러 모으실 것입니다.

르네상스는 여전히 과학과 미신이 공존하던 시기였다. 지성인들은 미신을 비판했지만, 그중 상당수는 점성술을 미신으로 여기지 않았다. 뉴턴Newton, 데카르트Descartes, 프랜시스 베이컨Francis Bacon 같은 이성의 결정체였던 인물들도 점성술에 관심을 가지고 예언서를 썼다. 그들은 시정잡배들이 하는 아무 말 예언을 비판했지만, '제대로 된 점성술 예언'도 존재한다고 믿었다. 당시 지성들의 관심은 제대로 된 점성술을 아는 것이지, 점성술을 반대하는 것이 아니었다. 당대 최고의 천문학자였던 튀코 브라헤와 그의 제자 요하네스 케플러 역시 점성가였다. 당시 천문학 저작에는 대부분 점성술에 관한 논의가 포함되어 있었으니 특별할 것도 없다.

브라헤가 스무 살이던 1566년, 그가 있던 라이프치히에 월식이 일어난다. 브라헤는 이 월식이 오스만튀르크의 술탄 슐레이만의 죽음을 암시한다고 예언했다. 당시 유럽은 오스만튀르크의 확장에 위협을 느끼던 상황이었다. 그런데 브라헤가 예언하고 얼마 지나지 않아 정말로 술탄이 사망했다는 소식이 들려왔고, 브라헤는 일약 스타가 된다. 이후 밝혀진 바로는 월식이 일어나기 전, 그러니까 브라헤가 예언하기 전에 이미 술탄은 죽어 있었지만, 당시 사람들은 브라헤가 하늘을 보고 예언을 한 것이라 철석같이 믿었다.

덴마크 국왕은 브라헤에게 섬 하나를 하사하고, 그곳에 거대한 천문대를 세우고 관측 장비를 구매할 수 있도록 막대한 지원금을 주었다. 곧 섬에는 관측 장비를 제작 보수할 수 있는 공장, 인쇄소와 도서관, 작업실과 편의 시설이 들어섰다. 섬 자체가 하나의 천문학 기지가 된 셈이다. 브라헤는 그곳에서 21년간 일하면서 천문학적 발견을 이어갔다. 물론 마음 놓고 천문학을 연구하는 대가로 그는 종종 덴마크 왕실을 위해 별점을 봐야 했다. 그는 새 왕자가 태어날 때마다 하늘의 모습과 그에 대한 해석을 논문처럼 써서 왕실에 보냈다. 그럼 당대 최고 천문학자의 별점 예언을 읽어보자.

크리스티안 왕자의 어린 시절은 평안할 것인데, 이것은 금성이 유리한 위치에 있기 때문입니다. 수성의 위치가 약간 좋지 않으므로 왕자가 이듬해에 가벼운 병에 걸리겠지만, 심각한 것은 아닙니다. 12세에 왕자는 심각한 우울증에 걸릴 수 있고, 29세 때는 건강과 위엄의 측면에서 특별히 조심해야 합니다. 56세가 되는 해가 중요한데, 이 시기에 태양과 화성이 모두 왕자에게 호의를 품지 않고, 금성도 이에 대해 어찌할 역량이 없기 때문입니다. 하지만 왕자가 이 시기를 견뎌낸다면 말년은 행복하게 보낼 것입니다.

지금 우리가 보는 점과 크게 다르지 않다. 다만 이를 진지하게 궁서체로 쓰고, 다들 논문 읽듯이 받아들였다. 물론 브라헤는 바보가 아니었기에, "예언은 결코 절대적인 것이 아니며, 하느님이 자신의 뜻에 따라 모든 것을 바꿔버릴 수 있다"고 덧붙였다.

브라헤처럼 권위 있는 사람의 예언은 그것이 진짜 예언이든 아니든 역사에 영향을 미칠 수 있다. 한번은 그가 "스웨덴 왕실의 방계 자손이 장차 스웨덴의 국왕이 될 것"이라고 예언한 적이 있다. 그런데 브라헤가 세상을 떠나고 얼마 지나지 않아 스웨덴 왕실의 방계였던 구스타브 2세가 정말로 스웨덴의 왕이 된다. 당시 역사학자들은 브라헤의 별점 예언이 왕실 방계 귀족들에게 왕위를 탈취할 결심을 하게 하는 데 큰 역할을 했다고 기록하고 있다.

브라헤의 제자였던 케플러 역시 위대한 과학자이면서 동시에 위대한 점성가라는 명예를 누렸다. 케플러는 브라헤가 남긴 정밀한 관측 자료를 바탕으로 행성운동법칙을 정립했는데, 이는 지동설의 결정적 증거가 된다. 또한 뉴턴은 이 법칙의 영향을 받아 만유인력의 법칙을 발견한다.

케플러는 정치, 군사 등에 관한 별점으로 명성이 높았다. 그는 부유하게 태어나지 않아서 평생 아등바등 열심히 살았는데, 주요 돈벌이 수단 중 하나가 별점 달력이었다. 그가 점성술을 실제로 얼마나 믿었는지와 별개로 그는 별점으로 먹고살았다. 1595년 케플러는 처음으로 별점 달력을 편찬했는데, 그는 여기서 두 가지 인상적인 예언을 해 명성을 얻었다. 하나는 '이번 해 겨울이 매우 추울 것'이라는 것이고, 다른 하나는 '호전적인 터키인들이 오스트리아를 침공할 것'이라는 예언이었다. 당연히 둘 다 실현됐다.

1608년 어떤 이가 케플러를 찾아와 '정체를 밝히고 싶지 않은 어느 귀족'에 대한 별점을 부탁했다. 케플러는 그 귀족이 누군지 알고 있었지만, 모르는 체하며 점을 봐준다.

우울하고 자주 놀라는 성격이며, 하느님이 행한 것이든 인간이 행한 것이든 상관없이 모든 것에 회의적이다… 잔인하고 다른 사람을 안중에 두지 않으며, 방탕하고 음란할 뿐 아니라 부하들을 하대한다. 끝없는 탐욕을 부리며, 곳곳에서 사기 행각을 벌여 많은 사건을 일으킬 것이다. 하지만 성인이 된 뒤에는 못된 습관이 대부분 없어진다. 이런 성격은 그에게 강인한 업무 처리 능력을 키워줄 것이다. 그에게는 여전히 명예와 이익을 탐하는 욕망이 남아 있어서, 이로 인해 많은 적수를 갖게 될 것이다. 그러나 그 적수들 대부분 그의 상대가 되지 않는다. 그는 장차 명예를 얻게 될 것이다. 특별히 미신을 신봉할 것이고, 미신적 방법에 의지해서 많은 백성들을 자신의 주위에 묶어둘 것이고, 우두머리로 추대될 것이다.

케플러에게 별점을 부탁한 이는 발렌슈타인이다. 그는 신성로마제국의 총사령관을 지낸 인물로, 30년 전쟁에서 구스타브 2세와 맞서 싸웠다. 30년 전쟁의 양쪽 사령관들이 한 명은 브라헤에게, 한 명은 케플러에게 별점을 본 것이다.

발렌슈타인은 케플러의 예언에 강한 인상을 받는다. 실제로 발렌슈타인의 성격과 삶은 케플러가 말한 것과 비슷했던 모양이다. 케플러는 이미 발렌슈타인임을 알고 있었으니 살짝 반칙이라고 할 수도 있지만. 이후 발렌슈타인은 케플러의 연구를 후원했고, 그 대가로 케플러는 종종 발렌슈타인의 운

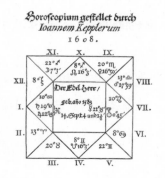

케플러가 그린 발렌슈타인의 천궁도

명을 예언해주었다. 그런데 1634년 새해가 되자 그는 더 이상 발렌슈타인의 별점을 봐주지 않는다. 당시 발렌슈타인은 최전성기를 누리고 있었고, 그 위세에 취해 반역을 꿈꾸었다. 발렌슈타인은 케플러가 예언한 대로 점성술에 빠져 점성술로 부하를 평가하는 지경에 이르렀다. 그러나 그가 별점에 의해 믿을 만하다고 여긴 부하들은 그를 배신하고 황제의 편에 선다. 심지어 그의 점성가 중 한 명인 기안바티스타 제노까지도 그의 반역을 황제에게 고발한다. 결국 발렌슈타인은 1634년 2월, 황제가 사주한 것으로 추정되는 자객의 습격을 받아 목숨을 잃는다. 이렇게 되자 사람들은 모두 케플러가 미래를 예측하고 사건에 휩쓸릴까 봐 일부러 그의 점을 봐주지 않았다고 생각하게 되었다.

물론 케플러는 미신을 무작정 신봉하는 바보가 아니었다. 1610년 신성로마제국이 혼란에 빠지자 황제파와 반대파 모두 당시 황실 수학자였던 케플러를 찾아와 별점을 봐달라고 요청한다(당시 점성가와 천문학자는 모두 수학자로 불렸다). 케플러는 찾아온 이들에게 별점 대신 이런 고언을 한다.

> 제 생각에 점성술은 회의에서 배제해야 합니다. 지금 황제에게 간언하는 이들의 뇌리에서 점성술을 완전히 지워야 하고, 또 황제의 눈에서도 완전히 씻어버려야 합니다.

하지만 그의 고언은 받아들여지지 않았다. 적군은 프라하를 함락하고 황제를 쫓아낸다.

천문학과 점성술의 분리

르네상스 시기는 제2의 점성술 부흥기였다. 누구나 하늘에
자신의 운명을 물었다. 점성술에 대한 수요가 일반 시민층에까
지 확대되자 자연스레 공급도 늘었다. 거리마다 점성가들이 넘
쳐났다. 과거에는 천문 교육을 받은 전문가들이 점성가가 됐지
만, 이제는 아무나 점성가를 자처했다. 점성술 보수주의자들 눈
에 이 신규 진입자들이 곱게 보였을 리 없다. 하지만 세상 모든
것이 그렇듯 대중의 사랑은 교육의 여부와 상관없이 엔터테인먼
트에 능한 이들이 차지하기 마련이다. 점성가에게는 별을 보는
능력보다 말솜씨가 더 중요해진다. 별을 보고 싶다 한들 길에서
활동하는 모든 점성가가 망원경을 가질 수도 없는 노릇이고.

점성가가 흔해진 만큼 그 가치는 떨어졌다. 그들은 더 이상
과거의 신비함을 유지할 수 없었다. 권력자들은 이후에도(어쩌면
지금까지도) 점쟁이를 옆에 두고 그의 의견을 들었지만, 이때부터
는 그런 사실을 공개적으로 밝히지 않게 되었다.

케플러를 끝으로 천문학과 점성술은 완전히 갈라선다.
1,000년 넘게 지속된 동행의 피날레가 케플러였던 셈이다. 여기

튀코 브라헤와 요하네스 케플러의 초상. 별자리 잘 보게 생겼다.

에는 다양한 이유가 있다. 먼저 천문학 지식이 방대해지면서 그모든 걸 점성술에 반영하기 불가능해진다. 자연스레 천문학 지식을 쌓은 이들은 점성술과 거리를 두게 된다. 반대로 거리의 점성가들은 자신이 구할 수 있는 과거 자료에 머물게 된다. 이제 점성술은 개발되는 것이 아니라 기존의 체계가 닦아온 틀에서 조금씩 변주되며 천문학과는 완전히 다른 자기만의 체계를 갖춘다. 주변 지인 중에 점을 보며 먹고사는 이들이 몇 있지만, 그중하늘을 보며 천기를 읽는 사람은 아무도 없다. 혜성이나 초신성이 등장했다고 국가의 흥망을 읽고 누군가 죽을 것이라고 말하는 점쟁이는 이제 사극에나 나오는 캐릭터가 되었다. 현대의 점성가들은 그냥 정해진 이론에 자신의 해석을 더할 뿐이다.

중세에는 성경을 직접 읽어볼 수 있는 사람이 거의 없었지만, 그럼에도 모두 기독교를 믿었다. 금속활자 기술이 생기고 가장 먼저 복제된 것은 성경이었다. 성경은 급속도로 퍼졌지만 사람들의 신앙심은 오히려 줄어들었다.

성경에는 마치 이를 예언이라도 하는 듯한 이야기가 나온다. 예수가 부활한 직후, 몇몇 제자들은 그 말을 믿지 못한다. 그러자 예수는 자신의 모습을 드러내 부활했음을 선언하며 묘한 말을 덧붙인다.

"보지 않고 믿는 자가 진짜 믿는 사람이다."

사람들은 성경을 직접 보고 나서야 종교가 얼마나 덧없고 허술한 것인지 알게 된다. 무엇인지 모를 때 종교는 더 신성하다. 점성술도 마찬가지다. 이전 시대까지 점성술과 점성가는 신성한 무언가였다. 르네상스 이후 점성술은 인기가 많아지고 대중화되었지만, 오히려 권위는 떨어졌다.

별자리로 병을 고친다?

모든 걸 점성학으로 설명했으니, 질병도 점성학으로 고치려 했다는 것은 너무도 당연한 접근이다. 현대 서양의학은 17세기 과학 지식의 축적과 함께 등장하는데, 20세기 초반까지만 해도 전통 의술과 뒤섞여 있었다. 서양의 대표적인 전통 의술이 점성의학과 4체액설이다.

(1) 점성의학

점성의학은 개인이 태어난 시간의 기운에 따라 각 신체가 영향을 받는다고 주장하며, 그 순환을 돕는 것이 의학의 역할이라 본다. 점성의학은 근대 이전까지 서양의학의 디폴트 값이었다. 서양 의술의 아버지인 히포크라테스Hippocrates마저 "점성학을 이해하지 못하면 의사가 아니라 바보"라고 말할 정도였다. 그는 제자들에게 점성학을 가르쳤고, 환자마다 흉일과 길일을 나눠 치료를 진행했다. 사실 그를 현대의학의 아버지라 치켜세우는 것은 뿌리를 찾으려는 이념적인 노력일 뿐이다.

점성학의 인기가 절정에 달했던 르네상스 시기, 일부 의사들은 환자를 만나지 않고 오직 생년월일만으로 환자의 병세를 진단했다. 점성의학에 부정적이었던 의사들은 이런 의사들을 돌팔이라고 비난했지만, 정작 이들은 환자를 보지도 않고 간단하게 치료하는 자신의 능력에 자부심을 느꼈다. 당시 의대에서는 점성술을 진지하게 가르쳤으며, 교수들은 약을 투여하기 좋은 별자리를 두고 격렬한 설전을 벌였다. 그들에게 교육받은 의사들은 당연히 왕진 가방에 별자리 책을 가지고 다니며 치료에 적용했다. 노스트라다무스가 의사 출신인 것은 결코 우연이 아니다.

유럽에 흑사병이 대유행한 1348년, 프랑스 국왕 필리프 4세는 파리 의과대학 교수들을 불러 모아 병의 원인을 조사하라고 지시한다. 당대 석학들은 며칠간 뜨거운 토론을 벌인 후 아래와 같은 보고서를 올렸다.

> 토성과 목성이 일직선에 놓여 민중들이 사망했고… 화성과 목성이 일직선에 놓여 공기가 변질되어 사람들이 목숨을 잃었다… 목성은 온난하고 습윤한 별이어서 땅속과 물속에서 사악한 기운을 끌어내고, 화성은 고온건조하므로 기체를 불붙게 했다.

정리하자면 1345년 3월 20일에 화성, 목성, 토성이 일렬로 늘어섰고, 이로 인해 지구에 치명적인 오염이 발생해 흑사병이 창궐했다는 것이다. 최고 전문가가 이 정도 결론을 내는 수준이니 더 말해서 무엇 하겠는가.

(2) 4체액설

4체액설은 세계가 흙, 공기, 물, 불 네 가지 원소로 이루어져 있다는 4원소설을 주장한 엠페도클레스Empedocles의 제자들이 만든 개념이다. 세계와 마찬가지로 사람 역시 차갑고, 뜨겁고, 건조하고, 습한 네 가지 성질을 가진 체액으로 이루어져 있고, 이 체액의 균형이 맞아야 건강하다는 것이 4체액설의 핵심이다. 이들은 달이 바다의 조석에 영향을 미치듯, 인체의 체액도 별자리 운행의 영향을 받는다고 주장했다.

4체액설의 치료 방법은 크게 두 가지로 나눌 수 있다. 하나는 부족한 체액을 채우는 것으로 식이요법을 통해 그 체액이 포함되어 있다고 믿는 것을 먹거나 흡입하는 것이다. 동양의학에서 약초나 한약을 먹는 것과 비슷하다고 보면 된다. 잘못된 정보로 독이 있거나 신체에 오히려 해가 되는 것을 섭취하는 경우가 종종 있었지만, 그래도 식이요법은 그렇게까지 신체에 큰 피해를 주지는 않았다.

하지만 또 다른 치료법은 신체에 큰 타격을 쳤다. 바로 넘치는 체액을 몸 밖으로 빼내는 것이다. 가령 4체액설에서는 혈액을 뜨거운 성질로 상정했는데, 이 때문에 열이 나거나 점성의학 기준에서 무언가 넘쳐서 생기는 병에 걸리면 피를 뽑는 치료를 했다. 이를 사혈이라 한다. 얼핏 생각해 봐도 신체가 약해진 환자에게 피를 뽑으면 안 될 것 같지 않은가? 하지만 4체액설을 확고히 믿었던 의사들은 19세기까지도 사혈 치료를 당당히 시행했고, 이로 인해 사망한 왕이나 귀족도 많았다.

미국 초대 대통령을 지낸 조지 워싱턴^{George Washington}은 1799년 급성후두개염에 걸린다. 이럴 때는 보통 기관절개술을 시행하면 병세가 호전된다. 그런데 호출을 받고 달려온 워싱턴의 주치의들은 하나같이 사혈을 선택했다. 첫 번째 의사는 워싱턴의 병세를 보고는 590밀리리터의 피를 뽑았다. 하지만 상황이 호전되지 않자 추가로 1,180밀리리터의 피를 뽑았다. 두 번째 의사가 도착했을 때도 당연히 나아질 기미가 없었다. 그러자 그는 다시 워싱턴에게서 950밀리리터의 피를 뽑아냈다. 세 번째 의사도 오자마자 1리터가 넘는 피를 뽑아냈다. 하룻밤 새에 거의 3,720밀리리터의 피를 뽑은 셈이다. 참고로 사람의 몸에는 총 5~6리터의 혈액이 있다. 미국 최고의 의사들이 환자가 죽어가는 동안 치료를 한답시고 혈액의 절반을 빼낸 것이다. 당시 현장에 보조로 와 있던 가장 젊은 의사는 당장 기관절개술을 해야 한다고 주장했지만, 가장 젊었기에 그대로 무시당했다. 당연히 워싱턴은 쇼크 상태에 빠졌고 끝내 사망한다. 천연두와 암살에서도 살아남은 미국 초대 대통령은 오래된 미신에 의해 살해당한 것이다.

20세기에 들어서면서 전통의학은 과학의 발달로 서양의학과 완전히 결별한다. 물론 완전히 사라지지는 않는다. 20세기 중반 이후 늘어난 수명으로 인해 사람들이 대체의학에 관심을 갖게 되면서 점성의학 등 비과학적인 의학 붐이 다시 일어나고 있다. 일부 효과가 있는 것 외에는 대부분 사이비 취급을 받고 있지만, 이런 치료 아닌 치료에도 언제나 수요는 있기 마련이고, 인터넷의 발달로 오히려 가짜 의학이 판치고 있다.

열세 번째 별자리

            ○

    충격적인 소식이 있다. 이제껏 별자리에 관한 이야기를 많이 하고, 그걸로 운명도 점치고 의술도 펼쳤는데, 사실 태양이 지나가는 길목에 위치한 별자리는 12개가 아니라 13개다. 물론 이 별자리란 것도 어차피 임의로 정한 것이긴 하지만 아무튼 그렇다.

    2011년 미국의 천문학자 파르케 쿤클^{Parke Kunkle}은 기존 별자리에 뱀주인자리를 추가해야 한다고 주장했고, 관련 기사가 쏟아졌다. 3,000년 만에 별자리가 13개로 늘어난 것이다. 그는 고대 바빌로니아에서 황도 12궁을 정한 이후 3,000년간 세차운동 때문에 별자리 위치가 바뀌었다고 주장했다(사실 바빌로니아 사람들도 이미 뱀주인자리를 알고 있었다. 그들 눈에도 황도에 분명 13개

별자리가 보였으나, 뱀주인자리가 잘 안 보이기도 하고 12개로 하는 것이 그들의 수 체계와도 맞기 때문에 일부러 누락한 것이다).

쿤클의 주장 이후 NASA가 어린이를 위해 운영하는 사이트에 뱀주인자리를 포함한 13개 별자리를 소개하는 바람에 사실상 이 주장은 공인된다. 점성술로 먹고사는 이들은 즉각 반발했다. 수천 년간 12개 별자리로 이론을 세워왔는데, 기본 전제부터 무너지니까. 그들은 NASA가 공인한 것이 문제라며 비난의 화살을 돌렸다.

당황하기는 NASA도 마찬가지였다. 자신들이 별자리를 만든 것도 아니고 있는 사실을 말했을 뿐이지 않은가. NASA 대변인은 "점성술은 과학이 아니며 점성술로 미래를 내다보는 건 불가능하다"라며 팩트 폭격을 날렸다. 사실 뱀주인자리를 추가하지 않더라도 이미 세차운동으로 황도 12궁은 실제 날짜와는 한 달 가까이 차이가 난다. 그런데 대체 무슨 상관이란 말인가. 이제까지 과학적으로 따져서 별자리를 믿은 것도 아닌데.

과거 별자리		그나마 과학적으로 따져본 별자리	
별자리	**날짜**	**별자리**	**날짜**
양자리	3월 21일 ~ 4월 19일	양자리	4월 19일 ~ 5월 13일
황소자리	4월 20일 ~ 5월 20일	황소자리	5월 14일 ~ 6월 21일
쌍둥이자리	5월 21일 ~ 6월 21일	쌍둥이자리	6월 22일 ~ 7월 20일
게자리	6월 22일 ~ 7월 22일	게자리	7월 21일 ~ 8월 10일
사자자리	7월 23일 ~ 8월 22일	사자자리	8월 11일 ~ 9월 16일
처녀자리	8월 23일 ~ 9월 23일	처녀자리	9월 17일 ~ 10월 30일
천칭자리	9월 24일 ~ 10월 22일	천칭자리	10월 31일 ~ 11월 23일
전갈자리	10월 23일 ~ 11월 22일	전갈자리	11월 24일 ~ 11월 29일
사수자리	11월 23일 ~ 12월 24일	뱀주인자리	11월 30일 ~ 12월 17일
염소자리	12월 25일 ~ 1월 19일	사수자리	12월 18일 ~ 1월 20일
물병자리	1월 20일 ~ 2월 18일	염소자리	1월 21일 ~ 2월 16일
물고기자리	2월 19일 ~ 3월 20일	물병자리	2월 17일 ~ 3월 11일
		물고기자리	3월 12일 ~ 4월 18일

그런데 새로운 별자리로 볼 수 있는 별자리점이 있기나 한건지…

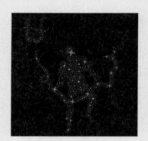

뱀주인자리, 역시 별자리는 끼워 맞추기? 뱀주인자리는 12월을 담당하지만, 여름 밤 하늘에서 잘 보인다.

손금으로 미래를 읽는 수상학

　수상학은 손바닥에 난 선 모양의 자국을 보고 그 사람의 성격과 건강, 인생, 미래 등을 점치는 학문이다. '수상手相'이라는 이름은 꽤 그럴듯하게 들리지만, 풀어 쓰면 '손의 모양', 흔히 아는 손금이다.

　많은 이들이 손금을 한국이나 동양의 문화라고 생각하지만, 수상학은 동서양을 가리지 않고 거의 모든 문화권에 존재한다. 처음 시작된 시기도 불명확한데 인도, 티베트, 중국, 페르시아, 수메르, 고대 이스라엘, 바빌로니아 등 모든 고대 문화권에 그 흔적이 남아 있다. 이런 문화가 서양에서는 점성술, 동양에서는 음양오행과 결합해 나름의 체계를 갖추고 학문이 되었다. 참고로 현재 우리가 보는 손금은 우리의 편견과는 달리 서양 수상학에 가깝다.

　손금과 관련해서는 알렉산더 대왕의 일화가 유명하다(그

는 미신을 믿기로 따지자면 둘째가라면 서러운 사람이었다). 그는 페르시아 정복에 나서기 전에 점쟁이를 불러 자신의 손금을 보게 했다. 그가 물었다.

"세상을 제패할 손금인가?"

분위기 파악을 못한 점쟁이는 세상을 제패하기에는 손금이 다소 짧다고 말했다. 그러자 알렉산더는 그 자리에서 칼을 꺼내 손을 그어 손금을 늘렸다고 한다. 이후 그 점쟁이가 어떻게 되었는지는 기록에 남아 있지 않다.

모든 점은 믿기 어려운 구석이 있는데 손금은 그 정도가 심하다. 손금은 어머니 배 속에 있을 때 어떻게 주먹을 쥐고 있느냐에 따라 그 모양이 결정된다. 임신 2개월부터 태아에 손이 생기고 4개월이 지나면 손금에서 가장 중요하게 여기는 생명선, 두뇌선, 감정선이 생긴다. 태아가 손을 잘못 쥐고 있으면 신체에 불편을 줄 수 있고, 그것이 건강에 약간의 영향은 끼칠 수 있을지도 모르겠다. 하지만 아무리 생각해봐도 태아 시절 쥔 주먹 모양으로 인생이 정해진다는 것은 너무 과하지 않은가? 인생이 그렇게 쉬운 것이던가.

하지만 이런 과한 생각은 꽤 최근까지도 당연하게 받아들여졌다. 20세기 초 일본군은 전투기 조종사를 뽑을 때 손금과 골상학을 참고했다고 한다. 골상학은 두개골의 형태로 성격과 특성, 운동 능력을 알 수 있다고 생각한 학문으로 지금은 비과학 취

1594년 카라바조가 그린 〈포춘텔러〉. 손금을 봐준다고 손을 잡더니, 손이 아니라 눈을 지그시 바라본다. 손금을 봐주는 것은 역사와 전통이 있는 작업(?) 수법이다.

급을 받지만, 당시에는 과학이라 생각한 이들이 있었으니 그렇다 치자. 하지만 당시에도 명확한 미신이었던 손금을 공식적인 점수에 포함했다니, 왜 일본이 전쟁에서 졌는지 알 만하다.

신비주의에 빠진 추리 작가와 합리적인 마술사

강신술 혹은 심령술은 영매나 특수한 방법을 통해 신령이나 죽은 자의 영혼을 불러오는 것이다. 간단한 소통이나 예언을 듣는 선에서 마무리되지만, 때에 따라서는 촛불을 끄거나 물건을 띄우는 등 물리적인 힘을 발휘하기도 한다. 한국에서 가장 유명한 강신술은 아마 '분신사바'가 아닐까 싶다. 학창시절 다한 번씩은 해본 경험이 있을 것이다. 나랑 친구는 정말 가만히 있었는데 손이 저절로 움직였… 강신술 같은 영혼 불러오기는 인류 역사 내내 무당 등을 통해 이루어졌다. 특히 19세기 중반부터 20세기 중반, 서구에서 굉장히 큰 인기를 끌었다. 기독교의 영향력이 강할 때는 강신술이 악마와의 거래인 것처럼 묘사되어 부정적이었으나, 19세기 종교의 힘이 약화되면서 강신술을 긍정적으로 보고 다른 방식으로 이용하려는 움직임이 나타난다.

대중에게 흥밋거리였을 뿐 아니라 지식인들도 열렬하고 진지하게 강신술을 대했다. 강신술에 심취한 이들 중에는 과학자나 정치인도 많았는데, 발명왕 에디슨도 말년에 영혼의 목소리를 들을 수 있는 전화기를 만들기 위해 진지하게 노력했다. 당연한 말이지만 혹시 궁금해할 이들을 위해 알려드리면 성공하지는 못했다.

강신술에 빠진 또 다른 유명인은 『셜록 홈스』 시리즈를 쓴 아서 코난 도일Arthur Ignatius ConanDoyle이다. 셜록 홈스는 과학적인 사실만을 믿는 철저한 유물론자이자 회의론자로 사소한 증거를 통해 거대한 사건을 밝혀내는 현대적 의미의 추리소설 주인공의 효시라고 볼 수 있다. 그를 창조한 코난 도일 역시 종교도 믿지 않을 정도로 회의론자였다. 하지만 아내와 아들을 결핵으로, 남동생은 폐렴으로 잃고, 매제와 조카도 1차 세계대전 중에 사망하면서 심경에 큰 변화가 생긴다. 그가 극심한 우울증에 빠지자 지인들은 그에게 강신술을 권했다. 이를 통해 그는 죽은 가족과 소통하고 우울증을 극복해 다시 일상으로 복귀한다. 이후 도일은 유령이나 강신술뿐 아니라 요정까지 진지하게 믿는 신비주의자가 된다. 그 때문인지 후기 『셜록 홈즈』에는 강신술의 흔적이 종종 보인다. 아마 셜록 홈스가 코난 도일을 만났다면 몽상가라며 상대도 해주지 않았을 것이다.

반면 같은 시대 활동한 마술사 해리 후디니Harry Houdini는 코

프리츠 랑 감독의 1922년 영화 〈마부제 박사〉의 한 장면. 독일 표현주의 영화답게 분장은 과장됐지만, 실제로 당시 비슷한 형태로 강신술이 이루어졌다. 분신사바도 그렇지만 역시 귀신은 여럿이 봐야 덜 무섭다.

난 도일과는 정반대의 길을 걸었다. 그는 처음에는 강신술에 심취해 있었고, 그 덕분에 도일과도 친분을 쌓았다. 어머니가 돌아가신 뒤 그는 어머니와 대화하기 위해 영매를 찾아갔다. 영매는 어머니의 혼에 빙의된 것처럼 행동했지만 후디니는 그 영매가 사기꾼임을 바로 알아차렸다. 그는 가족과 함께 헝가리에서 미국으로 이민 왔는데, 이민 당시 이미 나이가 많았던 어머니는 평생 영어를 잘하지 못했다. 그런데 영매가 불러낸 어머니의 영혼은 매우 유창하게 영어를 구사하는 것이 아닌가. 물론 어머니가 사후에 '죽었는데 공부나 하자' 해서 영어를 마스터한 것일 수도 있겠지만 그는 그렇게까지 생각하진 않았다.

　　현타가 온 후디니는 영적 활동을 꼼꼼히 따지기 시작한다. 그리고 그의 의심은 점차 확신이 되어간다. 그는 영매들을 추적

아서 코난 도일과 해리 후디니

해 사기 방법을 밝혀냈고, 공개적으로 조롱했다. 결국 강신술에 빠져 있던 도일과도 점차 사이가 멀어져 어느새 원수처럼 지내게 된다.

　이성적인 추리소설을 쓰는 작가는 강신술을 믿고, 환상을 선보이는 마술사는 믿지 않았다는 것이 아이러니해 보인다. 하지만 어찌 보면 당연한 것인지도 모르겠다. 마술은 정확한 트릭으로 완성되는 것이다. 사실 마술에는 어떤 환상도 없다. 철저한 훈련만이 있을 뿐이다. 특히 후디니는 탈출 마술 전문이었다. 자신은 목숨을 걸어 돈을 버는데, 아무 말이나 해서 돈을 버는 영매가 곱게 보이진 않았을 것이다. 반면 소설이야 어쨌든 상상의 영역이니까, 결국 신비주의까지도 받아들일 수 있었던 것이 아니었을까 추측해본다.

후디니는 혹시나 자신이 틀리고 도일이 맞을 수도 있다는 생각을 끝까지 거두지 않았는지 죽기 전 아내에게 이렇게 당부한다.

"내가 죽으면 매년 기일에 유명한 영매들을 불러 모아요. 만약 내가 영혼이 되어 그 자리에 온다면 당신에게 '로자벨 믿어요'라고 당신이 좋아하는 노래 가사를 말할게요. 만약 영매 중 단 한 사람이라도 그 말을 하는 이가 있다면 도일이 맞았다는 증거예요."

후디니의 아내는 그가 사망한 뒤 10년 동안 그와의 약속을 지켰지만, 어떤 영매도 암호를 대지 못했다고 한다.

4 동양의 미신

하늘과 소통한다고 믿은 사람들

어느 날 자로가 물었다.

"스승님, 귀신을 어떻게 섬겨야 합니까?"

공자께서 말씀하셨다.

"사람도 제대로 섬기지 못하는데 어찌 귀신을 섬길 수 있겠느냐."

자로가 다시 물었다.

"스승님, 감히 죽음에 대해서도 묻고자 합니다."

공자께서 말씀하셨다.

"삶에 대해서도 잘 모르는데 어찌 죽음에 대해 알겠느냐."

－『논어(論語)』, 술이(述而)편

동양의 하늘, 서양의 하늘

동양 미신에 관해 이야기하기 전에 동서양의 기준을 명확히 구분해야 한다. 안타깝게도 이 구분에서 중부 이남 아프리카, 아메리카와 호주 지역은 제외된다. 해당 지역은 상대적으로 연구 자료, 특히 한국어로 번역된 자료가 적어 일괄적으로 판단하기 어렵다. 괜히 아는 척하느니 과감히 제외하기로 한다. 대충 유럽과 북아프리카 지역을 서양, 아시아를 동양이라고 하지만 자세히 파고들면 동서양의 기준은 학자마다, 분야마다 다르다. 중동 지역부터 동양이라 보는 이들도 있고(오리엔탈은 원래 중동 지역을 뜻하는 표현이었다), 중국 문화권부터 동양이라 보는 이들도 있다. 사상과 종교를 기준으로 하면 경계선을 인도로 잡는 경우가 많다. 인도를 동서양 중 어디로 포함할지도 논쟁거리다.

이 책은 기본적으로 인도를 서양 문화권으로, 인도 동쪽 지역을 동양으로 구분한다.

세계 대부분 지역의 미신은 하늘과 관련이 있다. 동양도 서양과 마찬가지로 점성학이 발달했다. 서양과 마찬가지로 해와 달, 그리고 5개의 행성을 중요하게 여긴다. 이렇게만 보면 서양과 큰 차이가 없는 것 같다. 하지만 동양의 하늘과 서양의 하늘은 다르다. 여기서 다르다는 건 단순히 위치가 다르다는 뜻이 아니다. 서로가 하늘을 이해하는 방식이 달랐다.

아리스토텔레스의 우주관은 고대 서양의 '하늘'을 잘 보여 준다. 이 우주관에서 세계는 두 곳으로 나뉜다. 하나는 지구와 달까지 이르는 달 아래 세계인 지상계고, 또 하나는 달 위의 세계인 천상계다. 지상계와 천상계는 완벽히 나뉘어 있다. 우위도 존재한다. 하늘이 위다. 두 세계는 소통되지 않는다. 하늘의 일에 땅이 영향을 받기도 하지만, 땅의 일에 하늘이 영향을 받지는 않는다. 하늘에서 벌어지는 일을 해석하는 것이 서양 점성학의 기본이다. 그래서 서양 점성학은 관찰을 중요시했고, 천문학과 함께 발전했다.

반면 동양의 세계는 하나다. 음양으로 구분되지만, 구분된 세계 역시 상호 보완적이며 언제든 바뀔 수 있다. 하늘은 가장 강력한 존재이긴 하지만, 자연의 일부이며 현실과 상호작용한다. 그래서 동양에서는 왕이 부덕하면 하늘에서 안 좋은 징조가 나타난다고 믿었다. 지상의 일이 하늘에 영향을 미치는 것이다.

이런 동서양의 사고방식 차이는 2,000년 넘게 이어졌고, 현재까지도 사람들에게 영향을 준다. 동서양의 종교에서 그 차이가 극명하게 드러난다. 서양 종교에는 절대 신이 등장한다. 기독교, 이슬람교, 힌두교, 유대교, 조로아스터교 모두 마찬가지다. 이런 종교에서 개인이 오를 수 있는 최고 위치는 '성자'다. 성자는 존경받지만 신은 아니다.

반면 동양에서 발전한 불교와 유교, 도교에서는 신자가 부처, 성인, 신선의 경지에 이를 수 있다. 사실 동양의 종교는 엄밀히 따지자면 종교라 하기도 어렵다. 과거 동양 종교는 일종의 사상 체계로 존재했기 때문이다. 우리가 생각하는 종교의 틀이 확립된 것은 서양 종교가 유입된 이후다. 동양 종교는 서양 종교에 자극받아 종교의 형태를 갖추었고, 신과 유사한 존재를 만들었다. 인도에서 생긴 불교가 정작 인도 내에서 크게 성장하지 못한 것도 이런 기준으로 보면 쉽게 이해된다. 동양형 종교인 불교의 세계관은 서양적인 세계관을 가진 인도에서는 잘 맞지 않았던 것이다.

운명은 절대적인가? 혹은 바꿀 수 있는가?

사람들이 운명을 받아들이는 방식에는 크게 두 가지가 있다.

하나는 절대적 운명관이다. 운명은 정해져 있고, 예언은 거스를 수 없다. 예언이 틀리면 점쟁이가 점을 잘못 친 것이다. 그리스 로마 신화가 절대적 운명관을 잘 보여준다. 처음 내려진 신탁은 끝에서 무조건 실현된다. 오이디푸스의 경우를 보자.

오이디푸스는 테베의 왕 라이오스와 그의 부인 이오카스테 사이에서 태어났다. 그런데 델포이 신전에서는 아이에게 "아버지를 죽이고 어머니와 동침할 운명"이라는 막말을 퍼붓는다. 하지만 신탁은 절대적이었다. 공포에 떨던 라이오스는 부하를 시켜 아이를 죽일 것을 명령한다. 하지만 부하는 차마 아이를 죽일 수 없어서 산에 매달아놓고 도망친다. 그때 한 목동이 오이디푸스를 발견한다. 목동은 아이가 없던 코린토스의 왕 플리보스에게 오이디푸스를 바치고, 플리보스는 오이디푸스를 양자로 삼는다.

장성한 오이디푸스는 델포이로 가 신탁을 받는다. 델포아는 그에게 "아버지를 죽이고 어머니와 동침할 운명"이라는 막말을 또다시 반복한다. 입양된 사실을 몰랐던 오이디푸스는 큰 충격을 받고, 패륜을 저지르지 않기 위해 코린토스를 떠나 여행길에 오른다.

한편, 오이디푸스의 친아버지인 라이오스는 자식을 버린 것에 죄책감을 느끼며 어린 소년에게 욕정을 풀고 있었다. 이 삐딱함에 빡이 친 헤라 여신은 이집트의 스핑크스를 테베로 보낸다. 스핑크스는 지나가는 이에게 수수께끼를 내서 풀지 못하면 잡아먹었다. 그제야 정신을 차린 라이오스는 스핑크스 문제를 해결할 방법을 찾기 위해 길을 떠난다. 그런데 좁은 길에서 하필 여행 중이던 오이디푸스와 부딪힌다. 오이디푸스는 신탁이 내린 예언 탓에 기분이 매우 센티한 젊은이였고, 시비가 붙은 라이오스와 그의 수행원들을 모조리 죽여버린다.

남편의 소식을 들은 이오카스테는 왕국의 안정을 위해 스핑크스 문제를 해결하는 사람과 결혼해 왕위를 넘기겠다고 발표한다. 이 소식을 들은 오이디푸스는 스핑크스의 문제를 풀고 자신의 친어머니와 결혼해 테베의 왕이 된다. 그는 자신도 모르는 사이 신탁이 예언한 운명대로 행동한 것이다.

뒤의 이야기는 패스. 중요한 점은 오이디푸스에게는 정해진 운명이 있고, 아무리 운명을 피하려고 발버둥 쳐봐야 피할 수 없다는 것이다. 이 이야기에 신탁을 방해하는 요소가 얼마나 많은가. 등장인물 모두는 신탁을 피하려 하지만, 운명은 그들을 손바닥 위에 올린 채 가지고 논다. 예언은 비극성을 강조하기 위한 도구일 뿐이며, 오히려 운명이 실현되도록 돕는다.

또 하나는 운명이 정해져 있지 않다는 상대적 운명관이다. 운명이 정해져 있지 않다는 것은, 운명으로부터 완전히 자유롭다는 의미는 아니다. 하늘의 예언이 있지만 일종의 가이드일 뿐이고, 인간이 어떻게 행동하느냐에 따라서 운명은 얼마든지 바뀔 수 있다.

예를 들어 『삼국지연의』에서는 자신의 죽음을 예견한 제갈량이 죽음을 피하기 위해 제단을 만들고 초를 켜는 장면이 나온다. 그는 만약 10일간 촛불이 꺼지지 않으면 자신이 살아날 것이라고 말한다. 그러나 마지막 날 촛불이 꺼지고 제갈량은 결국 죽음을 맞이한다. 어차피 『삼국지연의』는 소설이니 실제 저런 일은 벌어지지 않았을 것이다. 하지만 당시 중국인들이 운명은 정해져 있고 바꿀 수 없는 것이라 여겼다면, 작가는 지혜로운 캐릭터인 제갈량이 죽음을 피하려고 제를 지내는 장면을 넣지 않았을 것이다.

그럼 동서양은 두 운명관에 대해 어떤 생각을 가지고 있을까? 일단 동아시아에서는 단 한 번도 절대적 운명관을 가진 적이 없다. 동양 세계관에서 세계는 하나이고 서로 영향을 주고받기 때문에 절대적인 것은 존재하지 않는다. 당연히 운명도 변할 수 있다.

그렇다면 하늘과 땅의 세계를 분리하는 서양은 절대적 운명관을 가졌을까? 꼭 그렇지도 않다. 서양에서는 운명이 절대적이라고 믿는 것과 상대적이라 믿는 태도가 모두 드러난다. 여기에는 밥그릇 문제가 있다. 얼핏 생각하기에는 절대적 운명관이 미신에 더 크게 의존하는 것처럼 보인다. 하지만 현실은 다르다. 운명이 바뀐다고 생각해야 사람들이 더 자주 점을 보러 가지 않겠는가. 운명이 완벽히 정해져 있다면 처음 태어났을 때 딱 한 번만 점을 보면 된다. 하지만 운명이 매년 바뀐다면 매년 점을 보러 가야 한다. 무엇보다 운명이 변하는 것이어야만 예언이 틀려도 변명할 수 있다. 운명이 절대적이라면 예언이 틀렸을 때 상황이 애매해진다. 물론 점쟁이가 하늘의 뜻을 잘못 해석한 것이라고 할 수도 있지만, 그러면 점쟁이의 명성에 금이 간다. 목숨이 날아갈 수도 있다. 그러니 서양에서도 동양만큼 변화무쌍하진 않지만, 어느 정도 상대적인 태도를 취할 수밖에 없다.

이는 바이러스의 진화 과정과도 비슷하다. 바이러스는 발생 초기에 치명적인 경우가 많아 사망률이 높다. 그러나 바이러스의 목표는 숙주를 죽이는 것이 아니라 널리 퍼지는 것이다. 숙주가 죽어버리면 바이러스가 확산되기 어렵다. 그래서 처음에는 치명적이었던 바이러스들이 점점 순해진다. 숙주를 죽이지 않고 넓게 퍼지는 전략을 취하는 것이다.

종교의 확대도 이와 비슷하다. 교리에 원리주의적인 태도를 견지하는 종교는 일단 믿기 시작한 신도들에게는 강한 영향력을 발휘하지만, 교세 확장에 한계가 있다. 반면 유화적인 종교는 개개인의 충성도가 다소 떨어질지언정 보편 종교로 확대

될 수 있다. 미신도 마찬가지다. 확장을 위해서는 두루뭉술해야
한다.

무극, 태극, 음양, 사상, 8괘와 64괘

　　미신을 포함한 동아시아 사상의 많은 부분이 『역경易經』에
기초한다.

　　『역경』은 유학의 삼경 중 하나로 세계 변화에 관한 원리를
기술한 책이다. 중국 신화에서는 삼황 중 하나인 복희씨가 쓴
책으로 등장하는데, 설정만 봐도 중국인들이 이 책에 얼마나 많
은 의미를 두는지 짐작할 수 있다. 기원전 800년 전후에 쓰였을
것으로 추정되며, 당시 중국은 주나라가 다스리고 있었으므로
주나라의 역이라고 해서 『주역周易』이라고 부르기도 한다(이하에
서는 『주역』이라 부른다).

　　『주역』의 핵심은 '건'과 '곤'이다. 흔히 '음'과 '양'이라 하는
데, 음양은 이후 정립된 표현이고 『주역』에는 등장하지 않는다.
하지만 익숙한 음양으로 부르자. 우리는 서양식 종교관에 익숙
해서 동양에서 말하는 음양을 선악으로 이해하는 경우가 많다.
하지만 앞에서도 말했듯이 동양은 기본적으로 모든 것을 하나
라고 본다. 음양 이전에 무극이 있다. 말 그대로 끝이 없다는 뜻
이다. 무극은 곧 태극이다. 태극기의 가운데 원이 바로 태극이

다. 태극은 음양이다. 중국 북송의 유학자 주돈이는『태극도설』에서 태극을 이렇게 설명한다.

"태극이 동하면 양을 생하고, 동이 극하면 정하고, 정하면 음을 생한다."

알듯 말듯 써놨는데, 간단히 말하면 양과 음은 고정된 것이 아니라 언제든 변할 수 있다는 뜻이다. 태극 문양의 선이 직선이 아니라 물결치는 것은 각 극이 언제든 섞일 수 있다는 의미. 그렇다고 음양이 완전히 동등하다고 하기는 어렵다. 기본적으로 양의 기운이 우위에 있고 음이 이를 보조해주는 것으로 묘사되기 때문이다(남과 여, 하늘과 땅, 태양과 달 등).

『주역』은 이 음양을 쌓아서 만들어진다(음 - -, 양 —)

먼저 사상은 음양을 나타내는 효를 2개 쌓은 것으로 총 네 가지로 나뉜다.

태양(☰) - 양으로서 양으로 작용하는 것
소음(☵) - 양으로서 음으로 작용하는 것
소양(☳) - 음으로서 양으로 작용하는 것
태음(☷) - 음으로서 음으로 작용하는 것

전통의학에서 체질을 이야기할 때 들어본 표현일 것이다. 이제마가 사상의학을 창시하면서 이 이론을 참고했다. 사상에 효를 하나 더 쌓으면 경우의 수가 8개 생기는데 이를 8괘라 한다.

태극							
음				양			
--				—			
태음		소양		소음		태양	
==		==		==		—	
음	양	음	양	음	양	음	양
☷	☶	☵	☴	☳	☲	☱	☰
땅(地)	산(山)	물(水)	바람(風)	번개(雷)	불(火)	호수(澤)	하늘(天)
곤(坤)	간(艮)	감(坎)	손(巽)	진(震)	리(離)	태(兌)	건(乾)
8	7	6	5	4	3	2	1

　8괘부터는 괘마다 특정 성향이 있다. 자연물에 비교하면 위와 같다. 땅과 산, 물과 바람, 번개와 불, 호수와 하늘이다.『주역』을 높이 평가하는 이들은 이 8괘 안에 세상의 모든 이치가 들어 있다고 말한다. 그런데 이상하지 않은가? 세상 모든 이치가 있다는 8괘에 바다가 없다. 호수(택)도 들어 있는데 바다가 없다. 물이 있지 않느냐고 반문할 수도 있지만, 아무리 봐도 물은 불과 상응하는 물질적 의미이지 바다라는 지형적 의미는 아니다. 그렇다면 8괘에는 왜 지구 영토의 대부분을 차지하는 바다가 없을까? 이유는 간단하다.『주역』이 만들어진 주나라가 내륙 국가였기 때문이다.『주역』을 만든 이는 그냥 바다를 몰랐던 것이다. 혹은 중요하게 생각하지 않았거나.

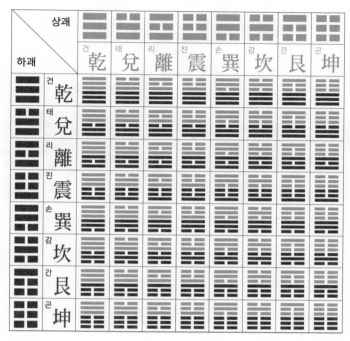

64괘

8괘를 상하로 쌓으면 8×8해서 64괘가 나온다. 음양의 효를 6번 쌓은 것이다. 주역의 점괘는 이 64괘로 보는 것이 기본이다.

본래 『주역』 자체는 괘만 있을 뿐 별다른 해석이 없다. 그래서 『십익+翼』이라는 10권짜리 해설서가 있다. 『십익』은 공자가 쓴 것으로 알려져 있지만 확실하진 않다. 공자는 책 끈이 세 번 떨어질 때까지 『주역』을 봤다고 하는데 끝내 이해는 못했던 모양이다. 그는 "아침에 도를 깨우쳤다면 저녁에 죽어도 좋다"라는

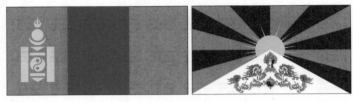

몽골과 티베트의 국기, 태극 문양이 있지만 태극기만큼 노골적이진 않다.

말을 남겼다. 공자는 당시로는 천수를 누렸다고 할 만한 70대까지 살았으므로 아마도 죽을 때까지 도는 깨우치지 못하셨나 보다(물론 죽어도 좋다고 한 거지 죽겠다고 한 건 아니니까).

태극기에는 동양 사상이 잘 담겨 있다. 가운데는 하나이면서 둘인 태극이고, 주위에 있는 작대기는 8괘 중 4개를 뽑은 것이다. 건-곤-감-리는 각각 하늘-땅-물-불을 뜻한다. 우리나라에서 시작하지도 않은 사상을 굳이 국기에 박아 넣을 필요가 있는지에 대해서는 논란이 있지만, 『주역』은 동아시아 전체에 큰 영향을 미친 만큼 굳이 사대주의로 볼 필요는 없을 것 같다. 몽골과 티베트의 국기에도 태극 문양이 들어가 있지만, 이들은 중국에게 가장 가열차게 저항하는 국가가 아닌가.

Tip. 주역점을 보는 법

주역점을 볼 때는 특별한 것이 필요 없다. 동전 3개면 된다. 하나로도 가능하지만 시간이 오래 걸리므로 3개를 준비하자. 먼저 앞면이 어딘지 정하고 던진다. 앞면이라면 양, 뒷면이라면 음으로 그린다. 포인트는 아래부터 그리는 것이다. 하괘를 먼저 그리고 다시 던져서 상괘를 그린다. 6개를 다 그리면 64괘 중 하나가 나올 것이다. 문제는 해석인데 지면을 낭비하고 싶진 않으니 인터넷을 찾아보라. 엄청나게 많은 자료가 나올 것이다. 어차피 공자도 다 깨우치지 못했으므로 어떻게 해석하든 맞히긴 어려울 것이다.

오행

『주역』에는 등장하지 않지만 오행이라는 것도 있다. 오행의 기원은 확실하지 않은데 중국의 가장 오래된 역사서이자 유교 오경 중 하나인『서경書經』에도 지나가듯 언급되는 것으로 보아 그 이전부터 있던 민간신앙으로 추정된다. 그렇게 전해 내려오던 것을 전국시대(기원전 403년~기원전 221년) 제자백가 중 하나인 음양가의 추연鄒衍이 음양과 오행을 합쳐 음양오행으로 정리했다.

원래 유가와 음양가는 전혀 다른 학문 체계였다. 그러나 진 시황의 분서갱유(사상 통제 정책의 일환으로 각종 서적들을 불태우고 수백 명의 유생을 생매장한 사건) 이후 학자들이 유학을 다시 세우는 과정에서 그럴듯해 보이는 음양가의 이론을 유학에 갖다 붙이면서 둘은 결합하게 된다. 유학은 기본적으로 실용 학문이기 때문에 세상의 원리를 설명하는 이론이 약한 편인데, 음양가를 받아들임으로써 그럴듯한 구색을 갖추게 된다. 음양오행은 이후 도교와도 결합하면서 동아시아 전역으로 퍼진다.

오행은 양과 음이 합쳐져 발생한다. 물(수), 나무(목), 불(화), 흙(토), 쇠(금). 오행마다 나타내는 색, 사물, 시간, 국가, 장소, 방향, 신체, 식물, 동물, 상상의 동물, 과일, 곡식, 숫자와 기타 등등 당신이 생각하는 모든 것이 나뉘어 있다. 그리고 서양 점성학에서 해와 달, 5개의 행성(수성, 목성, 화성, 토성, 금성)을 중요하게 여겼듯이 음양오행에서도 해를 양, 달을 음, 5개의 행성에 오행의 의미를 부여했다. 서양 점성학이 관측을 먼저 하고 그에 맞춰 의미를 부여했다면, 동양의 오행은 원리가 먼저 있고 그 위에 천체 현상을 갖다 붙였다. 그렇기에 서양에서는 그 모든 것이 각자 존재하고 변하지 않지만, 동양에서는 순환과 변화가 가능하다.

오행	木	火	土	金	水
성질	생성	분열	조화	결실	응축
팔괘	진(震), 손(巽)	이(離)	간(艮), 곤(坤)	건(乾), 태(兌)	감(坎)
자연	번개(雷), 바람(風)	불(火)	산(山), 땅(地)	하늘(天), 호수(澤)	물(水)
기후	바람(風)	더움(熱)	젖음(濕)	마름(燥)	추움(寒)
계절	봄	여름	-	가을	겨울
방향	동쪽	남쪽	중앙	서쪽	북쪽
오방색	파란색(靑)	빨간색(朱)	노란색(黃)	흰색(白)	검은색(玄)
사신	청룡	주작	-	백호	현무
십이지	호랑이, 토끼	뱀, 말	소, 용, 양, 개	원숭이, 닭	돼지, 쥐
십간	갑, 을	병, 정	무, 기	경, 신	임, 계
사단	인	예	신	의	지
숫자	3, 8	2, 7	0, 5	4, 9	1, 6
오룡	청룡	적룡	황룡	백룡	흑룡
맛	신맛	쓴맛	단맛	매운맛	짠맛
감정	노여움	기쁨	생각	슬픔	공포
오감	시각	촉각	미각	후각	청각
오진	색	감촉	맛	향	소리
오성	각(角)	치(徵)	궁(宮)	상(商)	우(羽)
오장	간	심장	비장	폐	신장
육부	쓸개	소장	위, 삼초	대장	방광
행성	목성	화성	토성	금성	수성
오시	새벽	낮	황혼	일몰	밤
삶	유소년	청장년	중년	노년	죽음

오행으로 구분하는 깔끔한 세상만사. 사실 오행에서 행은 변화한다는 의미를 가지고 있지만, 미신은 나에게 좋고 나쁨을 구분해야 하므로 일단 나누고 본다.

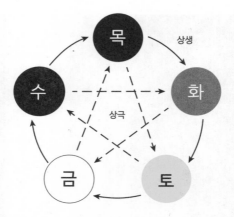

오행의 상생상극

상생(돕는 힘) : 물은 나무를 키우고, 나무는 불을 지피며, 불은 흙을 단단히 하고, 흙 속에는 쇠가 있으며, 쇠는 물을 맑게 한다.

상극(괴롭히는 힘) : 나무는 도끼(쇠)에 무너지고, 물은 불을 꺼트리고, 흙은 물을 마르 게 하며, 나무는 흙을 파고든다.

삼재, 하늘과 땅과 사람

　음양오행과는 별개로 삼재도 있다. 삼재라고 하면 흔히 3년 간 재수 없는 삼재를 떠올리는데, 여기서 말하는 삼재란 우주의 기본적인 세 가지 구성 요소를 뜻한다. 흔히 천ㆍ지ㆍ인이라고 한 다. 하늘, 땅, 사람. 음양오행이 흐름을 나타낸다면, 삼재는 음양 오행이 합쳐져 실제로 세상을 바꾸는 존재들이다. 음양오행이 질소나 탄소 같은 것이라면, 삼재는 그 원소들이 합쳐져서 세포 가 된 것이라 할 수 있다.

천지인이라고 하면 하늘이 가장 중요하다고 생각하기 쉽다. 실제로 그런 측면도 있지만, 더 중요한 포인트는 인간을 하늘, 땅과 같은 레벨에서 취급했다는 것이다. 이는 이후 동양 인본주의 사상의 뿌리가 된다. 하늘과 땅으로 대표되는 자연은 중요한 것이지만 어차피 인간이 어찌할 수 없다. 그러니 결국은 사람이 중요하지 않겠는가? 천지인 사상은 동서양을 떠나 대부분 신화에서 그 흔적을 찾아볼 수 있다. 단군신화 역시 천지인에 딱 들어맞는다. 환웅(천), 웅녀(지), 단군(인). 이 단군신화에서도 하늘과 땅이 합쳐져 인간이 생기지만, 그렇다고 인간이 덜 중요하다는 뜻은 아니다.

천지인은 셋 다 나름의 주체성을 갖고 있으므로 이를 이해하는 것이 동양에서는 중요하다. 그래서 천지인을 이해하고 읽어내고 나아가 예측하는 학문이 생긴다. 사람을 이해하는 것이 한의학, 땅을 이해하는 것이 풍수지리학, 하늘의 뜻을 이해하는 것이 명리학(사주)이다.

일화로 보는 동양의 미신

과거 동양 인물들의 일대기나 위인전을 보면 점괘를 치는 장면이 자주 등장한다. 대부분 주역점인데, 특히 유교가 흥했던 시기라면 99퍼센트다. 『난중일기』를 보면 이순신 장군도 전투에 나가기 전이나 중요한 일이 있을 때마다(사실상 매일) 윷을 이용해 척자점(주역점의 일종)을 본다.

동양의 선비들은 대부분 주역점을 볼 줄 알았고, 때로는 명리학을 배우기도 했다. 이는『주역』이 유학의 경전이기 때문이지만, 동서양의 세계관이 다르기 때문이기도 했다. 운명을 변화무쌍한 것으로 보는 동양은 자연히 점도 자주 볼 수밖에 없다. 일이 있을 때마다 전문가를 찾아서 돈을 지불하고, 자신의 사생활을 미주알고주알 이야기할 수는 없는 노릇이기에 선비들은 주역을 익혀 스스로 점을 봤다. 반면 서양 점성학은 어느 정도 절대적이었기에 전문가(?)들만 점을 봤다. 서양의 하늘은 동양의 하늘만큼 변화무쌍하진 않았기에 모두가 점술을 배울 필요가 없었다.

그래서 서양 점성술의 역사는 정리하기 편하다. 상징적인 인물 몇 명만 살피면 되기 때문이다. 반면 동양은 모든 이들을 거치며 조금씩 진화했기에 그 과정을 살피기 어렵다. 그러니 정리는 포기하고 몇몇 일화를 살펴볼까 한다.

(1) 별이 떨어진다

647년, 선덕여왕 16년, 당시 신라는 왕족과 귀족 간의 세력 다툼이 심했는데, 귀족회의 수장이었던 비담은 선덕여왕이 여자이기 때문에 나라가 번성하지 못한다는 이유를 들어 반란을 일으킨다.

치열한 전투가 열흘 이상 이어지던 날, 하늘에서 큰 별 하나가 떨어진다. 이를 본 비담은 "큰 별이 진 것은 왕이 떨어질 징조니, 우리가 이긴다!"라며 기세를 올렸다. 모두가 하늘의 뜻을 믿었기에 비담 군의 사기가 크게 올랐고 이는 전투력 향상으로 이어졌다. 반면 김유신이 이끌던 선덕여왕 군의 사기는 크게 떨어졌다. 도주병이 속출하자 김유신은 심복 몇 명과 함께 거대한 연을 불태워서 하늘에 날린다. 그러고는 떨어진 별이 다시 살아났다고 소리친다. 이를 들은 병사들은 더 이상 겁먹지 않고 전투에 나섰고, 비담 군을 진압하는 데 성공한다.

　　과거 기록이라 별이 떨어진 것과 김유신이 가짜 별을 올린 것이 실제 전쟁에 얼마나 영향을 끼쳤는지는 명확하지 않다. 김유신이 이겼기에 결과적으로 그의 재치가 과장된 것일 수도 있다. 하지만 사실일 가능성도 높다고 생각하는데, 당시 사람들은 하늘이 계시를 내린다고 진심으로 믿었기 때문이다. 그런 면에서 김유신은 미신을 존중하되 믿지는 않은 모양이다. 만약 별이 떨어진 것이 정말 하늘의 뜻이었다면, 그의 조작은 천벌을 받을 일일 테니까. 그는 미신을 믿진 않았지만, 이용할 줄 알았다.

　　(2) 하늘의 적자는 재앙을 당한 사람?
　　중국의 고대문헌 『촉기』에 소개된 일화다.
　　삼국 시대 말엽 유비, 관우, 장비, 조조가 다 죽어 사람들이 잘 모르는 시절, 위나라의 새 왕이 된 조예가 신하인 황권에게 이런 질문을 던진다.

"천하가 셋으로 나뉘어 세 왕이 모두 자신이 주인이라 하는데, 대체 누가 정통인가?"

황권은 이렇게 답한다.

"작년 형혹성(화성)이 심수 자리(동아시아 별자리인 이십팔수 중의 하나)에 머문 적이 있는데, 그때 문제(조예 이전 왕이었던 조비) 께서 돌아가셨습니다. 하지만 오나라와 촉나라에는 아무 일도 일어나지 않았습니다. 이로써 위나라에 정통이 있음을 알 수 있습니다."

그는 하늘에 불길한 징조가 있었는데, 나쁜 일이 일어난 곳은 위나라뿐이니, 위나라야말로 하늘이 인정한 정통 국가라고 말한다. 황권은 원래 촉나라 신하였는데, 위나라로 투항한 지 얼마 되지 않은 시점이었다. 이 질문에는 그의 심정을 떠보려는 위왕의 의도가 숨어 있었는데, 황권은 아주 재치 있게 받아친 것이다.

이처럼 고대 왕조가 하늘에서 일어난 일을 중하게 여긴 것은 정통성이 자신에게 있다는 자신감이기도 했다.

중국 남북조 시대, 북조는 유목 민족이, 남조는 한족이 다스리고 있었다. 남조에 있던 나라들은 하나같이 유목민은 오랑캐로 한족인 자신들이 하늘과 이어져 있다고 자부했다. 534년 형혹성이 남두성 자리(이십팔수 중 하나)에 들어가 머무는 현상이 발생한다. 이전부터 '형혹성이 남두성에 머물면 천자가 대전을 내려간다'는 말이 있었기에 남조를 지배하고 있던 양나라 무제는 즉시 맨발로 대전을 내려가 산책을 했다. 자신이 하늘의 뜻을 받아야 하니 하늘이 예정한 대로 행동한 것이다.

그런데 얼마 지나지 않아 북위의 황제 효무제가 권력 다툼에서 패해 장안으로 도망가는 사건이 벌어진다. 누가 봐도 이 일이 '천자가 대전을 내려간다'에 더 어울리는 사건이었다. 정통성이 있다며 스스로 쇼를 한 남조의 무제는 뻘쭘해져 이런 말을 남겼다고 한다.

"아니, 오랑캐도 천문 현상에 호응한단 말인가?"

(3) 세 번 물어서 성삼문

조선 시대 최고의 충신인 사육신 중 하나로 꼽히는 성삼문 (1418-1456)에게는 명리학과 관련된 믿거나 말거나 같은 일화가 있다. 성삼문의 외할아버지인 박첨은 명리학에 일가견이 있었다. 조선의 부인들은 출산일이 다가오면 친정으로 가서 출산을 했는데, 출산을 앞둔 박첨의 딸도 집에 돌아와 있었다. 사주팔자는 태어난 해 두 자, 태어난 달 두 자, 태어난 날 두 자, 태어난 시간 두 자 총 여덟 자로 이루어진다. 박첨은 딸의 출산 예정일을 받아 사주 여섯 자리를 써놓고 나머지 두 자리를 조합해 어떤 시간대에 아이가 태어나야 좋을지를 살핀다. 출산일이 되었고, 진통이 시작된다. 그런데 그 시간대는 아이에게 가장 나쁜 사주를 주는 시간대였다. 그는 딸의 출산을 도우러 들어가는 부인에게 이렇게 당부했다.

"산실에 들어갈 때 다듬잇돌을 들고 가시오. 그리고 아이가 나오려 하거든 다듬잇돌로 산모의 자궁을 틀어막아서 아이가 나오지 못하게 해야 합니다. 내가 신호를 보내면 그때 아이가 나오도록 해야 합니다."

산모의 진통이 극심해지면서 아이의 머리가 밖으로 조금씩 나오려는 순간, 부인이 다듬잇돌로 자궁을 틀어막고 산실 밖에 있던 박첨에게 물었다.

"지금이면 됐습니까?"

"조금 더 기다려야 한다."

얼마 있다가 그의 부인이 다시 물었다.

"지금이면 됐습니까?"

박첨은 조금만 더 참으라고 말했다. 최악의 시간이 지나가기 직전이었다. 그의 부인이 세 번째로 박첨에게 물었다. "지금이면 됐습니까?" 박첨은 "조금만 조금만 더"라고 했지만, 그의 딸은 더는 버티지 못하고 아들을 낳았다.

산실 밖에서 기다리고 있던 박첨은 세 번을 물었다고 해서 아이의 이름을 '성삼문成三問'이라며 지었다. 박첨은 성삼문이 오래 살지 못할 것이라 예언했다. 성삼문의 친할아버지인 성달생은 성삼문의 사주를 받아 보고는 "집안 말아먹을 녀석"이라고 한탄했다고 한다. 성삼문은 단종 복위를 시도하다 반역죄로 처형된다. 할아버지의 예언대로 집안을 말아먹었고, 외할아버지의 예측대로 39세에 죽었다.

만약 외할아버지의 바람대로 성삼문이 조금 더 늦게 태어났다면, 그와 가문의 운명이 바뀌었을까? 일부 역술가는 만약 성삼문이 1시간만 늦게 태어나 시지가 바뀌었다면 환갑까지는 살았을 것이라고 한다. 그나마 박첨이 다듬잇돌로 막는 처방을 한 덕택에 39세까지 살았지, 그렇지 않았더라면 10대에 요절했을 것이라고 말하는 이도 있다.

서양에서도 통했느니라

현대인의 입장에서 보면 주역에 심취한 선조들이 한심스럽게 느껴질지도 모르겠다. 하지만 지성의 상징으로 여겨지는 근대 서양 과학자들도 주역을 접하고 급속히 빠져든다. 주역은 지식인을 매료시키기에 충분히 심오하면서도 충분히 쓸모가 없다.

1698년, 청나라 황제에게 서양 학문을 가르치던 필리포 그리말디Claudio Filippo Grimaldi 신부는 우연히 주역 64괘를 접하고 그 형태에서 수학적인 아름다움을 발견한다. 그는 즉시 수학자이자 철학자였던 라이프니츠^{Gottfried Wilhelm Leibniz}에게 『주역』을 보낸다. 라이프니츠는 주역의 음과 양을 숫자에 적용해 이진법을 고안한다. 이진법은 현대 디지털 문명을 세우는 데 결정적 역할을 하므로, 오버를 좀 보태 말하자면 주역이 디지털 문명을 탄생시켰다고 할 수 있다. 나아가 라이프니츠는 8괘에 그 이상의 규칙이 있다고 판단해 주역을 탐독했다. 사실 그가 이해한 주역은 본래의 모습과 많이 달랐지만, 아무튼 그가 영감을 얻어 수학적 진리를 발견했다는 것만은 사실이다.

정신분석학의 창시자인 프로이트와 융은 자신들의 연구에 주역을 끌어들였다. 특히 융은 의사가 이래도 되나 싶을 정도로 주역을 신봉했다. 그는 서양에 처음으로 번역된 『주역』에 서문을 썼는데, 팬이 아이돌 실물을 영접하고 후기를 쓰듯이 열광적으로 썼다. 그는 '카를 융 주역 연구소'를 차리고 인간 심리의 원형을 주역의 괘와 연결하는 작업을 했다. 물론 융의 이름을 끌어들여 주역을 옹호할 생각은 없다. 왜냐하면 융은 그 외에도 엄청나게 많은 미신에 천착했기 때문이다. 만약 융이 한국에서 태어났다면 무당이 되었을 것이다.

양자역학 정립에 크게 기여한 닐스 보어^{Niels Henrik David Bohr} 역시 주역의 팬 중 한 명이었다. 그는 자신의 업적이 주역 덕분이라고 공개적으로 밝히기도 했다. 양자역학에서 중요한 점은 원자가 입자와 파동의 이중성을 갖는다는 것이다. 그는 "대립적인 것은 상보적"이라 표현했는데, 이는 음양이론과 비슷하다. 음양이론에 따르면 음과 양은 '상보적으로 존재'하며 음에서 양으로 양에서 음으로 변화한다.

　보어는 노벨상 시상식 때 주최 측에 8괘가 그려진 옷을 구해달라고 부탁했다. 노벨상 위원회는 급히 8괘가 그려진 옷을 찾았으나 스톡홀름에는 중국 옷을 파는 가게가 없었다. 그래서 화교가 운영하는 중국 음식점에 들러 주인에게 8괘를 그려달라고 부탁했다고 한다. 닐스 보어는 이 조잡한 옷을 입고 노벨상을 받았다. 이후 옷을 돌려받은 화교는 그 옷을 매우 비싼 값에 팔았다. 당시 화교가 그린 8괘는 잘못된 것이었으나, 어차피 당시 스웨덴에서는 8괘를 제대로 아는 사람이 없었기에 아무 문제도 되지 않았다. 마치 해외스타가 '경동택배'라고 쓰인 점퍼

닐스 보어와 그의 휘장. 그가 주역에 얼마나 심취했는지를 알 수 있다.

를 멋스럽게 입고 다니는 것처럼.

이 외에도 유카와 히데키湯川秀樹(일본인 최초 노벨 물리학상 수상자)도 주역에 큰 감명을 받았다고 밝혔으며, 존슨 얀Johnson Yan 은 DNA의 구조와 주역을 엮어 생명의 비밀을 풀려고 시도했고, 이 과정을 책으로 내기도 했다. 심지어 아인슈타인마저 주역을 가리켜 "만물의 에센스 중의 에센스"라고 표현할 정도였다.

주역을 신봉하는 많은 이들이 이런 사례를 끌어와 『주역』이 마치 과학인 것처럼 이야기한다. 꼭 주역에만 이런 현상이 있는 것도 아니다. 가령 전통의학에서 사용되는 약재가 서양에서 인정받으면 그것으로 정통성을 세우려는 이상한 분위기가 있다. 마치 한글로 디자인한 옷을 입은 외국인을 보며 한글의 자부심을 느끼는 것처럼 말이다. 대체 우리는 왜 동양 전통의 옳고 그름을 서양에서 찾는가?

과학자가 믿고 과학자에게 영감을 줬다고 해서 과학이 되는 것은 아니다. 과학은 진실이어서 과학이 아니라 과정을 통해 증명되었기에 과학인 것이다. 주역 역시 만든 사람 나름의 관찰과 직관을 통해 성립되었을 것이고, 그 특유의 모호성으로 분명 인생의 많은 부분을 설명할 수 있을 것이다. 나는 주역이 항상 틀리다고 생각하지는 않는다. 우연이라도 맞히긴 맞힐 것이다. 어쨌든 닐스 보어와 라이프니츠는 주역으로부터 도움을 받았다고 하지 않나. 하지만 그렇다고 주역이 과학이 되지는 않는다.

미신의 가치

점성학이든, 주역이든, 명리학이든, 손금이든, 관상이든 간에 다들 오랜 시간 나름의 체계를 가지고 발전해 왔다. 하지만 믿지 않는 사람에게는 그게 다 무슨 소용이겠나. 첫 단추가 잘 못 꿰어졌으니 이후 쌓은 것 역시 모두 쓸모없어 보일 것이다. 하지만 믿는 것과 별개로 모든 미신은 시대적 특성을 품고 있다. 왜 그런 미신이 생겼는지를 따져보면 알지 못했던 사회의 이면을 알아볼 수 있다.

명리학을 살펴보자.

명리학은 사주팔자와 대운(10년에 한 번씩 바뀌는 운), 연운(매년 바뀌는 운) 등을 따져 한 사람의 인생을 예측한다. 명리학자들은 보통 음양오행이 순행하는 조화로운 사주를 좋다고 평가하고, 한두 개의 오행에 치우친 사주를 박하게 평가한다. 기운이 충돌하는 것보다 합이 되는 것을 좋다고 평가하지만, 합도 너무 많으면 문제가 된다(합치면 정이 되는 합정인데, 너무 자주 합쳐서 바람 피울 팔자라나). 이런 풀이를 통해 우리는 무엇을 알 수 있을까?

과거에는 극단적인 변화가 없는 삶을 추구했다. 환경에 맞게 조금씩 변해야지, 큰 움직임이 있는 것은 좋은 신호가 아니었다. 여기저기 떠도는 것도 역마살이라고 좋지 않게 봤다. 과거에는 고향에서 일평생을 보냈으므로 떠돈다는 건 전쟁이라도 나거나 최소 공동체 생활에 적응하지 못한다는 뜻이었다.

또한 사주에는 남녀의 권력관계도 드러난다. 남성은 재성으로 연애운과 결혼운을 본다. 재성은 재산, 재능 등의 의미로 여기에 연애운을 포함시켰다는 것은 남성에게 여성이 일종의 재물 역할을 한다는 뜻이다. 반면 여성에게 남성은 관성이다. 관성은 국가, 아버지처럼 나를 억누르는 힘이다. 남자에게 여자는 재물, 여자에게 남자는 억압이다. 명리학이 성립됐을 때 사회가 어떤 모습이었는지를 명확히 알 수 있다. 정상 가족을 상정하고 있으며, 이성애 위주로 관계를 설명한다. 비혼주의자는 어떻게 사주를 볼 것인지, 동성애자는 파트너 운을 관성으로 봐야 하는지 재성으로 봐야 하는지에 대해서는 기준이 없다.

내게 명리학을 가르쳐준 선생님은 좋은 사주, 나쁜 사주는 없다고 여러 차례 강조하셨다. 자신의 기운을 어떻게 이용하고 대운에 어떻게 처신하느냐에 따라 운명이 달라진다고 가르치셨다. 물론 나도 선생님의 의견에 적극 동의한다. 좋은 사주, 나쁜 사주는 없다. 다만 시대가 어떤 것이 좋고 나쁜지 평가할 뿐이다. 좋은 사주 나쁜 사주란 말에서 우리 사회의 편견이 보인다.

시대가 변하면서 해석도 조금씩 변한다. 가령 최근 명리학자들이 도화살, 화개살, 역마살, 괴강살 등 과거에는 나쁘게 해석했던 것들을 지금은 좋게 해석하는 경우가 많다. 도화살이나 화개살은 매력 있고 인기가 많은 것으로, 역마살은 활발하게 활동하는 것으로, 괴강살은 거대한 힘으로 풀이한다(물론 모든 건 개별 사주마다 달라진다. 다만 흐름을 이야기하는 것이다). 반면 여전히 과거의 관습이 그대로 남아 있는 경우도 있다. 배우자 운에 관해서는 과거와 비슷하게 풀이한다. 여전히 가부장적 문화가 남아 있고, 우리도 입으로는 아니라고 하지만 은연중에 과거의 사고를 답습하기 때문이다.

명리학뿐 아니라 당대 유행하는 미신을 살펴보면 우리가 사회를 어떤 식으로 이해하고 있는지를 알 수 있다. 세상은 이성적으로 돌아가겠지만, 인간 사회는 편견으로 가득 차 있고, 그렇기에 미신은 합리적이진 않지만 맞기도 한다.

미신은 살아 움직인다

사람들은 시대가 변하고 지식이 축적되면 미신이 사라질 거라고 생각하는 경향이 있다. 미래에도 미신이 있겠지만, 지금과는 또 다른 미신일 것이라 여긴다. 어느 정도는 맞는 말이다. 시대에 따라 새로운 미신이 등장한다. 사이언톨로지나, 외계인 납치설 등은 현대에 등장한 미신이다. 그리고 과거의 몇몇 미신은 사라졌다.

하지만 어떤 미신은 살아남는다. 훌륭한(?) 미신은 시대의 변화를 품으며, 외부의 새로움을 자체적인 방식으로 소화해낸다. 아래 일화는 명리학을 배울 때 내가 직접 겪었던 일이다.

요즘은 제왕절개로 태어나는 아이들이 많다. 제왕절개 자체는 고대 로마 시절부터 있었다지만, 일반화된 건 현대에 들어서다. 첫 출산 나이가 늦어지면서 임산부 둘 중 하나는 제왕절개를 한다(2017년 통계).

그럼 제왕절개 시 아이의 사주팔자는 어떻게 보아야 할까? 자연분만을 했을 때 예정된 시간? 아니면 태어난 시간? 보통은 태어난 시간으로 본다. 점성학에서도 마찬가지다. 그래야 기준이 확실해 점을 보기 수월하다. 나아가 선생님은 하나의 이론을 제시했다. 현대사회가 화로 넘치고 각박해진 이유 중 하나가 제왕절개 때문이라는 것이다.

제왕절개는 대부분 통상 업무 시간에 이루어진다. 야간에 급박하게 수술하는 경우도 있지만, 보통은 출산일 전후로 수술 시간을 잡는다. 그리고 그 시간은 대부분 낮일 것이다. 병원 운영 시간의 대부분은 '화' 속성인 사시(9:30~11:30)와 오시(11:30~13:30)에 걸린다. 이어지는 미시(13:30~15:30)는 '토'에 해당하지만, 화에 가까운 토로 본다. 반면 화의 극에 해당하는 '금'과 '수'는 저녁과 새벽 시간이다. 즉 제왕절개로 태어난 이가 많은 현대인의 시지에는 화가 있을 확률이 높다. 사주는 여덟 자로 이루어지기 때문에 시지에 화가 있다고 해서 개개인의 성격이 급해지고 불같아진다고 단정할 순 없다. 하지만 사회 전체적으로 보자면 사주에는 화가 늘어나고, 화는 화와 합치는 성질이 있으므로 점점 더 큰 불이 된다. 그래서 우리 사회가 급박해지고, 짜증과 분쟁이 늘어나는 것이다.

어떤가? 명리학을 믿지 않는 사람은 '이게 뭔 개소리야?'라고 생각할 것이다. 이 논리에 포함된 수많은 비약과 편견은 이루 말할 수 없다. 하지만 명리학 체계를 받아들이는 사람에게는 충분히 고개를 끄덕일 만한 이론이 된다.

완성도 높은 미신은 나름의 체계가 있고, 새로운 상황에 얼마든지 적용할 수 있다. 과학적 진실, 혹은 틀린 예언이 사람들을 미신으로부터 벗어나게 할 것 같지만, 체계 속으로 들어가면 허점과 오류는 쉽게 극복된다. 오히려 그런 오류가 자신들의 체계를 더 확고하게 만든다. 체계가 부족하고, 일부에만 작동하는 미신은 시대의 변화에 따라 쉽게 사라지지만, 체계가 완성된 미신은 사라지지 않는다. 미신이나 종교뿐 아니라 사상 역시 마찬가지다. 사람들은 자신이 가진 사상에 따라 모든 사회 현상을 해석한다.

미신이 무서운 이유는 불완전하기 때문이 아니다. 완벽하기 때문이다. 미신과 종교에 빠지는 사람들이 모두 바보는 아니다. 그들 중 일부는 우리보다 훨씬 똑똑하다. 그들은 단지 미신이 쌓아 올린 체계를 받아들였을 뿐이다. 똑똑한 두뇌는 새로운 상황에 새로운 해석을 제시한다. 화의 속성과 제왕절개, 현대사회를 엮는 그 통찰을 보라.

무당, 신내림을 받은 자

주역과 별개로 한국에는 무당이 있다. 시초를 따지자면 구석기 시대까지 거슬러 올라가야 하니, 현대적 의미의 무당이 어떻게 만들어졌는지만 살펴보기로 하자.

신병神病이란 말을 들어보았는가? 접신의 자질이 있는 사람은 귀신들이 귀신같이 알아보고 몰려들기 때문에 신병에 걸린다. 이유 없이 몸이 아프고, 헛것이 보이는 등의 증상이 나타나 병원을 찾으면, 병원에서는 제대로 된 원인을 파악하지 못해 "경과를 지켜봅시다" 따위의 말만 할 때가 있다. 증세가 점점 심해지면 집안 어르신이 용하다는 무당을 알려주고, 반신반의하며 무당을 찾아가면 무당은 환자의 얼굴만 휙 보더니 "신병이야, 신병. 신을 받아야 나을 수 있어" 하며 혀를 찬다.

신병을 낫게 하는 방법은 두 가지다. 하나는 내림굿을 통해 신내림을 받는다. 단, 신내림을 받았으므로 무조건 무당이 되어야 한다. 또 하나는 누름굿이다. 몸에 든 신보다 더 강한 신을 불러와 몸에 든 신의 기운을 눌러 병세를 완화시킨다. 하지만 누름굿은 무당과 몸에 든 신의 레벨에 따라 제대로 되지 않는 경우가 많다. 결국 선택해야 한다. 계속 아플 것인가, 무당이 될 것인가.

이런 설명을 들으면 코웃음 칠 사람도 있겠지만, 신병은 엄연히 실존한다. 신은 없을지 모르지만 종교가 존재하듯이, 실제로 몸에 신이 들었는지와 무관하게, 신병은 존재한다. 정신의학에서는 신병과 화병(화가 난 시어머니가 머리에 흰색 띠를 두르게 한다는 그 병)을 한국 문화의 고유 장애로 분류하기도 한다. 이 때문에 한국 문화의 독창성을 말하는 이들이 있는데, 대부분 문화권(특히 주류 문화권이 아닌 3세계 지역)에는 한두 개 정도의 독특한 질병이 있다. 미국정신의학회의 정신 질환 진단 및 통계 편람(DSM) 4판까지는 신병과 화병을 하나의 독창적인 병으로 분류했으나, 5판부터 신병은 해리성 장애와 조현병으로, 화병은 스트레스성 신체장애로 분류한다.

신병이든 화병이든 주로 여성이 걸리는데, 가부장 문화가 일정 부분 영향을 끼쳤을 것이다. 여성 억압적인 문화가 해리성 장애로 나타나 신병을 겪거나, 화병 같은 스트레스성 신체장애로 나타난다. 물론 이건 어디까지나 과학적으로 이해해보려는 노력이다. 이유야 어떻든 신병을 앓는 환자가 존재하고, 무당이 되는 이도 존재한다. 무당들은 자신이 신을 받았다고 믿는다. 이것은 사실은 아닐지 몰라도 거짓은 아니다.

하지만 신병과 내림굿으로 무당이 되는 것이 전통적 방식
은 아니다. 과거에는 그 형태가 달랐다. 농경 사회에서는 공동
체가 거의 변하지 않았다. 그리고 마을마다 만신(무당을 높여 부
르는 말)이 있었다. 마을에 헛소리를 하거나 영적 능력이 특별한
아이가 있으면, 사람들은 무당이나 법사 같은 신통력이 있는 자
에게 데려가 검사를 받게 했다. 만약 아이가 신가물(무당이 될 능
력이 있는 사람)로 판단되면 만신에게 보낸다. 그러면 만신이 아
이가 신을 받을 수 있게 돕는다.

하지만 신은 누군가가 내려주는 것이 아니라, 찾아오는 것
이다. 그러므로 이 과정까지는 그 아이가 신내림을 받을 수 있
을지 확실하게 알 수 없다. 아이는 마을을 돌며 걸립(일종의 구걸)
을 하는데, 이를 통해 마을 사람들에게 얼굴을 알린다. 주로 쇠
걸립을 하는데, 이때 마을 사람들은 죽은 사람이 생전에 썼던
물건이나 집안에서 오래 사용해 귀신이 들었을 것 같은 물건 중
쇠로 만들어진 것을 내놓는다. 이 쇠를 녹여 아이가 무당이 됐
을 때 사용할 무구巫具를 만든다. 내림굿을 하고 제자가 된 무당
은 최소 1년 이상 무당 교육을 받는다. 이렇게 일종의 사제 관계
를 맺으며 대를 잇듯 무당도 이어진다.

진짜 신기가 있는 이가 무당이 되기도 하지만, 어찌 보면
'무당'이라는 시스템 자체가 사회를 안정적으로 만드는 일종의
보험 역할을 한다. 공동체의 일원 중에서 그중 일부는 장애를
가지고 있거나 신경이 예민해 집단생활이 어려울 수 있다. 이런

뱃사공들의 안전과 풍어를 기원하는 배연신굿. 굿을 넘어 마을 사람 모두가 즐기는 축제. 지금도 매년 정월에 열린다.

이에게 무당 역할을 맡겨 사회와 어느 정도 거리를 두면서도 먹고살 수 있게 해주는 것이다. 그래서 과거 무당들은 주로 조상 신을 모셨다. 한 성씨가 함께 살았으므로 조상신을 모시면 단합에 도움이 됐다. 클럽이나 콘서트 같은 문화가 없던 과거에는 굿이 하나의 페스티벌이었다. 풍년을 빌거나 바다를 잠재우는 대규모 굿에 모두가 참여해 공동체 생활에서 필연적으로 생길 수밖에 없는 억눌린 한을 춤추고 소리치며 풀었다. 굿을 하면서 내뱉는 말이나 행동은 이후 모두 용서받으므로, 굿은 사람들에게 일종의 해방구 역할을 했다.

이런 문화는 일제강점기 때부터 조금씩 사라진다. 일본은 전국적으로 미신 타파 운동을 벌였는데, 순사들이 굿을 하는 장소를 덮쳐 무당을 잡아갔다. 하지만 이런 탄압이 오히려 민중을 결속시켜 무속을 강화했다. 원래 무언가를 외부에서 탄압하면 반대의 효과가 난다. 일제의 탄압도 버틴 무속 문화가 사라진 결정적 계기는 박정희 정권에서 벌인 새마을운동이다. 새마을운동은 농촌을 도시처럼 개발하자는 것이었고, 이 과정에서 무속 역시 많은 탄압을 받았다. 일제의 강압 때와는 달리 자체적으로 농촌을 바꿔보자는 움직임이 있을 때라, 꽤 많은 마을에서 만신이 사라졌다.

하지만 탄압이 없었다 해도 과거의 시스템은 오래가지 못했을 것이다. 시골에서 도시로 사람들이 몰려들면서 지역 공동체가 와해됐고, 무당도 각자 살길을 찾아야 했다. 무당들이 여기저기 떠돌게 되면서, 시스템이 아니라 신병에 걸린 사람이 알아서 무당을 찾고 내림굿을 받는 지금의 방식이 자리 잡는다.

과거 씨족 사회에서는 보통 조상신을 모셨다. 하지만 공동체가 무너지면서 다양한 신이 등장한다. 신은 선택하는 것이 아니라 찾아오는 것이므로 어떤 신을 모시게 될지는 알 수 없다. 과거에도 미륵이나 사천왕, 원통하게 죽은 장수나 왕을 모시는 무당들이 있었다. 하지만 농촌 공동체가 무너지면서 신들이 더욱 다양해졌다. 이제 조상신을 모시는 무당은 찾아보기 힘들다. 역사는 흘러가니 새로운 신도 등장한다. 심지어 맥아더를 모시는 무당도 있다(미친 전쟁광의 영혼이 들어와 봐야 "다 때려 부숴"라는 충고밖에 못 해줄 것 같지만). 혹시 다음에 무당집에 가볼 일이 생긴다면 뒤에 모시는 신들을 자세히 보라. 옥황상제, 관우 장군, 부처, 미륵, 동자승, 사천왕, 삼신할머니, 호랑이까지 전혀 맥락 없는 신이 함께 있다(그런데 단군신화에서 곰이 이긴 거 아냐? 왜 우리나라 사람들은 호랑이를 더 좋아하는 거야?).

무당이 모시는 신을 신선생님이라 부른다. 무당은 신선생의 제자가 되어 신이 내리는 예언을 전달한다. 무당 교육을 시켜주고 내림굿을 해주는 무당은 신엄마(혹은 신아빠), 교육을 받는 이를 신딸(혹은 신아들)이라 한다. 내림굿이 자리 잡으면서 신엄마, 신아빠를 자처한 뒤 돈을 뜯어내거나 성범죄를 일으키는 경우도 있다 하니 신병에 걸린다면 각별히 조심해서 알아보길 바란다. 하긴 사기꾼을 선택할 정도로 무능한 신기라면 무당이 되지 않는 편이 낫겠지.

신을 받고 무당이 되면 두 가지 능력을 갖추게 되는데 하나는 굿을 하는 신체 능력이고, 하나는 다른 이의 운명을 예견하고 신을 통해 액운을 쫓는 능력이다.

신체 능력은 작두를 타는 것이 대표적이다. 작두 타기는 숙련된 기술임이 밝혀지긴 했지만, 어쨌든 신체적 훈련이 필요하다. 또한 작두 타기를 통해 굿 자체가 하나의 볼거리가 되며 영적인 감흥을 주므로 그 자체로 문화적 가치가 있다. 하지만 우리가 관심 있는 건 운명을 맞히는 신점이니까 이 정도만 언급하고 넘어가자.

신점의 특징은 방문한 사람에게 처음에는 아무것도 묻지 않는다는 것이다. 명리학처럼 생년월일시를 묻지 않는다. 그냥 신이 계시를 내리거나 무당의 직감으로 그 사람을 보자마자 어떤 말을 던진다(죽은 자식이 보여, 남편 때문에 왔구만, 집이 잘못됐어 등등). 드라마에서 많이 본 장면일 것이다. 도저히 아니라고 저항할 수 없는 말을 던지면, 내방자는 깜짝 놀라 고민을 술술 털어놓는다. 이때부터 내방자가 제공한 고민과 정보를 토대로 추가적인 점괘를 내린다.

내게 명리학을 가르쳐준 선생님은 "아무리 도를 닦은 사람도 신내림을 받은 사람보다 정확할 수는 없다"고 말씀하셨다. 물론 두 가지 단서를 달았는데, 하나는 "진짜" 신내림을 받아야 한다는 것이고, 또 하나는 신을 받은 지 3년 이내여야 한다는 것이다. 선생님은 신이 내려도 3년 정도 시간이 지나면 신이 떠나기 때문에 딱 그 기간에만 타인의 운명을 알 수 있다고 하셨다. 그래서 신빨이 떨어진 무당들이 사주를 배우러 많이 온다고 한다. 이미 점을 치면서 먹고사는데, 영빨이 떨어졌으니 학문으로 보충하는 것이다.

아무튼 선생님의 말을 100퍼센트 받아들인다 해도 신점으로 우리의 운명을 알기는 어렵다. 먼저 그 많은 무당 중에 누가 진짜 용한 무당인지 알아내기 어렵고, 둘째로 우리가 알 정도로 유명한 무당이라면 이미 유효기간인 3년이 지났을 확률이 높기 때문이다.

서양에도 사람의 몸에 신이 드는 경우가 있다. 악마에 씌이기도 하고 강신술을 통해 일부러 불러오기도 한다. 하지만 유일신 문화가 오랫동안 지배했던 서양에서는 귀신이 드는 것을 기본적으로 불경하고 악한 것으로 여긴다. 반면 무교와 도교의 영향으로 샤먼 문화가 이어진 동양에서는 귀신이 몸에 드는 걸 선악의 관점에서 따지지는 않는다. 물론 일반인들이 무당을 피하는 경향이 있지만, 그것이 악하다고 여겨서 그런 것은 아니다(물론 동양에서도 무당이나 무속을 불길하게 여기기도 하는데, 이런 분위기는 서구 문화가 유입된 후에 생겨난 현상이다). 그래서 서양에서는 악귀를 쫓아내는 엑소시즘이, 한국에서는 무속 문화가 발전했다.

태어난 시간으로 운명이 결정된다?

　서양 점성학이든 동양 명리학이든 기본적으로 태어난 연월일시를 중심으로 운명을 판단한다. 주변 사람과 처한 환경 등을 종합적으로 고려하지만, 기본적인 심성은 태어난 시간에 정해진다. 그렇다면 정말 태어난 시간이 인생에 영향을 끼칠 수 있을까?

　점성학과 명리학을 믿는 사람들은 이것이 일종의 통계라고 말한다. 하지만 이건 통계가 될 수 없다. 실험 집단도 명확하지 않고, 실험 설정도 엄밀하게 할 수 없다. 통계라면 데이터가 쌓여야 하는데 그 데이터는 어디까지나 점술가나 사주쟁이가 가지고 있을 뿐이니 과학적인 방법론과는 거리가 멀다. 하지만 과학적이어야만 꼭 맞는 답을 내는 것은 아니지 않은가? 경험에서 나오는 데이터도 완전히 무시할 수만은 없다. 어쨌든 태어난 시기가 비슷하면 비슷한 성향을 가지고 있지 않을까?

점성학과 명리학 모두 사람이 태어난 때에 따라 특정한 기운을 가지고 있다고 말한다. 이를 단순히 태어난 시간이 아니라 엄마가 아이를 잉태한 시간이 아이에게 영향을 준다고 해보자. 당연히 엄마의 건강 상태는 태아에게 영향을 미친다. 그럼 비슷한 시기에 임신한 여성이 어떤 환경에 공통적으로 처하게 된다면 아이에게도 공통점이 생기지 않을까? 마찬가지로 태어난 아이가 마주하는 계절적 환경이 비슷하다면 공통점이 있지 않을까? 물론 이 가정에는 엄청나게 많은 비약이 있지만, 어쨌든 최대한 믿어보려고 하는 거니까 일단 넘어가자.

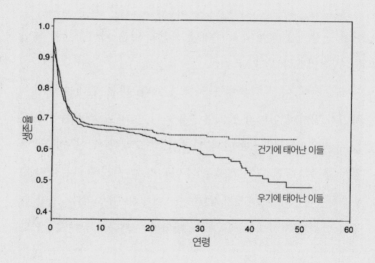

위 그래프는 서아프리카에 위치한 감비아 지역의 우기와 건기에 태어난 아이들의 생존율을 나타낸 것이다. 열대 기후에

속하는 감비아는 우기(7~12월)에 먹을 것이 부족하고 생활환경이 척박한 반면 건기(1~6월)는 상대적으로 먹을 것이 풍족하다. 생존율을 보면 10대 중반까지는 거의 동일한 곡선을 그리다가 10대 후반부터 차이가 나는데, 우기에 태어난 아이들은 나이가 들수록 생존율이 떨어진다. 어린 시절 영양의 불균형이 성장에 영향을 끼쳤으리라 추정할 수 있다.

이렇게 극단적으로 드러나지 않더라도, 계절별 날씨의 변화, 식재료의 변화 등은 아이에게 영향을 끼친다. 무언들 그렇지 않겠는가. 이렇게 생각해보면 태어난 시기는 그 사람에게 영향을 미치는 것 같기도 하다. 그리고 점성가와 명리학자들이 과학적으로 엄밀하지는 않더라도 성실하게 데이터를 수집했다면, 어떤 공통점을 찾아내고 태어난 시간에 따른 차이를 구분해냈을 수도 있겠다 싶다.

그런데 이런 해석에는 문제가 있다. 과연 현대에 계절적 차이가 얼마나 의미가 있느냐는 것이다. 실내는 늘 일정한 온도를 유지하며 보릿고개 따위 사라진 지 오래다. 임산부에게 영양이 부족하다면 그건 계절 탓이 아니라 빈부 격차 때문이다(빈부 격차에 따른 유아기의 영양 상태는 유의미한 차이를 보인다). 또한 한국과 날씨가 정반대인 외국에서 태어나는 사람도 많다. 그들 모두에게서 공통점을 찾아낼 순 없을 것이다. 심지어 한국만 해도 과거와 비교해서 얼마나 기후가 많이 바뀌었나. 그런데도 사람들은 여전히 같은 사주를 보고 운명을 예언한다.

5

종교

미신도

프랜차이즈

"신자가 회의주의자보다 더 행복하다는 말은

술 취한 사람이 멀쩡한 사람보다 더 행복하다는 말과

별다를 바가 없다."

– 조지 버나드 쇼

고대 종교, 다신교, 일신교

종교가 진화한다는 이론이 있다. 애니미즘이든 토테미즘이든 샤머니즘이든, 어떤 믿음을 가진 종족이 합쳐지면서 다신교를 만들고, 다신교에서 다시 하나의 신이 존재하는 일신교로 진화한다는 이론이다. 우리는 일신교가 주류인 서구가 세계 표준인 시대에 살고 있으니 그럴듯하다고 생각할지도 모르겠다. 20세기 중반까지만 해도 이런 해석이 주류였다. 하지만 20세기 후반 다원주의가 확산된 뒤로는 종교의 우위를 따지는 것 자체에 회의적인 시각이 많다.

다신교와 일신교는 동시에 존재한다. 다만 일신교 쪽이 주도권을 잡았을 뿐이다. 종교는 기본적으로 다신교이면서 일신교다. 그리스 신화를 생각해보라. 다양한 신이 존재하지만, 최고

신은 제우스다. 가장 많은 신이 존재한다는 힌두교도 마찬가지다. 힌두교의 신은 사실 하나의 신이 다양한 신의 형태로 나타난 것이다. 기독교는 하느님만을 따른다고 하지만, 마리아와 온갖 성인을 하느님 아래 신으로 가져다 놓았다. 그리스 로마 신화에서 달라진 게 있다면, 재미가 없어졌다는 것뿐이다.

후에 만들어진 것들은 당연히 앞선 세대의 것에 영향을 받는다. 종교 역시 마찬가지다. 고대 종교가 이후 종교에 영향을 미친다. 그래서 후에 생긴 종교일수록 보다 체계적인 형태와 세련된 교리를 갖추고 있다. 하지만 그렇다고 애니미즘이나 토테미즘, 다신교가 일신교보다 야만적이라는 뜻은 아니다. 믿음 자체는 거의 동일하다. 차이점이라면 세련된 종교일수록 성스럽게 여기는 책이 한두 권 있고, 고대 종교는 그런 것이 없다는 것 정도다. 하지만 그 성스러운 책을 읽어본 이성적인 사람이라면 알 것이다. 그 책이 없는 편이 종교의 이미지에 훨씬 좋으리라는 것을.

현대의 많은 이들이 이슬람교에 적대적이다. 실제로 이슬람교가 지배적인 중동 지역은 현재 여러 문제를 떠안고 있다. 진보 지식인들은 그것이 종교의 특성이 아니라 중동 지역의 불행한 역사의 결과라고 말하며 이슬람교 자체를 비난하는 것을 피하려고 한다. 실제로 그 지역의 비극은 불행한 역사에 기인한 바가 크다. 하지만 이슬람교의 특성도 현 문제를 강화한 측면이 있다.

이슬람교는 세계 규모의 종교 중 가장 마지막에 생긴 종교다. 그래도 생긴 지 1,000년이 넘지만. 이슬람교는 이전 종교들의 체계를 가장 현대적으로 계승했다. 교리로만 따지면 성차별도 가장 적다. 문제는 이슬람교가 너무 체계적이라는 것이다. 최후에 생기다 보니 쓸데없이 디테일하다. 이슬람교는 모든 생활 방식에 종교적 교리를 가지고 있다. 일종의 종교법으로, 이것을 '샤리아'라고 한다. 모든 게 종교법으로 정해져 있다 보니 다른 체계의 도움 없이도 자체적으로 사회를 운용할 수 있다. 기독교에도 원리주의자들이 있지만, 기독교 교리만으로 살 수는 없다. 기독교에도 법이 있지만 현실에 적용하기에는 너무 뒤처지고, 샤리아만큼 철저하지도 않다. 기독교 교리는 세상을 운용할 능력이 없다. 반면 최신의 이슬람교는 현대 관점에서 후지지만 어쨌든 사회를 운용할 수 있다. 그러다 보니 중동 지역은 서구에 반발해 혁명을 일으켜도 늘 이슬람 원리주의가 등장해 사회를 정체시키거나 퇴보시킨다.

미신과 종교

그럼 미신과 종교는 어떻게 다른가?

종교인이라면 한낱 미신(사주, 점성술, 큰 나무에 기도하기 등

등)과 종교를 같은 선상에서 비교한다는 것이 불쾌할지도 모른다. 하지만 비신자에게 종교와 미신은 큰 차이가 없다. 나는 오히려 종교가 불성실한 미신이라고 생각한다. 미래는 불안하고 삶은 원하는 대로 되지 않으니 미신이 생길 수밖에 없다. 점성술이든 사주팔자든 신내림이든 그것은 불안한 개인에게 개별적인 해결책을 제시한다. 점을 치러 갈 때 우리는 현실적 문제(사업이든 연애든 건강이든)를 안고 간다. 특별한 문제가 없다고 해도 올해의 운세 같은 현세의 일을 묻는다. 그래서 점은 언제나 틀릴 가능성이 있다. 누군가는 용하다는 소리를 듣지만 누구는 돌팔이가 된다. 지금 용하다는 말을 들어도 앞으로 계속 용할지 알 수 없다. 프랜차이즈 확장도 불가능하다. 사람들은 용하다는 특정인을 찾지 간판을 보지 않는다.

종교는 미신의 프랜차이즈를 고심한 결과다. 그들은 구원을 사후로 미뤄버린다. 현실적 문제는 다 신의 뜻이고, 지금 희생하면 죽어서 천국에 간다는 믿음을 설파한다. 있는지조차 확실하지 않은 사후 세계 어음을 무한정 발행한다. 이 어음에는 개인차가 없다. 신실한 믿음만 증명하면 누구나 받을 수 있다(믿음을 증명하기 위해 무언가를 바쳐야 하지만). 사후 세계가 실제로 존재하는지는 죽지 않고서야 아무도 알 수 없으므로 차후에 문제가 발생할 일이 없다. 프랜차이즈화 역시 가능하다. 지점장들에게는 특별히 영빨이 없어도 아무 상관이 없다. 그들은 본사에서 내려보낸 책에 적힌 내용을 전달한다. 물론 얼마나 잘 포장하느냐에 따라 흥할 수도 있고 망할 수도 있지만, 본질은 다르지 않다. 그들은 성실한 점쟁이들을 야만으로 밀어버리고 자신들을 특별한 지위에 올려놓았지만, 사실은 현실을 맞힐 능력이 없을 뿐이다.

그럼 왜 종교는 미신보다 더 흥할 수 있었을까? 그건 프랜차이즈가 개인 사업자보다 더 흥하는 이유와 같다. 개인이 하는 맛집이 종종 있지만, 잘 모르는 곳에 가면 프랜차이즈가 안전하다. 평균적으로 프랜차이즈는 적당한 결과를 보장한다. 마찬가지로 더 뛰어난 점쟁이가 있을 수는 있지만, 평균적으로 종교를 믿는 게 만족감이 더 높다.

의심하지 마라, 무조건 믿어야 종교다

미켈란젤로 안토니오니 감독의 1962년 영화 〈일식L'Eclisse〉에서 주인공은 끊임없이 질문을 하는 연인에게 이렇게 말한다. "질문이 많으면 사랑을 할 수 없죠." 사랑뿐 아니라 종교도 마찬가지다.

우리는 종종 교회 개혁 운동을 하는 사람들을 만날 수 있다. 이들은 기득권과 결탁한 교회가 소수자에게 폭력적으로 구는 것에 큰 분노를 느끼고, 종교의 본질인 사랑으로 교회를 바로 세우려는 훌륭한 의지가 있다. 그들은 교회를 정화하고 바로 세우면 과거처럼 신도들이 늘어날 것이라 말한다. 이들은 다른 교인들에 비해 꽤나 상식적이며 도덕적이고 때때로 존경스럽다. 그들은 믿을 만한 이웃이다. 하지만 그럼에도 나는 그들의 도전이 절대 성공할 것 같지 않다.

기독교에는 성경이 있다. 하지만 아이러니하게도 기독교의 전성기는 성경이 대중에게 퍼지기 전이었다. 인쇄술이 발달하고 루터가 반박문을 써 붙이고 성경을 번역해 민중에 퍼트리기 시작한 순간부터 종교는 조금씩 힘을 잃어갔다. 대중이 종교를 '진짜' 알게 된 순간부터 종교는 약해졌다.

정상적인 이해 능력을 가진 사람이 성경을 읽고 기독교인이 되는 것은 솔직히 불가능하다고 생각한다. 대부분의 종교 경전도 마찬가지다. 합리적으로 읽어보라. 수천 년 전의 관점으로 쓰인 책을 읽고 어떻게 현대인이 믿음을 가지겠는가. 특히 성경은 정도가 심한데, 나는 이 책이 아이들에게 매우 유해하며 19금 딱지가 붙어야 한다고 진심으로 믿는다. 물론 일부 좋은 부분도 있지만, 포르노 영화도 모든 장면이 다 19금이라서 19금 딱지가 붙는 것은 아니다. 물론 종교인들은 인간의 눈으로 보면 안 된다고 말하겠지만, 인간이 어떻게 인간의 눈으로 보지 않는단 말인가.

종교를 자세히 알면 신실해질 수 없다는 사실을 과거의 종교 지도자들은 잘 알고 있었다. 그래서 그들은 '믿음'을 강조했

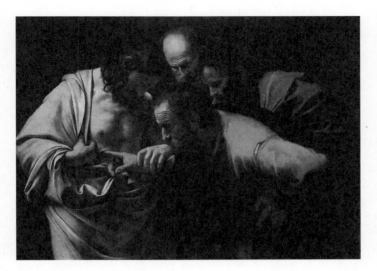

카라바조의 〈의심하는 도마〉 (1601~1602)

다. 사실 믿을 만한 것을 믿는 것은 믿음이 아니다. 그건 당연한 거다. 지구가 둥글다고 믿는 것은 당연한 거다. 지구는 둥그니까. 지구가 둥글지 않고 평평하다고 믿는 것이 진정한 믿음이다. 성경에는 '의심하는 도마'의 일화가 나온다. 예수의 부활을 믿지 못하고, 창에 찔린 자리에 손가락을 넣어본 다음에야 믿었다는 이야기다. 목사들은 도마를 비판하면서 무조건적인 믿음을 강조한다. 그들은 의심하고 따지는 것을 좋아하지 않는다. 당연하다. 그것은 종교가 아니기 때문이다.

　그래서 종교개혁 운동을 하는 현명한 종교인들은 역설적으로 종교로부터 사람들을 떼어놓는다. 종교를 제대로 보면 볼수록 그들은 종교로부터 빠른 속도로 멀어진다. 사회 전체적으로는 분명 옳은 방향이지만, 종교의 확대로만 본다면 그들의 활동은 역효과를 내는 셈이다. 의심하지 않는 믿음, 그것이 종교이고, 그래서 종교는 미신일 수밖에 없다.

비행기를 타고 등장한 신

인간에게는 어쩌다 종교가 생겼을까? 여러 가지 가설이 있지만, 타임머신을 만들지 않는 이상 우리가 그 과정을 정확히 알 수는 없을 것이다. 하지만 얼핏 추측해볼 수 있는 사례가 있다.

세계화 이전까지 남아시아에 위치한 작은 섬의 주민들은 외부와의 접촉 없이 자신들만의 문화를 구축하며 살았다. 그들의 과학 기술이나 지식은 당시 서구 관점에서 보면 상당히 뒤처져 있었다. 왜 고립된 섬의 발전이 더딜 수밖에 없는지는 재레드 다이아몬드의 『총, 균, 쇠』를 읽어본 사람이라면 충분히 알 것이고, 안 읽어본 이들도 대충 짐작할 것이다. 발전이 느린 게 문제 될 건 없다. 자기들끼리 살 때는. 하지만 19세기 이후 강대국 간의 전쟁이 치열해지면서 남태평양의 섬들도 무사할 수 없었다. 특히 2차 세계대전이 발발하고 미국과 일본이 태평양에서 맞붙으면서 이 지역은 갑자기 세계로 편입된다.

강대국 입장에서 보면 이 섬들은 큰 가치가 없었기에 다른 지역처럼 폭력적으로 점령하는 경우는 드물었다. 이동하는 데 필요한 거점만 제공해주면 군이 원주민과 충돌할 이유는 없었다. 주로 미군들이 이 섬을 찾아왔는데, 그들은 자신들에게는 별것 아닌 소소한 것들을 원주민에게 선물로 주곤 했다.

이 장면을 원주민 관점에서 생각해보자. 쇳덩이를 타고 하늘에서 내려온 존재가 새로운 음식이나 유용한 도구를 주고 간다. 그들은 뭐라 뭐라 하지만 원주민들은 알아들을 수가 없다. 그들은 웃는 얼굴로 손을 흔들고는 곧 떠난다. 신 그 자체 아닌가? 이런 일이 몇 차례 반복되자 원주민들은 그들을 신으로 숭배한다. 종교가 태어나는 순간이다. 신들은 이후에도 종종 들렀을 것이다. 가끔은 하늘에서 상자가 떨어졌는데, 그 속에서 다양한 물건이 나온다. 실제로는 잘못 떨어진 보급품이었겠지만, 원주민들에게는 신의 선물처럼 보인다. 그런데 이 신들이 어느 순간 더는 나타나지 않는다. 전쟁이 끝난 것이다.

하지만 한번 생긴 종교가 사라지진 않는다. 신의 발걸음이 끊겼기에 오히려 그들이 남긴 물건은 전설이 된다. 신이 사라진 후에야 진정한 의미의 종교가 된다. 흥미롭게도 이는 한 섬에서만 발생한 현상이 아니다. 군인들이 들렀던 태평양 대부분 섬에서 비슷한 형태의 종교가 생겼다. 이를 통틀어 '화물교Cargo Cult'라 한다.

미래 우주가 배경인 드라마 〈스타트렉〉에 등장하는 행성

연합(우주의 유엔)에는 '프라임 디렉티브'라는 우주법이 있는데, 거기에는 '문명이 발전하지 않은 행성에 간섭하지 말라'는 조항이 있다. 만약 발전한 기술이 원주민에게 노출되면 그 자체로 그들의 미래가 영향을 받을 수 있기 때문이다. 그 현상이 미래 우주가 아니라 20세기 태평양에서 벌어진 것이다.

원주민들은 군인들이 가진 도구, 예를 들어 총이나 대포 같은 것을 흉내 내 나무로 모형을 만들었다. 마치 기독교 십자가 액세서리처럼 말이다. 또한 신이 다시 오길 바라는 마음에서 활주로와 관제소를 세우고, 짚으로 비행기의 형상을 만들었다. 일종의 교회인 셈이다. 이를 발견한 서구인들은 아마 배꼽을 잡았을 것이다. 이렇게 즐거운 코미디가 또 있을까. 가장 웃긴 코미디는 언제나 진지한 법이다.

하지만 조금만 더 생각해보자. 원주민들이 다른 지역 사람들보다 특별히 멍청하거나 열등하진 않았을 것이다. 그들의 행동은 보편적이었을 것이다. 이들을 통해 우리가 어쩌다 종교를 만들게 되었는지를 추론할 수 있다. 사실 이들은 우리 조상들보다는 어떤 면에서 더 현명하다고 할 수 있다. 과거에 종교를 만든 우리 선조들은 진짜 기적도 보지 못하고 종교를 만들었지만, 어쨌든 이들은 완벽한 기적을 보고 종교를 만들지 않았나.

1950년, 영국의 학자 데이비드 아텐버러David Attenborough가 화물교를 연구하기 위해 탄나 섬으로 갔다. 그 섬의 종교 지도

덕 중의 덕은 (태평)양덕

자 남바스는 라디오를 통해 그들의 신인 '존 프럼(이름부터 미군 같지 않은가?)'과 대화한다고 주장했다. 그가 말한 라디오는 진짜 라디오가 아니라 전선을 허리에 감은 할머니다. 할머니는 알아들을 수 없는 말을 중얼거렸고, 남바스는 그 말이 신의 뜻이라며 멋대로 해석해 사람들에게 들려줬다. 그는 2월 15일 '존 프럼'이 도래할 것이라며 의식을 진행했다. 하지만 약속한 날짜가 지나도 존 프럼은 오지 않았다. 아텐버러가 그에게 물었다.

"프럼이 올 거라고 말한 지 19년이나 지났지만, 그는 찾아오지 않았습니다. 그런데도 왜 계속 그를 기다리고 그를 따르는 거죠?"

남바스는 아무렇지 않게 답했다.

"당신들은 예수 그리스도가 오기를 2,000년 동안 기다렸소. 당신들이 2,000년을 기다릴 수 있었다면, 나 역시 19년 이상 기다릴 수 있소."

요즘 말로 찢었다. 남바스는 교주가 아니라 래퍼를 했어도 잘했을 것이다. 이 대화는 여러모로 생각할 거리를 주는데, 일단 사람들은 자기 종교만 벗어나면 매우 합리적으로 군다는 것이다. 남바스와 아텐버러가 나누는 대화만 보면 그들은 얼마나 똑똑하고 합리적인 사람인가. 하지만 자신들의 종교만은 철석같이 믿는다. 화물교는 20세기 후반 해당 지역이 개발되면서 대부분 사라지지만, 지금도 일부 지역에서는 토착 문화와 결합해 그 흔적이 남아 있다고 한다.

종교, 역사를 바꾸다

키예프의 대공 블라디미르 1세는 주변 국가와 부족을 통합하면서 현재의 러시아에 해당하는 넓은 나라를 가지게 된다. 그는 종교의 힘을 빌려 국가를 단합시킬 계획을 세운다. 그런데 당시 그가 활동하던 러시아 지역에는 크게 우세한 종교가 없었다. 987년, 그는 종교 쇼핑을 위해 주변 나라에 사절단을 보낸다. 각 나라에서 믿는 종교를 평가하고 어떤 종교를 국교로 삼을지 선택하기 위해서다. 그는 유대교, 이슬람교, 기독교(동방정교회)의 사제들을 불러 대화를 나누고 교리를 살폈다.

셋 중 유대교가 먼저 떨어졌다. 유대교 특유의 폐쇄적인 교리가 국가를 단합하려는 블라디미르의 의도에 맞지 않았기 때문이다. 블라디미르는 이슬람교와 기독교 사이에서 고민에 빠진다. 처음 그의 마음을 차지했던 건 이슬람교다. 4명까지 축첩을 허가하기 때문이다(현재는 이슬람을 믿는 국가들도 대부분 일부일처제지만, 일부 이슬람 국가에서는 아직도 축첩을 허용한다). 반면 기독교는 당시에도 일부일처제였고 이혼도 쉽지 않았다. 그러나 이슬람교에도 큰 단점이 있었으니 바로 술을 금지한다는 것. 첩이냐, 술이냐. 블라디미르는 고심에 빠진다. 결국 그는 기독교를 선택하며 이런 말을 남겼다.

"음주는 러시아인들의 즐거움이오. 그 즐거움이 없다면 우리는 존재할 수 없소."

과연 보드카의 나라 지도자다운 발언이다. 그는 백성들의 술 마실 자유를 위해 첩을 포기했다(물론 기독교 국가에서도 지도자는 애인을 가졌다. 공식 부인이 한 명일 뿐이었다). 그는 동방정교회를 국교로 받아들이고 세례를 받았다. 이후 나머지 종교를 탄압하며 국가 통합에 박차를 가했다. 사실 그가 종교를 선택하는 과정은 믿음과는 아무 상관이 없다. 단지 필요에 의해서 종교 쇼핑을 했을 뿐이다. 하지만 어쨌든 이후 러시아에서는 기독교가 주류가 됐고, 기독교 입장에서 VVIP인 블라디미르 1세는 아직까지 성인으로 추앙받고 있다(러시아 정교회는 동방정교회 소속이었으나 2018년에 분리를 선언했다. 공식적으로 국교는 아니지만, 사실상 국교의 지위를 갖고 있다).

만약 블라디미르 1세가 기독교가 아니라 이슬람교를 선택

술을 사랑한 결과 성인으로 추앙받는 블라디미르 1세

했다면 이후 역사는 어떻게 바뀌었을까? 블라디미르의 종교 쇼핑 이후, 러시아는 변방이긴 하지만 어쨌든 늘 유럽으로 분류됐다. 여기에는 종교적 유사성도 한몫했다. 만약 러시아가 이슬람교를 믿었다면, 이 지역은 유럽보다는 중동과 중앙아시아 지역에 더 강한 연대감을 가졌을 가능성이 높다.

그랬다면 과연 러시아에서 공산주의 혁명이 일어날 수 있었을까? 이슬람 국가에서 공산주의 국가가 됐다면, 이후 중동 지역에 더 강한 영향력을 행사할 수 있지 않았을까? 아니면 종교 탄압으로 오히려 중동과 더 척을 지게 됐을까? 만약 러시아에 대한 친밀성으로 중동 지역이 대부분 공산화되었다면, 현재 세계 판도는 어떻게 변했을까? 어쩌면 술을 못 마시게 된 러시아 민중의 반란으로 애초에 국가가 뒤집혔을지도 모른다. 아니면 고객이 왕이니 러시아의 입맛에 맞게 이슬람교가 음주를 허용해주는 식으로 바뀌었을 수도 있고.

　종교가 사회에 미치는 파급력은 결코 적지 않다. 현대로 올수록 학자들은 종교 그 자체보다 사회 전반에 깔린 환경적 요인(먹고사니즘)을 중요하게 평가한다. 정치나 경제 이야기를 해야 똑똑해 보이고 뭔가 깊이 있는 사정을 안다고 생각한다. 하지만 순수하게 종교가 가진 힘도 무시할 수 없다. 사람의 세계관은 쉽게 바뀌지 않는다. '러시아가 이슬람을 믿었다면…'이라는 하나의 가정만으로 역사가 얼마나 달라질 수 있는지 생각해보라.

　세계 여러 곳에서 벌어지는 종교적 대립이나 테러의 원인으로 해당 지역의 정치적 분쟁이나 경제적 어려움, 실업 등이 지목된다. 실제로 그런 면도 있다. 하지만 종교 그 자체가 이유인 경우도 많다. 사람들은 그냥 특정 종교를 믿기 때문에 다른 종교를 배척한다.

원리주의라는 허상

　미국에는 유대교 근본주의자 집단 하레디Haredi가 발행하는 《차이퉁Der Zeitung》이라는 신문이 있다. 어찌나 근본주의자들인지 이들을 초정통파ultra-Orthodox라고 한다. 이 신문은 초정통파답게 미국 신문임에도 꿋꿋이 히브리어로 신문을 발행한다. 그러니 이 신문을 구독하는 사람은 매우 적을 것이고, 나같이 먼 나라에 사는 사람은 그 존재조차 몰랐다. 그런데 2011년 《차이퉁》은 사진 한 장으로 전 세계에 이름을 떨쳤다.

2011년 5월 2일은 9·11테러의 배후로 지목됐던 빈 라덴이 미국의 특수부대에 암살된 날이다. 오바마 대통령과 참모들은 백악관에 모여 암살 작전의 진행 상황을 지켜봤다. 작전이 성공한 후 백악관은 사진을 공개했고, 다음 날 여러 신문에 이 사진이 실렸다. 그런데 《차이퉁》이 낸 사진에는 국무장관인 힐러리 클린턴과 대테러국장인 오드리 토머슨이 감쪽같이 사라져 있었다. 포토샵으로 지워버린 것이다(우측 그림 참고).

공교롭게도 사라진 두 사람은 모두 여성이다. 초정통파 유대교에서는 여성의 사진을 게재하는 것을 해당 여성의 정숙을 해치는 행위로 간주한다. 《차이퉁》은 "그녀들의 명예를 위해 사진을 삭제했다"라고 밝혔다. 뒤에 작게 나오신 분까지 지우다니 참 꼼꼼하기도 하시지.

기원전에 쓰인 유대교 성서에 여성의 사진을 공개하는 행위가 정숙하지 않은 것이라고 쓰여 있을 리 없다. 당연하지. 사진이란 것 자체가 없었을 테니까. 아마 공공장소에서 여성이 드러나는 행위를 부정적으로 봤던 과거의 관습을 사진으로 확대 적용한 것으로 보인다. 그런데 과연 여성의 이미지를 사용하는 것이 유대교의 교리에 반하는 것일까? 유대교의 경전 중 하나인 『탈무드』에는 남녀가 함께 있는 그림이 버젓이 나온다. 그것

(좌) 백악관에서 공식 발표한 사진 (우)《차이퉁》에 실린 지면을 찍은 사진

을 보고 정숙하지 않다고 생각하는 이는 없다.

즉 그들이 말하는 유대교 전통이라는 것이 정말 전통인지 명확하지 않다. 그들은 그냥 지금 기준에서 자신들이 하고 싶은 일을 전통이라는 이름으로 실행할 뿐이다. 설혹 종교 경전에 실제로 그런 말이 있다 하더라도 장관이라는 자리보다 여성이라는 정체성을 더 중요하게 여겼다는 것 자체가 심각한 문제다.

정도만 다를 뿐, 거의 모든 종교의 원리주의에서 이와 비슷한 일들이 일어난다.

이슬람교는 우상숭배를 금지한다. 우상이란 단순히 타 종교의 신을 의미하지 않는다. 자기들의 신을 그리거나 조각하는 것도 우상이다. 그래서 이슬람교는 그림이나 조각이 없다. 사원에 가도 글씨만 쓰여 있다. 큰 사원에 가면 큰 글씨가 쓰여 있다. 생각해보라. 하느님이나 예수님을 머릿속에 떠올리면 금세 그림이 그려진다. 반면 알라나 무함마드는 잘 떠오르지 않는다.

단순히 우리가 이슬람 문화권에 익숙하지 않아서 그런 것이 아니라, 그들의 그림이 없기 때문이다. 그림은 사진으로 확장된다. 이슬람 문화권 사람들은 아직도 사진 찍히는 것을 좋아하지 않는다. 이슬람교와 뿌리가 같은 초기 기독교에도 사실 같은 교리가 있었다. 하지만 말로 설명하는 것보다 그림이나 조각으로 보여주는 것이 포교에 효과적이기 때문에, 결국 그림과 조각을 허용했다.

원리주의 이슬람을 표방하는 IS는 타 종교는 물론, 같은 이슬람이라도 우상으로 보이는 모든 유적을 파괴한다. 그것이 그들이 말하는 이슬람의 정의이기 때문이다. 그들은 서양의 모든 것을 배척한다. 하지만 IS는 사원은 폭파하면서도 지역 병원은 그대로 이용한다. 병원이 그들이 증오해 마지않는 서양에서 온 의술을 사용하는데도 말이다.

기독교(특히 개신교)에서는 동성애를 죄악으로 여기며 공개적으로 혐오한다. 어찌나 혐오하는지 굳이 그들의 행사까지 찾아가 깽판을 친다. 성경에는 실제로 동성애를 비난하는 구절이 등장한다. 하지만 동성애를 특별히 다른 죄악보다 더 나쁜 죄악이라고 말하지는 않는다. 사실 성경에는 음주에 대한 비판이 동성애에 대한 비판보다 훨씬 많이 등장한다. 물론 신실한 기독교인은 음주도 좋게 생각하지 않을 것이다. 하지만 그렇다고 동성애를 비난하는 것만큼 음주를 비난하지는 않는다.

바미얀 불상. 6세기에 만들어져 1,000년 넘게 이어졌으나 2001년 극단주의 이슬람 테러단체 탈레반에 의해 사라졌다.

꼼꼼하게 성상을 파괴 중인 IS

왜 그럴까? 왜 그들은 뻔히 적힌 것에 대해 전혀 다르게 행동할까? 혹시 술을 금지하면 타격이 너무 크기 때문일까? 신자 중에도 음주를 하는 사람이 많을 테니까. 하지만 동성애는 다르다. 성 소수자는 말 그대로 소수니까 외부자로 상정하고 대놓고 비판한다.

『레위기』는 구약 중 하나로 유대교, 기독교, 이슬람교에서 모두 인정하는 율법서다. 이 책에는 신자들이 일상생활을 하면서 지켜야 하는 규칙들이 세세하게 적혀 있다. 11장에서 하느님은 돼지고기, 오징어, 문어, 새우, 게를 먹지 말라고 한다. 19장에서는 두 가지 재료 이상을 사용해서 만든 옷을 입지 못하게 하고(패션 산업으로서는 청천벽력같은 일이다). 머리를 둥글게 깎는 것도 금지, 수염 끝을 손상하는 것도 금지한다. 과연 이 규칙을 지키며 사는 종교인이 얼마나 되는지, 아니 이런 구절이 있다는 것을 알고나 있는지 의심스럽다.

한국의 보수적인 유교맨들(진짜 유학을 공부한 사람이 아니라 그냥 꼰대) 역시 마찬가지다. 그들은 언제나 나이를 따진다. 1년 차이, 종종 한 달 차이도 줄을 세우고 요즘 사람들은 예의를 모른다며 한탄한다. 그런데 조선 시대 기록을 보면 지폐에 나오는 대유학자들도 위아래로 열 살 정도는 친구로 지냈다. 형 아우 같은 호칭도 없이 서로 이름이나 호를 부르면서 말이다. 뼈대 있는 가문이 차리는 상다리 휘어지는 제사상도 전통과는 아무 상관이 없다.

대체 원리주의자들은 왜 이렇게 앞뒤가 안 맞는 행동을 할까? '원리'는 단순한 것인데 이들은 오히려 매우 복잡하게 행동한다. 별것도 아닌 악습을 전통이랍시고 지키면서도, 어떤 것은 성서에 명백히 적혀 있는데도 따르지 않는다. 원리주의자들이 잘 알지도 못하면서 근본을 주장한다는 말을 하고 싶은 게 아니다. 종교는 시대와 상황에 맞춰 변한다는 것이다. 몇천 년 전에 만들어진 규칙이 지금 세상에 맞을 리가 없다. 100년도 되지 않은 법도 허점투성이인데, 까마득한 옛날의 것이 맞는 게 이상한 거지.

　　사실상 지금 이뤄지는 모든 행동은 현재 문화인 것이다. 어떤 행동도 과거의 전통이기 때문에 지키는 것이 아니다. 원리주의는 과거의 악습에 자신들의 입장을 숨기는 것뿐이다. 물론 역사를 보면 진짜 원리주의자들도 있었다. 종교적 교리를 위해 권력에 저항했던 이들이 있었다. 하지만 그들은 모두 사라졌다. 지금 남아 있는 종교는 탄압과 타협해온 결과물에 지나지 않는다.

　　만약 누군가 종교를 이유로 인권이나 가치를 무시하려 든다면, 그는 종교를 지키는 게 아니라 그냥 소수자의 권리를 무시하는 것이다. 지금 현실에서 자신이 강조하고 싶은 가치를 굳이 과거에서 끄집어내 "원래 그랬다"고 우길 뿐이다. 자신이 불리한 부분에서는 절대 원칙을 고수하지 않는다. 아니다. 거기에서는 아마 다른 시대의 다른 원칙을 가져와 전통이라고 우길 것이다.

새롭지만 똑같은 신흥종교 운동

종교의 가장 큰 문제는 새로운 종교의 등장이다. 보통 새롭게 등장한 종교를 '사이비'나 '이단'이라 부르는데 이런 표현은 기존 종교의 입장이 강하게 반영된 것이므로 '신흥종교 운동'이라 부르는 것이 정치적으로든 사회적으로든 공평하다.

신흥종교 운동은 늘 있었지만, 사회나 정치가 혼란한 시기에 더 많이 흥하는 경향을 보인다. 예수가 활동하던 때는 중동역사상 정치·사회적으로 가장 혼란스러운 시기 중 하나였다. 같은 시기, 예수 외에도 최소 11명의 메시아에 관한 기록을 찾을 수 있다. 왜 그중에서 예수만 성공을 거뒀는지는 알 수 없지만, 어쨌든 난세는 메시아들을 쏟아낸다.

르네상스 시기, 유럽에서는 제도화된 종교에 반발해 종교개혁 운동이 일어났다. 지금은 주류인 개신교가 그때 생겨난 신흥종교 운동이었고, 기존 교단으로부터 이단이라는 비난을 받았다. 종교의 발상지라 불리는 인도 역시 농경이 시작되는 혼란한 시점에 종교가 폭발했다. 미국은 건국 이후 늘 종교 급진주의자들의 피난처가 되었다. 다양한 국가와 다양한 출신의 사람들이 뒤섞여 새로운 체제를 만들어야 했던 미국 사회는 늘 혼란스러웠고 극단적인 형태의 신흥종교 운동의 본산이 되었다. 다이내믹했던 20세기 한국도 마찬가지다.

새로운 종교는 교리 혹은 행태가 사회 통념에 반하는 경우가 많다. 사실 모든 종교는 광적인 면이 있으며 사회 통념과 맞지 않는 이상한 부분이 있다. 하지만 기성 종교는 수백 년 이상이어져 왔기 때문에 그 '이상함'에 사회가 어느 정도 적응해 있지만, 새로운 종교는 그렇지 않다. 사회는 원래 새로운 것이 등장하는 걸 달가워하지 않지만, 그게 종교처럼 (비신자 입장에서는) 하등 쓸모없어 보이는 것이라면 더욱 그렇다. 사람들은 과거부터 이어지던 문제는 참고 넘어가지만 새로운 문제에는 격렬히 반응한다. 그래서 타 종교와 비슷한 수준의 잘못을 저질러도 신흥종교는 훨씬 크게 공격을 받는다. 또한 기득권이 된 기존 종교의 탄압도 막강하다. 그런데 이런 불신이 오히려 신흥종교 운동의 문제를 더 심각하게 만드는 원인이 된다.

　　처음부터 사기를 치려고 작정하고 종교를 만드는 사람은 없다(고 믿고 싶다). 많은 종교가 신도를 착취하기 위해서가 아니라 돕고자 생겨난다. 집단 정체성이 세상의 공격을 받을 때, 독자성을 회복하는 거의 유일한 방법은 지도자의 카리스마적 권위로 똘똘 뭉쳐 세력을 확장하는 것이다. 그런데 이런 위기 속에서도 신자가 따르면 교주는 자신이 위대한 존재가 되었다는 착각과 함께 독단의 길로 들어선다. 당연히 권력을 누리고 싶은 욕망도 생겨난다. 이상은 너무도 쉽게 권위로 물든다. 이 유혹을 극복하려면 교주가 진짜 성자여야 하는데 대부분은 평범한 사람일 뿐이고, 그렇기에 사이비의 길로 간다. 예수처럼 일찍 순교하는 것이 가장 확실한 방법인데, 워낙 평균 수명이 긴 시대라 그마저도 쉽지 않다.

사람들은 신흥종교를 좋아하지 않는다. 그렇다면 그들은 어떻게 신도를 모을까?

이들은 체계적으로 움직인다. 기존 종교가 무차별적인 포교 활동을 벌이는 것에 반해 이들은 특정한 대상을 노린다. 대부분 힘겨운 변화의 과정을 겪고 있는 사람들이 표적이 된다. 힘든 사람일수록 유혹에 빠지기 쉽다. 코로나19로 신천지 신도들의 신원이 드러났을 때, 사람들은 신도의 대다수가 20, 30대 젊은이라는 사실에 충격을 받았다. 하지만 신천지뿐 아니라 대다수 신흥종교가 기성 종교보다 신도가 젊다. 기성 종교와 사회가 제대로 포용하지 못하는 새로운 세대를 신흥종교가 의도적으로 파고들기 때문이다.

그렇다고 힘든 이를 잡아다가 다짜고짜 "도를 아느냐?"고 묻지 않는다. 설문조사나 심리 상담 등을 흉내 내기도 하고 자선단체 활동으로 위장하기도 한다. 인상 좋은 대학생이 가벼운 설문에 참여해달라고 하는데 거절할 이유가 있겠는가. 그렇게 시간을 번 뒤에 대화를 통해 그 사람의 문제에 공감을 해주며 이야기를 이끌어 나간다. 가능성이 있다 싶으면 종종 연락하며 좋은 관계를 구축한다. 여기까지는 종교를 심하게 강요하지 않는다.

그렇게 친분을 쌓은 뒤에 더 깊은 공부를 해보자면서 폐쇄된 환경으로 초대한다. 외부와 단절된 환경은 신흥종교 운동에서 중요한 부분이다. 작은 종교는 사이비 취급을 받기 때문에 사회에서는 대중을 파고들기 어렵다. 세뇌를 위해서는 다른 정보의 유입을 차단해야 하는데, 폐쇄만큼 확실한 방법이 없다. 큰 종교도 비슷하다. 대부분 종교가 자신들만의 커뮤니티를 구축하고 자신들끼리 시간을 보낸다.

폐쇄된 환경 속에서 교리에 세뇌되고 관계가 친밀해지면, 친애하는 교주님이 등장한다. 교주는 신도들이 가지고 있는 사소한 문제 몇 가지를 해결해주면서, 자신에게 심리적으로 의존하게 만든다. 여기서는 외부의 적이 큰 역할을 한다. 이 정도 단계에 접어든 이들에게는 우리 편의 개념이 명확하기 때문에 사회의 탄압이 오히려 신앙을 북돋는다. 외부의 악마들이 언제든 자신을 물어뜯을 준비가 되어 있다고 믿기 때문에 내부의 사소한 문제는 어쩔 수 없는 것으로 받아들이고 알아서 묻어버린다.

또래 압력도 중요한 요소다. 자신들만의 교리에 빠져 지내다 보면 어느새 같은 종교를 믿는 사람들을 제외하고는 인간관계가 거의 사라진다. 그럴수록 종교 내의 인간관계가 중요해지고, 설혹 집단 내에서 문제가 발생해도 자신의 삶이 망가질 수 있다는 공포 때문에 벗어나기가 쉽지 않다. 소위 모태신앙인 사람들이 성장한 후에 특별한 믿음이 없어도 종교 집단에 남는 이유는 그곳에 자신이 아는 모든 이들이 있기 때문이다. 밖으로 나가면 자신은 아무것도 아니지만, 그 집단 내에서는 자신은 구원받을 수 있는 대상이자 성공한 사람이다.

커뮤니티가 이 정도 수준에 이르면 보통 교주는 반사회적 자아도취에 빠진다. 그는 자신의 믿음대로 혹은 욕망대로 집단을 이끌며 법마저 초월한다. 이 과정이 가장 적나라하게 드러난 사례가 존스타운 대학살 사건이다.

짐 존스James Warren "Jim" Jones는 1960년대 혼란한 미국 사회의 개신교 교파 중 하나인 감리교 목사로 카리스마 있는 설교를 통해 대중에게 어필했다. 그는 성경을 사회주의적으로 해석해 인종차별을 반대하고 사회 정의, 평등, 자유, 빈민 구제 등의 이슈를 선점해 점점 입지를 넓혀 나간다. 그는 흑인 신도를 받지 않았던 당시 감리교 교리에 반대해 감리교를 탈퇴하고 자신의 종교인 '인민사원 완전 복음 그리스도 교회Peoples Temple Christian Church Full Gospel'를 세운다. 어찌 사람들이 그를 사랑하지 않을 수 있겠는가. 그는 캘리포니아에 70여 가구로 이루어진 공동체를 만든다. 신도들은 부동산을 포함한 모든 재산을 사원에 바쳤고, 그 재산을 모든 사람이 공평하게 나눠 가졌다. 사람들의 관심이 커지자 언론이 몰려들었고, 짐 존스의 사이코패스적인 면모와 내부 비리가 드러나기 시작한다.

그러자 그는 남미 가이아나 지역에 토지를 구매해 존스타운을 만들고 그곳으로 공동체를 옮겨버린다. 이때 짐 존스를 따라간 이들은 대부분 흑인이었는데, 왜 그랬는지 충분히 짐작할 수 있으리라 생각한다. 공동체를 존스타운으로 옮기고 더 고립된 만큼 문제는 점점 더 커진다. 존스타운에서 존스는 왕이자 교주였다. 그때 신도 가족들의 제보를 받은 리오 라이언 하원의원이 진상조사를 위해 기자단을 꾸려 존스타운을 방문한다.

짐 존스는 조사단을 속이기 위해 신도들이 행복하게 잘 사는 것처럼 꾸미고 거짓 증언을 하도록 강요한다. 처음에는 라이언 의원도 속아 넘어갔다. 그런데 한 신도가 존스타운의 실상을 적은 쪽지를 한 기자에게 전달하면서 조사단이 진실을 알게 된다.

조사단이 파고들기 시작하자, 가족과 함께 미국으로 돌아가겠다는 신도가 점점 늘어난다. 결국 귀국 의사를 밝힌 신도 15명은 조사단을 따라 존스타운을 빠져나가기로 한다. 하지만 내부사정이 밝혀지는 게 두려웠던 존스는 조사를 마치고 돌아

짐 존스, 선글라스를 낀 모습이 국내의 누군가를 연상케 한다.

가려는 조사단과 배신자를 살해하기 위해 이륙장으로 무장한 사람들을 보낸다. 이들에 의해 라이언 의원과 NBC 기자를 포함한 조사단 5명이 살해당하고, 일부는 정글로 도망쳐 존스타운을 벗어난다.

이제 존스타운의 실체가 폭로되는 것은 정해진 수순이었다. 존스는 신도들을 모아 마지막 설교를 한다. 그리고 자신을 포함해 909명의 신도들과 함께 청산가리를 탄 에이드를 마시고 집단 자살한다. 강압이 전혀 없진 않았지만, 많은 사람들이 존스의 말에 따라 자식들에게 독을 먹인 다음 자신들도 먹었다. 생존자는 도망친 30여명 뿐이었으며 나머지는 대부분 현장에서 즉사했다.

어린 시절 친구를 따라 바보짓을 하고 오면 엄마들은 등짝 스매싱을 날리며 이렇게 말씀하곤 하셨다. "멍청아, ××가 죽는다고 하면 너도 따라 죽을래?" 그러면 우리는 "말도 안 되는 비유를 하고 그래. 그건 경우가 다르지"라며 넘겨버렸다.

모든 것이 끝난 후

그런데 세상을 살면서 알게 된 진실이 있다면, 아이나 멍청이
뿐 아니라 대부분의 사람이 사실은 따라 죽는다는 것이다. 그
러니까 우리의 답변은 이랬어야 정확하다. "엄마, 아마 그래야
하지 않을까?"

종교는 랜선을 타고

21세기 이후 개인의 고립이 새로운 사회 문제로 떠오르고
있다. 2018년 영국 정부는 세계 최초로 외로움부를 설립하고
장관Minister for Loneliness을 임명해 개개인의 고립이 공중보건에 심
각한 위협이 됨을 선언했다. 외로움부 설립에 기초가 된 조 콕
스 위원회의 보고서에 따르면, 외로움은 매일 담배 15개비를 피
운 것만큼 건강에 해로우며 매년 320억 파운드(한화 약 48조 원)
에 달하는 경제적 피해를 끼친다고 한다. 퀸즐랜드대학과 호주
국립대학 연구팀도 "외로움은 암만큼 위험하다"는 연구 결과를
발표했다.

사회적 외로움이 증가할수록 신흥종교 운동의 잠재적 신
자들도 증가한다. 그런데 신흥종교 운동이 과거와는 확실히 달
라진 점이 있다. 과거 종교는 특정 지역을 중심으로 활동해왔
다. 하지만 최근에 증가하는 외로운 사람들은 지역성을 갖지 않
으며, 대부분 온라인에 속해 있다. 온라인은 인류 역사상 최초

로 지역에 기반을 두지 않는 공동체를 만들었다. 과거에는 신흥
종교 운동을 이끌었을 카리스마 넘치는 리더들이 이제는 온라
인에서 개인 방송 등을 통해 신도를 모은다. 꼭 종교의 형태를
띠지도 않는다. 촌스럽게 보이기 때문이다. 하지만 그들이 후원
을 받는 행태는 종교와 다름없다. 그들은 고독한 이들에게 위안
을 선사한다. 이런 인터넷 신흥종교는 중간 단계 없이 교주와
신도의 관계를 1:1로 묶어둠으로써, 오히려 더 강력한 유대를
가진다.

종교의 힘

　내가 시종일관 종교를 공격하지만, 나의 태도나 생각과는
다르게 종교만큼 한 집단을 강하게 묶어주는 것도 없다(사실 내
가 종교를 좀 심하다 싶을 정도로 디스하는 이유는 어차피 그 사람들이 신
경 쓰지 않을 것임을 알기 때문이다). 그런데 여기서 종교가 강하다
는 것은 단순히 정신적인 의미만은 아니다.
　17세기 잉글랜드 내전에서 크롬웰이 이끌던 의회파는 왕
당파보다 기병이 부족했다. 이에 크롬웰은 친위대인 철기대를
결성해 왕당파에 맞서 싸웠고, 결국 왕의 목을 벤다. 철기대, 이
름만 들으면 철갑으로 중무장한 기병대일 것 같지만, 사실은 그
냥 평범한 경기병이었다. 평범한 군대가 어떻게 유독 잘 싸웠을

까? 이들은 다른 부대와 달리 종교를 군대의 중심에 뒀다. 이 청교도 군대는 명령을 교리처럼 따랐다. 그들은 일치단결해 이교도와 맞서 싸웠다. 크롬웰은 워낙 악명이 높아서 어마무시한 사람일 것 같지만, 실은 비리비리한 육체의 소유자였다. 하지만 그는 왕당파를 몰아내고 당시 국왕이던 찰스 1세의 목을 베었으며, 잉글랜드와 스코틀랜드, 아일랜드를 통합했고, 영국 역사상 최초이자 마지막인 공화정을 만들었다(물론 독재를 했지만). 이 엄청난 업적의 바탕에는 청교도로 무장한 철기대가 있었다.

종교로 뭉친 군대의 무서운 점은 죽음을 불사한다는 데 있다. 원래 군대란 적당히 분쇄되면 겁을 먹고 도망쳐야 하는데, 종교로 뭉친 이들은 홀로 남더라도 물러서지 않는다. 그러니 수가 적어도 강력하다. 이는 과거부터 유효했으며 성전聖戰을 외치는 이슬람 원리주의 테러리스트에게서 아직도 볼 수 있다.

그런데 종교 못지않게 강력한 군대가 바로 사랑으로 뭉친 군대다.

스파르타 군은 그리스 최강 군대였다. 그들은 태어난 순간부터 전투만을 위해 몸을 단련했다. 스파르타는 펠레폰네소스 전쟁에서 그리스의 상징인 아테네를 무너뜨리고 명실상부 그리스 최강국이 된다. 그런데 그 강력한 스파르타가 테베의 신성부대에 완패하면서 멸망한다.

신성부대는 150쌍의 남성 동성 연인으로 구성되었다. 이

부대의 용맹함은 타의 추종을 불허했고 항상 전쟁에서 돌격대 노릇을 했다. 이들은 연인에게 자신을 과시하기 위해, 동시에 연인을 지키기 위해 최선을 다해 싸웠다. 그러다 한쪽이 죽으면 이번에는 복수를 위해 죽기 살기로 싸웠다. 종교로 뭉친 군대와 마찬가지로 죽기를 각오하고 싸웠다. 이들이 얼마나 잘 싸웠는지 플라톤도 『향연』에서 "군대를 동성 연인으로 편성하면 천하무적"이라고 할 정도였다.

그렇다면 사랑과 종교가 맞붙으면 누가 이길까?

어쩌면 이 거대한 승부가 한국에서 결판날 수도 있다. 바로 보수 개신교와 성 소수자 간의 싸움이다. 한쪽은 종교로, 한쪽은 사랑으로 무장했다. 사랑을 기치로 내건 종교가 사랑을 하지 못하게 싸우는 이상한 그림이긴 하지만 하여튼 그렇다. 이들은 주로 퀴어 퍼레이드가 열리는 곳에서 맞붙는다. 물론 이곳에서 목숨을 앗아가는 격렬한 전투가 벌어지지는 않는다. 하지만 그들은 체력을 바탕으로 장기전을 벌인다. 물론 보수 개신교가 일방적으로 성 소수자들을 공격하는 것이므로 얼핏 보면 성 소수자가 밀리는 것 같다. 하지만 시간이 지날수록 퍼레이드 규모는 커지고 있고, 소수자 인권이 법으로 보장되는 경우도 갈수록 늘어 나고 있다. 이미 결과는 예정된 것 같다.

하지만 종교로 뭉친 이들은 쉽게 물러서지 않기에 방심해선 안 된다. 그들이 수에 비해서 강력한 정치적 영향력을 행사하는 이유는 물러서지 않고 끊임없이 이의를 제기하며 지치지

Pablo F. Lobo

않고 달려들기 때문이다. 다른 집단에서도 배워야 할 정신이지만, 그런 열정은 배운다고 되는 게 아니다.

"만약 신이 없다면, 모든 것이 허용될 것이다."

도스토옙스키는 『카라마조프가의 형제들』에서 이렇게 말한다. 많은 이들이 종교의 특징을 금지라고 생각한다. 술을 마시지 마라. 돼지고기를 먹지 마라. 소고기를 먹지 마라, 간음하지 마라, 항문 성교는 안 된다(대체 신이 왜 이런 것까지 신이 정했다고 믿는지는 모르겠지만) 하지만 종교의 특징은 금지가 아니다. 반대다. 신이 있으면 무엇이든 할 수 있다. 신의 이름으로 하면 못

할 것이 없다. 그것이 순교든 테러든 대량 학살이든 종교의 힘
으로 아무런 죄책감 없이 벌어진다. 물론 믿음이 선하게 작용하
는 때도 얼마든지 있다. 하지만 사람이 순수한 악에 닿는 순간
은 종교를 포함해서 자기 믿음에 가득 찬 순간뿐이다.

종교는 인류를 구원할 수 있을까

1914년 7월 오스트리아-헝가리 제국이 세르비아 왕국에
선전포고를 한다. 그리고 일주일 만에 유럽 전역이 줄줄이 비엔
나소시지처럼 끌려 들어가 전쟁 속으로 빠져든다. 지도부는 2개
월이면 전쟁이 끝날 것이라 호언장담했지만, 기술 발전이 만든
새로운 무기는 누구의 진격도 쉽게 허락하지 않았다. 양측은 몇
미터를 사이에 두고 참호를 파고 대치했으며, 인명 피해는 끝없
이 늘어갔다.

1914년 크리스마스, 전쟁이 발발한 지 5개월이 지났지만
전쟁은 끝나지 않았다. 전선을 지키는 병사들은 자신의 자리에
서 옆 전우들과 캐럴을 부르며 소박하게 크리스마스를 축하했
다. 곧 이 캐럴 소리는 옆 참호로 퍼지기 시작했고, 적군 아군 할
것 없이 조용히 캐럴을 불렀다.

곧 캐럴은 전장 전체를 뒤덮었다. 독일 병사들은 자신들이
가지고 있던 촛불과 전등을 참호 위에 올려 상대편이 볼 수 있

게 했다. 작은 환호가 터져 나왔다. 그때 감명받은 한 독일 병사가 크리스마스트리를 들고 참호 밖으로 나온다. 이 돌발 행동으로 양측 모두 전투태세에 들어갔다. 보통 참호 밖으로 나가면 언제나 총탄이 날아들었기 때문이다. 하지만 아무도 그 병사에게 총을 쏘지 않았다.

이를 시작으로 양측 병사들이 무장을 해제하고 참호 밖으로 나오기 시작했다. 그들은 중간에서 만나 악수하고 포옹하며 크리스마스를 축하했다. 몇몇은 담배를 나눠 피우며 담소를 나눴고, 자신이 가지고 있던 소지품을 선물로 주고받는 이도 있었다. 지휘관도 상대 지휘관과 크리스마스를 즐겼고, 한동안은 서로 교전하지 말 것을 협의했다. 그동안 수습하지 못한 전우의 시체도 수습할 수 있었다. 놀랍게도 이런 일이 여러 전선에서

크리스마스 정전 영국 신문에 실린 영국군과 독일군이 함께 찍은 사진

동시 다발적으로 일어났다.

　　양측 수뇌부는 발칵 뒤집혔다. 그들은 적군과 사이좋게 지
내는 것을 이적행위로 간주하고 본보기로 주동자 몇을 색출해
처벌한다. 하지만 이미 하루를 같이 지낸 병사들은 서로에게 총
을 겨눌 수 없었다. 악마라고 생각해야 상대방을 죽일 수 있지
않겠는가. 그들은 같은 사람이었고, 자신처럼 고향에 가족이 있
었고, 자신처럼 무작정 끌려 나왔고, 무엇보다 같은 기독교인이
었다. 이후 한동안 수뇌부가 뭐라고 하든 말든 그들은 전쟁터에
서 친선 축구 경기를 하며 평화롭게 지냈다. 수뇌부가 감찰을
나올 때만 서로 공격하는 척 연극을 했다. 결국 병사들의 배치
를 바꾸어 친분이 없는 적을 만나게 한 뒤에야 제대로 된 전쟁
이 다시 시작될 수 있었다.

　　1914년 크리스마스 정전, 이는 역사상 종교가 만들어낸 가
장 아름다운 장면이며 영원히 기억 할만한 가치가 있는 사건이
다. 이는 단 한 명의 성인이 행한 기적이 아니다. 다수의 사람,
그것도 전쟁에 참여한 다수의 군인이 일촉즉발의 상황에서 이
룬 기적이기에 더 가치가 있다. 이 사건만 본다면 종교가 인류
의 평화와 진보에 엄청나게 기여할 수도 있을 것 같다.

　　하지만 안타깝게도 종교는 기적보다 불행을 훨씬 많이 낳
았다. 이교도에 대한 배척으로 일어난 탄압과 박해를 떠올려보

라. 종교는 평화보다 전쟁에 더 최적화되어 있다. 종교는 배타적이며, 이건 해결될 수 있는 부분이 아니다. 종종 종교 간의 화합이니 이해니 하며 목사와 스님들이 족구 대회 후 웃으며 사진을 찍는 모습을 볼 수 있는데, 그건 정확히 이야기하자면 이해하고 화합하는 것이 아니라 참는 것이다. 자신의 주인이자 세상을 만든 창조주께서 하신 말씀이 있는데 어찌 협상할 수 있겠는가? 평화로운 시기에는 잠깐 참고 있을 수 있지만, 이런 평화는 오래가기 어렵다. 파리 한 마리 못 죽일 것 같은 간디도 카주라호Khajurāho(카마수트라의 체위를 조각해놓은 사원)를 파괴해야 한다는 IS 같은 주장을 했고, 테레사 수녀님도 집단 강간당한 여성들에게 "낙태만은 안 된다"며 언어폭력을 행사했다.

지금도 세계 여러 지역에서는 종교가 재앙의 씨앗이 되고 있다. 힌두교가 다수인 인도에서는 이슬람을 탄압하고, 불교 국가인 미얀마 역시 이슬람교를 믿는 로힝야족을 말살한다. 물론 순전히 종교 때문에 일어난 문제는 아니지만, 종교 탓도 크다. 1914년 크리스마스 기적이 일어날 수 있었던 건 그들 모두 같은 종교를 가지고 있었기 때문이다. 종교가 세계를 구원하려면 세계가 단일 종교를 믿어야 할 텐데 그렇게 될 리 만무하다.

그리고 같은 종교를 믿는다고 늘 평화로운 것도 아니다. 지금도 이슬람교에서는 수니파와 시아파 간의 갈등이 첨예하다. 종교개혁 시대에 구교와 신교 사이에 일어난 수많은 학살과 전쟁을 떠올려보라. 차이가 적게 날수록 다툼은 더 치열하다.

이 모든 걸 떠나서 현대인은 종교에 관심이 없다. 아무도 종교가 새 시대의 구심점이 되리라 기대하지 않는다. 영국의 종교사회학자 스티브 브루스Steve Bruce는 이렇게 단언한다.

"대부분의 사람이 더 이상 기독교에 열정을 보이지 않는 이유는 종교가 허황되다는 확신을 가져서가 아니다. 단지 종교가 그들에게 더 이상 중요하지 않기 때문이다. 사람들은 종교에 무관심해졌을 뿐이다."

그렇다. 사람들은 종교에 무관심해졌다. 영적인 존재를 믿든 안 믿든 종교 자체에 무관심하다. 종교 행사에 참석하는 사람 중 일부도 종교를 동호회나 취미 생활 정도로 여긴다. 종교는 일부 광신도들에 의해 유지된다. 종교에 무관심한 사람들은 드러나는 일만 보고 피상적으로 종교를 평가한다. 그런데 요즘같이 언론이 발달한 시대에 드러나는 일이란 대부분 부정적인 것들(정치권과의 결탁, 성추행 사건 등) 뿐이다. 그러니 비난이 이어지고, 종교를 적당히 믿는 사람들의 이탈 행렬이 이어진다. 물론 이미지가 좋아진다고 신자가 늘어나는 것은 아니다. 가령 한국에서는 불교나 천주교의 이미지가 상대적으로 좋지만, 신자가 증가하는 추세도 아니다. 사람들은 이미지만을 소비하지 믿음에는 관심이 없다.

1984년에 만들어진 '신천지예수교 증거장막성전(이하 신천지)'는 이를 잘 알고 있었다. 그래서 그들은 종교가 없는 이들이 아닌, 이미 종교 활동을 성실히 하고 있는 사람들(주로 개신교)을 포섭했다. 기존 교회에 잠입해 신자들을 빼내거나 교회를 통째로 먹기도 했다. 개신교에서는 이들을 '추수꾼(씨는 안 뿌리고 수확만 한다는 뜻)'이라 부르며 이단이라 비난한다. 개신교 입장에서야 억울하겠지만, 어쨌든 신천지는 종교가 사회에서 어떤 위치를 차지하고 있는지 정확히 파악했다. 그들은 자신들이 차지할 가능성이 있는 사람들을 정확히 겨냥했다. 우리는 흔히 종교인이 다른 종교로 개종하기 어렵다고 생각하지만, 전혀 그렇지 않다. 종교인을 회유하는 것이 비종교인을 회유하는 것보다 훨씬 쉽다. 어쨌든 그들에게는 신이라는 관념이 있기 때문이다.

그런데도 뉴스를 보면 여전히 종교의 힘이 막강하게 느껴진다. 테러나 전쟁, 세계 각지에 번지는 극우 정치집단의 배후에는 종교가 있다. 이제까지 발생한 테러의 90퍼센트 이상이 종교와 관련돼 있다. 그런데 이런 극단적인 행동이야말로 종교가 약해지고 있다는 신호가 아닐까? 종교에 관한 부정적인 뉴스가 많아질수록 합리적인 이들은 빠져나가고, 새 신자의 유입은 적다보니 갈수록 원리주의 성향의 강성 신자만 남게 된다. 위기의식은 원리주의자들의 목소리를 더욱더 키우고, 그러니 극단적인 행동이 더 늘어난다.

이런 상황이 종교 내부 구성원끼리의 결속력을 다지고, 강성 신자들을 만족시켜 그들에게서 헌금을 뜯어내기는 좋을지 모르겠지만, 세를 확장하고 흔들리는 세상에 대안을 제시할 수는 없다. 종교인에게는 미안한 말이지만 종교가 구원이 될 가능성은 시간이 지남에 따라 한없이 0에 수렴하고 있다.

리처드 도킨스^{Clinton Richard Dawkins}는 『만들어진 신』에서 존 레논^{John Lennon}의 노래 〈Imagine〉의 가사를 이렇게 바꿔 쓴다.

> 상상해보세요, 종교 없는 세상을. 자살 폭파범도 없고, 911도, 런던폭탄테러도, 십자군도, 마녀사냥도, 화약음모사건도, 인도 분할도, 이스라엘과 팔레스타인의 전쟁도, 세르비아와 크로아티아와 보스니아에서 벌어진 대량 학살도, 유대인을 '예수 살인자'라고 박해하는 것도, 북아일랜드 분쟁도, 명예 살인도, 머리에 기름을 바르고 번들거리는 양복을 빼입은 채 텔레비전에 나와 순진한 사람들의 돈을 우려먹는 복음 전도사도 없다고. 고대 석상을 폭파하는 탈레반도, 신성 모독자에 대한 공개처형도, 속살을 보였다는 죄로 여성에게 채찍질을 가하는 행위도 없다고, 그렇게 상상해보세요.

날아다니는 스파게티 괴물

망각은 인류의 슈퍼 파워야. 기억했다면 전쟁을 안 했겠지.

아이도 안 낳았을 테고.

— 〈닥터 후〉 뉴 시즌 8 10화

'빨간색으로 이름을 쓰면 죽는다'라는 미신을 진지하게 믿는 사람은 없다. 물론 좋은 게 좋은 거니까 대부분은 빨간색으로 이름을 쓰진 않겠지만, 진정으로 믿는 사람은 없으리라고 나는 믿는다. 누군가 진지하게 이 미신을 믿는다면 사람들은 그를 비웃을 것이다.

그렇다면 어떤 이가 피는 불길하다며 선지 해장국을 안 먹는다면 어떨까? 선지를 안 먹는 사람은 많으니까 그렇다고 치자. 그런데 그 사람이 고기와 치즈를 함께 먹는 건 불길하다며 치즈 버거도 먹지 않는다면 어떨까? 채식주의자라 안 먹는 게 아니라고기와 치즈를 따로는 먹는데 같이는 먹지 않는 것이다. 아마 사람들은 그를 비웃을 것이다. 하지만 이것이 종교에서 지키는 율법이라면 당신은 그들을 비웃을 수 없다. 비웃고 싶겠지만, 우리는 타인의 종교를 존중하는 문화인이므로 비웃을 수 없다.

실제 이 두 계율은 유대교 율법에 포함되어 있다. 유대교인은 랍비의 입회하에 병에 걸리지 않은 건강한 동물을 죽인 후 소금으로 피를 제거한 고기만 먹을 수 있는데, 이마저도 유제품과 함께 먹어서는 안 된다. 이게 대체 무슨 소리냐면 맥도날드에서 치즈버거를 못 먹는다는 뜻이고, 만약 빵을 만드는 과정에서 버터가 들어갔다면 그 빵으로 고기를 싸 먹을 수 없다는 뜻이다(그 외에도 돼지고기, 오징어, 새우튀김, 미역과 김 등등을 먹을 수 없다). 빵에 버터가 들어갔는지 일일이 따지기는 힘들기 때문에 유대인들은 밀가루, 소금, 물, 이스트만으로 만든 빵인 베이글을 즐겨 먹게 됐다. 덕분에 베이글이 생겼고 그 덕을 우리도 보고 있지만, 어쨌든 율법 때문에 치즈버거를 먹을 수 없다니 신은 인간을 미워하는 게 분명하다(예루살렘에 있는 맥도날드는 세계에서 치즈버거가 가장 적게 팔리는 지점이다).

이 사례는 기이한 종교의 행태 중 아주 일부에 불과하며, 타인에게 큰 피해를 주는 것도 아니니 애교로 봐줄 수 있다. 세상에는 수많은 비이성적인 것들이 존재한다. 하지만 그중 종교가 현대사회의 문제가 되는 이유는 말도 안 되는 많은 것들이 종교라는 이유로 존중받기 때문이다. 과학의 시대에 절대 용납

할 수 없는 것들이 종교라는 이유로 용납된다.

20세기 후반, 종교에 대한 맹목적인 허용은 지성인들의 비판에 직면한다. 하지만 '종교의 자유'라는 이유로 문명국가에서 이 비판은 대부분 묵살된다. 이런 상황에서 종교를 비판하는 이들은 비꼬고 비아냥거리는 방식으로 방법을 전환하는데, 그중 하나가 누가 봐도 비꼬는 의도가 확실하지만 반박할 수 없는 새 종교를 만드는 것이었다.

가장 유명한 종교는 그 이름도 찬란한 '날아다니는 스파게티 괴물교Flying Spaghetti Monster'다. 이름 그대로 날아다니는 스파게티 괴물을 모시는 종교다. 줄여서 FSM이라고 하며, 이 신을 모시는 곳을 FSM 교회, 교리를 파스타파리아니즘, 신자를 파스타파리안이라 한다.

FSM이 모시는 신인 날아다니는 스파게티 괴물은 소스에 절인 스파게티 면발 뭉치와 위로 촉수처럼 나온 눈, 2개의 미트볼로 된 외형을 가지고 있다. 이 모든 것은 신의 위상을 보여주는데 미트볼은 에너지(고기고기)를, 스파게티 면발은 에너지와 유동성(역시 뭐니 뭐니 해도 탄수화물)을, 소스는 자연과 정신의 풍부함(역시 음식은 소스 맛)을 상징한다.

날아다니는 스파게티 괴물은 수만 년 전 과음을 하고 술기운에 4일 동안 세상을 만들었다(새 생명의 창조는 알코올과 함께) 첫

날에는 산과 나무, 난쟁이(인류의 조상)를 만들었으며, 이후 3일 동안 우주와 세부적인 것(인간이 타고 다닐 공룡 같은 것들)을 대충 만들었다. 장난치는 걸 좋아하는 신은 후대의 과학자들을 괴롭히기 위해 가짜 탄소동위원소 분자들을 뿌렸고, 이 때문에 과학자들은 우주 탄생을 수백억 년 전으로 착각하고 있다. 과음 상태에서 4일간 중노동에 시달린 신은 숙취로 3일을 앓아눕는다. 그래서 이 종교의 안식일은 금요일이고 신을 따라 주 4일제를 주장하며, 아멘 대신 라멘을 외친다(파스타와 라멘은 형제이고 동서양은 화합한다).

또한 FSM은 해적(바다에서 약탈을 일삼는 그 해적)을 신성하게 여긴다. 1800년대 이후 전 세계 해적의 수가 급격히 감소하는데, 같은 시기 온실가스 및 자연재해가 급격히 증가했다. 이 놀라운 사실을 알아낸 FSM 신도들은 "이런 현상이 동시에 일어난 것은 우연이라고 믿기 어렵다. 이는 성스러운 해적이 줄어들면서 신의 심기를 건드렸기 때문에 인류에게 벌을 내린 것"이라고 해석하고 있다. 누구나 이 현상들이 전혀 상관없다는 사실을 알지만, 그렇다고 이를 반박하기는 쉽지 않다. 상관관계를 인과관계인 것처럼 해석한 전형적인 경우로 일부 종교인들이 하는 허튼소리(예를 들어 자연재해로 수백 명의 시민이 죽었는데 하느님을 안 믿어서 벌을 받았다고 떠드는 것)를 비꼼과 동시에 하나의 증거만으로 전체를 호도하는 유사과학의 패턴도 비꼰다. FSM은 해적물고기를 상징으로 쓰며, FSM의 말씀을 전할 때는 해적 코스프레를 해야 한다. 그러지 않을 경우 FSM의 분노를 사지만, 마음이 우주와 같이 넓은 스파게티 괴물은 귀찮아서 그냥 내버려둔다.

FSM을 종교가 아니라 놀이, 혹은 종교에 대한 비판으로 보는 것은 엄청난 신성 모독으로 FSM에서는 공식적으로 이를 금지하고 있다. 그러니 혹 FSM 신자가 이 책을 읽고 있다면 사과드린다. 일반인들에게 전도하기 위한 과정이었음을 이해해주기 바란다. 아무튼 독자 여러분에게 면발의 은총이 가득하길. R'Amen!

우리도 있다, FSM 십계명
- 진짜로 웬만하면 하지 말았으면 하는 것들

1. 나는 진짜로 웬만하면 나의 교리를 전할 때 더 신성하니 나발이니 위대한 것처럼 굴지 않았으면 좋겠다. 누가 날 믿지 않아도 괜찮아. 진짜로. 나 그렇게 나쁜 놈도 아니고. 안 믿는 사람들한테 하는 말 아니니까 괜히 떠벌리고 다니지 마.

2. 나는 진짜로 웬만하면 내 존재로서 다른 사람을 억압하거나 복종시키거나 처벌하거나, 편을 가르거나, 이러쿵저러쿵, 대충 그런 식으로 비열하게 굴 때 사용하지 않았으면 한다. 난 희생 따위 필요 없고, 순수는 사람이 아니라 생수에 쓰는 단어야.

3. 나는 진짜로 웬만하면 다른 사람이 어떻게 보이든, 어떻게 입었든, 어떻게 말하든, 또, 뭐 그런 거 있잖냐. 그런 비스무

리한 걸로 평가하지 말고, 그냥 서로 좀 사이좋게 놀았으면 한다. 알았지? 그리고 이것 좀 네 머리에 새겨넣어. 여자=사람. 남자=사람. 쌤쌤. 누가 다른 놈보다 훌륭하고 말고 그런 건 패션에나 있는 거고. 그러고 보니 미안한데 패션 감각은 여자들이랑, 청록색^{teal}과 자홍색^{fuchsia}의 차이를 구별할 수 있는 몇몇 남자들한테만 줬어. 미안.

4. 나는 진짜로 웬만하면 너 자신이랑, 법적으로도 정신적으로도 성숙하면서, 스스로 선택한 네 짝꿍이랑은 해 끼치는 짓에 빠져들지 않았음 한다. 반대의견 있는 놈들에게 덧붙이자면, 해줄 말은 '가서 혼자 하던가 이 ××새끼야'가 다고, 이 말이 불쾌하게 들린다 싶으면 TV 좀 끄고 나가서 산책 좀 하다 와.

5. 나는 진짜로 웬만하면 고집불통에다 차별적이고 혐오스러운 아이디어와 공복으로 싸우지 않았으면 한다. 일단 든든히 먹고, 그다음에 그 개소리를 물고 뜯든지 해라.

6. 나는 진짜로 웬만하면 나를 찬미하겠다고 몇십 억짜리 교회나 성당이나 모스크나 사원이나 뭐 그런 데에 쓰지 않았음 한다. 더 좋은 데 쓸 곳 많잖아. 골라봐. (A)가난을 없앤다. (B)병을 치료한다. (C)평화롭게 살고, 열정적으로 사랑하고, TV 수신료를 낮춘다. 내가 복잡한 탄수화물로 된 전지전능한 존재일지

몰라도, 난 삶의 단순한 면이 더 좋아. 내가 잘 알거든. 내가 창조주인데 왜 모르겠니.

7. 나는 진짜로 웬만하면 사람들한테 내가 너랑 안다고 말하고 돌아다니지 않았으면 좋겠어. 너 그렇게 재밌는 사람은 아냐. 그냥 받아들여. 그리고 내가 네 이웃을 사랑하라고도 말해줬는데, 그거면 충분하잖아. 이제 그만하면 안 돼?

8. 나는 진짜로 웬만하면 남들이 너한테 해줬으면 하는 일을 남한테 하지 않았으면 좋겠다. 그러니까, 가죽이랑 그 미끈미끈한 거나 그 라스베이거스 같은 게 많이 필요한 거 뭐 그런일 말이야(BDSM을 말함). 상대방도 그걸 하고 싶어 한다면야 뭐, (4번 계명 참고) 해도 돼, 사진도 찍든지. 그리고 제발, 콘돔은 좀 껴라! 솔직히 그거 그냥 고무 쪼가리잖아. 너희가 그거 할 때마다 기분 더러워지게 하고 싶었으면 콘돔에다가 가시를 박든지 했겠지.

아, 십계명인데 8개인 이유는 이를 받은 선지자가 술에 취해 석판 2개를 바다에 빠뜨렸기 때문이다. 그래서 우리는 완벽한 존재가 될 수 없다.

니는 스파게티 괴물의 천지창조

FSM의 상징, 해적물고기

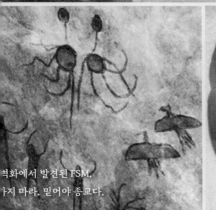
벽화에서 발견된 FSM.
...지 마라. 믿어야 종교다.

토스터에 역사하심. 의심하지 마라. 믿어야 종교다.

매년 벌어지는 FSM 퍼레이드. 웃지 마라. 우리는 진지하다.

유대인은 어떻게 특별한 민족이 되었나

전 세계 유대인 인구는 현재 1,400만 명 정도로 추정된다. 2차 세계대전이 발발하기 전에는 약 1,800만, 2차 세계대전이 끝난 직후에는 1,000만 명 정도였다. 아무튼 가장 많을 때도 2,000만 명이 채 되지 않았다. 세계 인구의 0.2퍼센트. 그런데도 유대인은 거의 모든 분야에서 괄목할 만한 성과를 이루고 역사에 큰 흔적을 남겼다. 지금도 세계적인 기업의 투자자나 실리콘밸리에서 성공한 이들 중에는 유대인이 많다. 이 때문에 '유대인이 세계를 조종한다'는 음모론이 퍼져 있으며, 그들을 혐오하는 세력도 사라지지 않는다.

시오니스트들(극우 유대인)은 자신들이 특별한 민족이라 주장한다. 하지만 민족적 차이는 고사하고 인종적 차이도 거의 없는 현대에 이런 주장은 전혀 설득력이 없다. 설혹 유대인이 과거 특별한 민족이었다고 하더라도 유럽을 포함해 전 세계에 흩어져 살았던 그들의 조상이 다른 민족과 얼마나 많이 섞였겠는가. 아랍 지역에서 시작한 그들의 외모가 이제는 유럽계 백인에 가까워졌다. 그들의 조상이 정말 신이었다 해도 현재와는 연관성이 별로 없을 것이다.

일부 사람들은 유대교 전통이 인재를 양성한다고 주장하기도 한다. 그런 이들은 『탈무드』를 가져와 아이들에게 읽기를 강요한다. 문화라는 건 평가하기 어려워서 단순히 좋다 나쁘다고 할 순 없지만, 폐쇄적이고 보수적인 유대교 문화가 인재 양성에 딱히 도움이 되었을 것 같지는 않다. 무엇보다 유명한 유대인 중에는 신실한 신자가 거의 없다. 철학자의 철학자로 불리는 스피노자는 유대교에서 파문당했고, 가장 유명한 과학자인 아인슈타인도 무신론자에 가까웠다. 그들은 유대인답지 않은 유대인이었기 때문에 그들을 보면서 유대 문화의 우수성을 이야기하는 건 어폐가 있다.

그럼에도 역사적으로 결과만 놓고 봤을 때 그들은 특별했다. 유대인들은 어떻게 특별한 민족이 될 수 있었을까? 그건 아이러니하게도 유럽이 기독교 사회였기 때문이다.

유럽은 오랫동안 유대인을 박해했다. 그들이 예수님을 죽인 민족이었기 때문이다. 그런데 유럽인들은 단체로 부분 기억상실증에 걸려서 예수가 원래 유대인이고, 지상에 온 것도 유대인을 구하기 위함이라는 사실은 잊었나 보다. 사실 예수를 죽였다는 건 핑계에 불과하다. 소수민족은 어떤 이유에서건 늘 탄압받았다. 예수를 죽이지 않은 집시도 유대인 못지않게 탄압을 받았으니까. 이유는 달랐지만, 소수의 서러움이 꼭 특별한 것은 아니다.

아무튼 유대인은 로마 시절부터 탄압받았고 중세 때는 더 심하게 탄압받았다. 유대교의 폐쇄적이고 보수적인 성향은 유대인이 탄압받는 환경에서도 정체성을 잃지 않고 살아가는 데에는 도움이 됐다. 유대인 개인이 유대교를 좋게 생각하든 나쁘게 생각하든 그들은 차별받았기에 늘 유대인으로서의 정체성을 가질 수밖에 없었다. 우리가 보통 어떤 위인을 설명할 때, 그 위인의 출신 국가는 밝히더라도 민족까지 설명하는 경우는 거의 없다. 하지만 만약 그 위인이 유대인이라면 꼭 유대인이라는 설명이 붙는다(그래서 유대인의 업적이 더 많은 것처럼 느껴지는 면도 있다).

로마가 기독교를 공인한 이후 유럽 전역에 기독교가 전파됐고, 곧 모든 지역이 기독교를 믿게 된다. 당시에는 국가에도 법이 있었지만, 종교에도 법이 있었다. 종교법은 그 종교를 믿는 이에게는 국가법보다도 절대적이었고, 종교를 강조한 국가들은 종교법을 국가법으로 제정하기도 했다. 대부분 종교는 보수적이다. 지금도 그렇지만 중세에는 더 그랬다. 그런데 종교법은 실제 법보다 훨씬 생활에 밀착해서 들어온다. 예를 들어 성

관계를 생각해보자. 흔히 우리는 종교가 불륜만을 처벌했다고 생각하지만, 과거 종교법은 체위까지도 일일이 제한했다. 교회는 남자가 위에 있고 여자가 아래서 얼굴을 맞대는 정상위만을 인정했고, 다른 모든 체위는 금지했다. 특히 여성 상위 체위에는 저주를 퍼부었는데, 그 체위로 태어난 아이는 기형아가 되거나 문둥병에 걸린다고 했다. 고해성사에서 여성 상위를 했다고 고백하면 3년간 참회 고행을 벌로 내렸다. 후배위는 이보다는 처벌이 약해서 10일간 빵과 물만 먹는 벌을 받았다.

이렇게 까다로우니 규칙을 다 따르면 국가에 제약이 너무 많이 걸렸다. 교회법은 타인을 착취해서 이윤을 남기는 상업에는 비판적이었다. 당연히 금융업을 엄격히 금지했다. 그렇기에 당시 대다수였던 기독교인들은 해당 직업을 가질 수 없었다. 하지만 누군가는 그런 일을 해야 했다. 유대교를 믿는 유대인은 교회법의 적용을 받지 않았다. 만약 교인이 금융업을 하면 큰 비판을 받고 명성에 치명타를 입었지만, 유대인이라면 사람들은 욕을 하면서도 그럴 수 있다고 여기며 넘어갔다.

유대인이 고리대금업으로 비열하게 돈을 벌었다는 것이 마치 상식처럼 굳어 있다. 하지만 여기에는 약간의 오해가 있다. 유대인의 율법서인 『탈무드』는 이자를 받는 것을 허용하긴 하지만, 고리대에는 부정적이다. 중세와 르네상스 시기 유대인 금융업자들은 보통 50퍼센트의 이자를 받았다. 지금으로 보면 고리대도 이런 고리대가 없다(참고로 현재 한국에서 허용되는 최고 이자율은 24퍼센트다). 하지만 당시 이 정도 이자율은 일반적이었다. 채무자가 돈을 갚지 않고 다른 도시나 국가로 도망가면 찾을 방도가 없었기에 유대인이 아니어도 대부분의 금융업자가 높은 이자를 받았다. 또한 왕이나 귀족들은 권력을 이용해 돈을 빌리고도 갚지 않는 경우가 많았다. 그만큼 당시 금융업은 실패할 위험이 높은 사업이었고, 이자율도 당연히 높을 수밖에 없었다.

물론 유대인은 상대적으로 큰돈을 벌었고 풍요롭게 살았다. 하지만 그 평화는 언제든 깨질 수 있었다. 이를 아주 잘 보여주는 사건이 13세기 영국에서 일어났다.

과거부터 기독교인들 사이에서는 '유대인들이 기독교인 아이를 죽여 그 피를 유월절에 사용할 빵에 넣는다'는 낭설이 돌았다. 그런데 영국에서 한 소년이 사라진다. 어떤 증거도 나오지 않았고, 아이는 행방이 묘연했다. 그러자 사람들은 "유대인이 아이를 죽여 빵을 만들었다"고 떠들기 시작했다. 소문을 들은 왕은 유대인 20명을 잡아 그들을 고문했다. 지독한 고문이 계속되자 유대인들은 소문이 모두 사실이며 자신들이 아이를 납치해 죽였다고 자백한다. 결국 그들은 사형을 선고받고 공개처형을 당한다.

그런데 그들이 죽고 나서 얼마 지나지 않아 소년의 시체가 아무런 상처도 없이 발견되었다. 만약 유대인들이 그를 잡아 피를 뽑았다면 몸에 자그마한 상처라도 있어야 했다. 하지만 시신은 깨끗했다. 정상적인 사람들이라면 죽은 유대인에게 사죄하고 유가족에게 보상을 해줘야 마땅하다. 하지만 대중은 좀처럼 자신의 잘못을 인정하지 않는다. 교회는 아이의 신체가 신의 은총으로 회복되었다며(그럴 거면 살려줘야지…) 기적이라고 외쳤다. 사람들은 감동했고, 곧 그 소년은 성인Saint이 되었다.

종교 국가든 세속 국가든 모든 국가에는 금융업과 상업이 필수적이다. 그래야 산업을 발전시킬 수 있고, 산업이 발전해야 국가가 커지고 군대도 강해진다. 그렇다고 기독교 국가에서 교회법을 금지할 순 없다. 그래서 현명한 군주들은 유대인을 포함한 소수민족에게 국가 발전에 필요한 일을 맡겼다. 권력자는 인기나 여론을 위해 유대인을 탄압하거나 쫓아냈다가도 뒤로는 그들이 다시 돌아올 수 있는 길을 열어주었다. 기독교가 점령한 중세 이후 유럽은 타 종교와 이민자들에게 관대할수록 강대국이 되었다.

포르투갈과 스페인이 있는 이베리아반도 지역은 중세 때 이슬람의 영향권 아래 있었다. 그들은 기독교인들과 달리 유대인을 차별하지 않았고, 덕분에 많은 유대인이 이베리아반도로 몰려들었다.

기독교 세력이 이베리아반도를 다시 차지하기까지는 꽤 오랜 시간이 걸렸다. 재정복 초기의 지도자들은 유대인들의 역할을 알아보고 그들에게 관용을 베풀었다. 카스티야의 왕 알폰

소 10세는 살라망카에 대학을 세우고 유대인과 아랍인 지식인들을 적극 초청했다. 그들은 스페인 법전을 집필했고, 스페인어를 확립하는데 기여했으며 무엇보다 경제 발전에 큰 역할을 했다. 유대인들이 가지고 있던 커넥션은 스페인을 지중해 교역의 중요한 국가로 만들어줬다. 덕분에 스페인은 12~14세기에 번영을 누렸다.

1469년 카스티야의 이사벨과 아라곤의 페르난도가 결혼하면서 두 왕국이 통일되고, 나뉘어 있던 작은 왕국들도 통합됐다. 그들은 콜럼버스를 후원해 아메리카 대륙을 발견하며 전성기를 누렸다. 이슬람 세력을 완전히 몰아낸 그들은 종교 통합을 시도했다. 그러자 이전까지 허용되었던 자유가 사라졌다. 그들은 유대인의 재산을 몰수하고 쫓아냈다. 당시 스페인 총인구의 10퍼센트가 유대인이었다. 도시에서는 유대인 비율이 거의 3분의 1에 육박했고, 금융계와 학계에서 특히 비중이 높았다. 이들이 한 번에 쫓겨나자 상당수의 은행이 파산했다. 스페인은 아메리카 대륙에서 쏟아져 들어오는 물자로 이후 100년간 강대국의 지위를 누렸지만, 사실상 이때 이후 더는 발전하지 못한다.

쫓겨난 유대인들은 유럽 각지로 흩어졌다. 특히 네덜란드 암스테르담으로 많이 흘러갔는데, 이 지역은 과거부터 상업이 발달한 지역이라 외지인 차별이 적었다. 암스테르담에 자리 잡은 유대인들은 금융업과 무역업을 발전시켰고, 네덜란드는 상업 국가로서 자리잡게 된다. 네덜란드의 성공을 지켜본 영국은 유대인 박해를 끝내고 그들을 유치하기 위해 노력한다. 그 결과 이 시기 많은 유대인이 영국으로 건너가 금융업을 발전시켰고 덕분에 영국은 전성기를 맞이한다. 반면 이전까지 유럽의 1등 국가였던 프랑스는 유대인에게 적대적이었고, 그 때문인지 점점 영국과 독일에 밀리게 된다.

유럽의 금융업을 점령한 유대인들은 자신들에게 호의적인 국가에는 도움을 줬고, 자신들을 탄압하는 국가의 요청은 거절했다. 가령 제정러시아는 유대인을 대량 학살한 적이 있을 정도로 유대인에게 적대적이었다. 중일전쟁이 끝나고 얼마 안 가 일본은 러시아와 전쟁을 할 생각이었으나, 전쟁 자금이 부족했다. 그들은 영국의 유대인 금융업자들을 찾아가 대출을 요청한다. 그러자 유대인 금융업자들은 일본에 막대한 돈을 빌려줬을 뿐 아니라, 상환 기간도 길게 잡아줬다. 그리고 우리 모두 알다시피 일본은 러시아를 이겼다. 이는 비유럽 국가가 유럽 열강을 상대해서 거둔 첫 번째 승리였다.

일본은 유대인에게 대출받은 자금 중 일부로 러시아 내 볼셰비키를 지원했다. 러시아에 불만이 많던 유대인들이 직접 볼셰비키에게 자금을 융통하기도 했다. 공산주의 혁명이 유대인 금융가와 제국주의 일본의 도움으로 이뤄졌다니 아이러니하지만, 적의 적은 동지 아니겠는가. 하지만 혁명이 성공한 후에도 러시아에서 유대인에 대한 처우는 개선되지 않았고, 결국 유대인은 러시아에서 손을 떼게 된다.

2차 세계대전 이전까지 독일은 유대인에게 호의적인 국가였고, 유대인들은 독일의 금융과 기술 발전에 크게 기여했다. 하지만 민족주의를 앞세운 나치가 득세하자, 많은 유대인이 탄압을 피해 미국으로 건너간다. 이들은 미국 과학과 금융에 큰손이 되었고, 결국 오늘날 유대인 음모론까지 이어진다.

물론 이 모든 역사적 사건이 꼭 유대인 때문이라고 할 수는 없다. 세상의 어떤 사건도 한 가지 요소만으로 설명할 수 없다. 하지만 중세 이후 유대인이 세계에 끼친 파급력은 우연으로 치부하기에는 너무 거대하다. 그렇다고 "세계의 모든 일의 배후에는 유대인이 있다"는 유대인 음모론을 지지하는 것은 아니다. 실은 내가 하고 싶은 이야기는 정반대다.

곰곰이 생각해보라. 사실 유대교가 뛰어난 종교라서 유대인이 기독교인들을 제치고 부를 쌓은 것이 아니다. 앞에서도 여러 사례를 통해 설명했지만, 보수적이고 꽉 막힌 것으로 따지자면 유대교가 기독교보다 더하다.

그런데 어째서 그렇게 꽉 막힌 유대인들이 상업에서 더 뛰어난 기지를 발휘했을까? 간단하다. 그들의 종교는 주류가 아니었기 때문이다. 어느 종교에나 금기나 율법 같은 지켜야 할 규칙들이 있다. 기독교인은 기독교의 법만 따르면 된다. 하지만 유대인은 유대교의 법 위에 기독교의 법이 또 있었다. 이것이 이중 족쇄가 되었을 것 같지만 그렇지 않다. 여러 법이 충돌했기에 그들은 어느 것도 절대적으로 따르지 않았다. 종교법이 충돌하는 과정에서 그들은 법이나 종교가 절대적이지 않다는 사실을 깨달았다. 앞에서 말했듯이 성공한 유대인들은 종교를 초탈했다. 유대인의 성공은 한 사회를 지배한 종교적 도그마가 얼마나 멍청할 수 있는지를 극단적으로 드러낸다. 유대인을 특별하게 만든 건 하나의 종교에만 귀속된 멍청한 사회가 보인 혐오감이다.

지금도 마찬가지다. 가령 성 소수자 차별이 없는 도시일수록 창의성이 높다는 연구 결과가 있다. 이는 단순히 성 소수자가 창의성이 높다는 뜻이 아니다. 소수자에게도 자유로운 분위기 속에서는 어떤 다양한 의견도 수렴 가능하기에 그것이 창의성을 높이고 도시 발전도 이끄는 것이다.

6

정치

미신을 믿는

지도자들

예언자여, 예언자여!
예언자란 좋은 일을 예언해야 좋은 예언자가 되는 법이라.

- 알렉산더

2017년 박근혜 대통령이 탄핵당했다. 박근혜 대통령은 임기 중 공권력을 남용했고, 세월호 침몰과 메르스 사태에 제대로 대응하지 못해 시민들의 지탄을 받았다. 하지만 탄핵의 결정적 이유는 비선 실세인 최순실의 존재가 알려졌기 때문이다. 그녀에 관한 온갖 소문이 돌았는데, 그중에는 아버지 최태민 목사에 이어 오래전부터 박근혜 대통령의 무당 노릇을 해왔다는 의혹도 있었다. 최순실이 정말 그런 행위를 했는지는 확실하지 않지만, 소문은 사람들을 길거리로 불러내기에 충분했다. 21세기에 무당을 믿는 지도자라니, 우스운 사람이 된 대통령은 곧 끌려내려왔다. 사람들은 어떻게 이런 지도자가 있을 수 있느냐며 한탄했지만, 역사적으로 그런 지도자는 꽤 많았다.

관우의 딸, 명성황후를 사로잡다

1882년 조선, 신식 군대에 차별을 받고 있던 구식 군대는 권력을 차지하고 부정부패를 일삼던 명성황후를 쫓아내고 대원군을 불러들인다. 이를 임오년에 군대가 일으킨 난이라 해서 임오군란이라 한다. 명성황후는 궁녀로 변장해 겨우 궁을 빠져나가 목숨을 건진다. 이후 그녀는 친척 집 등을 전전하며 도망 다니다가 충주 지역에 이른다. 그리고 그녀 앞에 무당 박창렬이 나타난다.

무당 박 씨가 정확히 누구인지는 밝혀지지 않았다. 박창렬이란 이름조차 확실하지 않다. 어느 기록에는 이 씨라고 되어 있다. 확실한 것은 그녀가 스스로 자신이 관우 장군의 딸이며 관우 장군을 모신다고 주장했다는 것뿐이다. 여기서 관우는 당신이 아는 『삼국지』에 나오는 그 관우다. 당시 명성황후가 숨어 있던 집 여종이 무당 박 씨의 단골손님이었는데, 이를 들은 명성황후는 자신의 운명이나 점쳐보자 싶어 그녀를 불러들였다. 명성황후는 자신의 정체를 밝히지 않았지만, 촉이 좋았던 박 씨는 그녀가 한양에서 내려온 귀부인이라 생각하고 아래와 같이 미래를 점친다.

"귀인의 관상이 있어 장차 큰 운이 올 것입니다. 8월 보름에 서울로 올라가 귀한 자리에 오를 것입니다."

절망에 빠져 있던 명성황후에게 이보다 더 달콤한 예언은 있을 수 없었다. 예언은 그대로 실현된다. 임오군란이 일어나고 50여 일이 지난 8월경, 청나라는 임오군란의 책임을 물어 흥선대원군을 압송하고 명성황후는 당당히 궁으로 돌아온다. 족집게 예언을 한 무당 박 씨와 함께. 명성황후는 사실상 천민이었던 박 씨에게 '진령군'이라는 군호를 내린다. 진령군은 황후 옆에서 황후가 하는 모든 일에 간섭하기 시작한다. 정확히는 황후가 먼저 진령군의 의견을 물었다.

한동안 궁궐에 머물던 진령군은 황후에게 관우 사당을 지어주면 그곳에 머물겠다고 제안한다. 이에 지금의 혜화동 쪽에 관우 사당이 건설되는데, 사당은 한양 북쪽에 있어서 북관왕묘北關王廟 또는 북묘北廟라고 불린다. 사당은 고종이 앞장서서 지었는데, 고종 역시 이미 진령군에게 미혹된 상태였다. 사당이 완성되자 고종은 비문까지 직접 작성했다. 비문에는 "어느 날 관우 장군이 나의 꿈속에 나타났고 또 왕비의 꿈에도 나타났는데 자상하게 돌봐주는 듯해 사당을 지었다"라고 적혀 있다. 자기 주군도 제대로 지키지 못한 관우 장군이 왜 1,000년도 더 지나서 조선 왕을 지켜주는지는 모르겠지만, 아무튼 고종과 명성황후는 계시를 받고 목숨을 구제했다니 그렇다고 하자.

진령군은 10년 넘게 권력을 누렸고, 권력을 얻은 모든 이가 그렇듯 부정부패를 일삼았다. 천민이 권력을 누리는 더러운 꼴이 아니꼬웠던 대다수 권력자들과 소수의 충신들이 진령군을 비판하는 상소를 쏟아냈으나, 고종은 오히려 이들을 유배 보내

현재 국립중앙박물관에 옮겨져 있는 북묘비. 진령군 스토리를 모르면 1,000년도 더 전의 인물인 중국 장수의 비가 왜 서울 한복판에 있는지 이해하기 어렵다.

버린다.

진령군의 권력은 명성황후가 일본 낭인들에게 시해되면 서 끝이 난다. 진령군이 황후의 죽음을 예상하지 못한 건지, 예 상했지만 피할 수 없었던 건지는 관우 장군만이 아시겠지. 이후 궁을 빠져나간 진령군이 어떤 삶을 살았는지는 역사에 기록되 지 않았다.

미국의 최순실 '조앤 퀴글리'

1981년 3월 30일, 존 힝클리라는 청년이 갓 대통령에 취임한 레이건 암살을 시도한다. 힝클리는 단지 배우 조디 포스터의 관심을 끌기 위해 대통령 암살을 시도한 희대의 로맨티스트(?)다. 아마 그 어떤 정치적 목적도 없이 벌어진 전 세계 유일의 지도자 암살 시도가 아닐까 싶다. 아무튼 이렇게 어처구니없는 일이 벌어지자 영부인 낸시는 남편이 언제든 죽을 수 있다는 공포에 사로잡힌다. 그녀는 자서전에 당시 심정을 이렇게 적고 있다.

> 남편이 총에 맞아 죽을 뻔한 경험을 한 이의 심정을 이해할 수 있는 사람은 거의 없다. 남편은 거의 매일 대중 앞에 노출되어야 한다. 대중 속엔 총을 든 미친놈이 언제든 있을 수 있다. 나는 내 남편을 보호하고 살리기 위해 할 수 있는 일을 해야 했다.

그녀가 남편의 안전을 위해 내린 선택은 '점성술사'를 백악관으로 불러들이는 것이었다. 사실 레이건 부부는 백악관에 들어오기 전부터 점성술을 비롯한 미신에 심취해 있었다. 특히 영부인은 심각했다. 점성술에서 중요한 것은 태어난 날짜와 시간이다. 영부인은 남편의 생시가 세상에 정확히 알려지면 반대파들이 저주를 내리거나 음모를 꾸밀 것이라며 두려워했다. 하지만 대통령의 생년월일은 이미 대중에게 공개되어 있었다. 그래

(좌) 조앤 퀴글리 (우) 낸시와 도널드 레이건 부부

서 그녀는 대통령의 태어난 시각만은 외부에 알려지지 않도록 철저히 관리했다.

아무튼 대통령 암살 사건을 계기로 점성술사 조앤 퀴글리가 백악관에 들어온다.

퀴글리는 레이건이 임기를 마치는 1988년까지 백악관의 비선 실세였다. 영부인은 정기적으로 퀴글리의 조언을 들었고, 대통령이 만나는 사람들의 명단을 그녀에게 건넸다. 단순히 낸시만의 믿음이 아니었다. 레이건 대통령은 사안이 생길 때마다 부인에게 이렇게 물었다고 한다.

"그래서 조앤은 뭐래?"

당시 백악관 수석보좌관 도널드 리건Donald Regan은 훗날 퀴글리의 간섭이 대단했다고 털어놨다. 퀴글리는 달력에 길일과 흉일을 체크해서 보좌관에게 건넸고, 보좌관은 이에 따라 스케

줄을 정했다. 이미 정해진 스케줄이 퀴글리에 의해 바뀌는 경우도 많았는데, 퀴글리가 "하루 종일 백악관에 머물라"라는 점괘를 전하면, 대통령은 일정을 취소하고 백악관에 남았다. 심지어 정상회담 시간이 바뀌기도 했다. 리건은 점성술사의 조언을 듣고 일정을 바꾸는 것에 이의를 제기했으나, 결국 본인이 해고됐다. 퀴글리는 회고록에서 "로마 제국 이후 점술가가 국가 운영에 그토록 중요한 역할을 한 사례는 없을 것"이라며 자신 있게 말했다(물론 앞으로 말하겠지만 더한 사례도 많다).

대통령의 죽음을 예언한 제산 박재현

권력자 주변에 점을 보는 이가 있는 것은 동서고금을 통틀어 특별한 일이 아니다. 특히 격동적이고 변화가 많은 때일수록 더욱 그렇다. 점괘를 꼭 믿어서는 아니지만, 들어서 나쁠 건 없다고 생각하게 되니까. 급격한 경제 성장과 정치적 격변을 겪은 20세기 한국도 예외가 아니어서, 당시 정치인과 기업인들은 대부분 정기적으로 점을 봤다.

삼성의 이병철 회장은 신입사원 면접을 볼 때 관상가와 명리학자를 동석시켜 관상과 사주를 봤다고 한다. 하지만 이 '썰'은 진실이 아니라고 한다. 측근의 증언에 따르면 개인 비서가 무속인으로 오해를 받은 것 같다고. 이병철 회장을 옹호하기 위한 말 같지만, 그렇지는 않다. 그의 말에 따르면 이병철 회장은 관상을 볼 줄 알아서 직접 관상을 보고 평가를 했다고 한다. 무속인을 부르는 것과 직접 관상을 보는 것 중에 어떤 것이 더 질 떨어지는 행위인지는 모르겠지만.

좋은 쪽으로든 나쁜 쪽으로든 다이내믹한 삶을 산 박정희 대통령 역시 점을 자주 봤다. 믿거나 말거나지만 5·16 쿠데타 날짜도 점쟁이가 정해줬다고 한다. 하지만 박 대통령은 정치적으로 2인자를 키우지 않았듯이 점쟁이 역시 한 명에게 의존하지 않고 그때그때 다른 이를 찾았다. 박 대통령이 찾은 점쟁이 중 한 명이 제산 박재현이다. 명리학자 박재현은 포스코 박태준 회장이 특히 아낀 점술가로, 포항제철의 터도 그가 잡아줬다고 한다. 박태준 회장과 박정희 대통령은 가까운 사이였고, 박재현은 종종 대통령에게 불려가 점괘를 봐주곤 했다.

1972년 박정희가 유신을 할까 말까 카드를 만지작거릴 때였다. 그는 비서에게 '유신維新'이라는 쪽지를 적어 박재현에게 전달했다. 박재현은 단 두 글자만으로도 박정희의 의도를 파악했다. 그는 귀신에 홀린 듯 담뱃갑에 '유신幽神'이라고 썼다. 저승 유幽에 귀신 신神, 유신을 하면 저승의 귀신이 된다는 의미였다. 뒤늦게 정신을 차린 박재현은 비서관에게 담뱃갑을 돌려달라고 요청했지만, 비서관은 자신만 알고 있을 테니 걱정하지 말라며

그를 안심시켰다. 물론 비서관은 돌아
가자마자 대통령에게 보고한다.

제산 박재현(1935~2000)

　　하지만 이미 결심이 확고한 박
대통령은 다른 점쟁이에게 OK 사
인을 받고 유신을 시행한다. 그리고
우리는 결과를 알고 있다. 이후 이야
기를 잠깐 하자면, 유신의 실패는 예
언했으나 비서관의 거짓말은 파악하지
못한 박재현은 남산에 끌려가 며칠간 고
문을 받고 풀려났다고 한다. 역시 중이 제 머리 못 깎는 법이다.

러시아 혁명의 일등 공신(?), 라스푸틴

　　그리고리 라스푸틴Grigori Rasputin은 제정러시아 말엽의 인물
로 원래는 수도승이었다. 그는 황제 니콜라이 2세의 막내아들
인 알렉세이 황태자의 혈우병을 호전시켜 황제의 신임을 얻었
다. 혈우병은 불치병이기 때문에 지속적인 치료가 필요했고, 라
스푸틴은 황궁에 머물게 된다. 그의 치료법은 정확히 알려지진
않았지만, 아마도 황태자의 마음을 편하게 해 병세를 호전시킨
게 아닐까 싶다. 황태자라는 자리에 있으면 기본적으로 항상 긴
장할 수밖에 없고, 게다가 불치병까지 있었으니 아마 극도로 예

라스푸틴과 열혈 지지자들

민한 상태였을 텐데, 방법은 모르겠지만 라스푸틴은 이를 상당히 완화해줬고 덕분에 황태자는 평생 골골거렸지만 죽지는 않았다. 언변이 뛰어난 라스푸틴은 사이비 교주 같은 매력이 있었다. 황태자는 물론 황제와 황후, 공주들까지 모두 그의 매력에 빠졌고, 라스푸틴은 자신이 원하는 대로 러시아를 주물렀다.

그는 방탕하고 음란한 생활을 즐겼다. 황궁의 가정교사와 시녀들을 수도 없이 강간해 사생아가 20명이나 태어났다. 참다 못한 가정교사가 이를 고발했지만, 황후는 "라스푸틴이 하는 일은 모두 성스러운 것"이라며 오히려 고발한 가정교사를 해고했다. 사이비 종교에서 타락한 교주가 벌이는 행태, 그리고 광신도의 반응과 비슷하다.

죽음 역시 괴물이라는 명성에 어울렸다.

1916년 12월 20일, 귀족이던 펠릭스 유수포프를 중심으로 반˟ 라스푸틴계 황족과 귀족들이 라스푸틴 몰래 궐석재판을 열어 그에게 사형을 선고한다. 그리고 10일 뒤 암살을 기도한다. 파티를 하는 척 라스푸틴을 속여 청산가리가 든 술과 케이크를 먹인 것이다. 그런데 청산가리가 든 음식을 먹고 2시간이 지났는데도 라스푸틴은 죽기는커녕 노래를 부르고 파티를 즐기는 것이 아닌가. 결국 암살 계획을 주도한 펠릭스가 권총을 꺼내 라스푸틴을 쏜다.

이후 펠릭스와 동료들은 즉시 자리를 빠져나간다. 펠릭스가 두고 온 외투를 가지러 황급히 다시 돌아갔을 때, 라스푸틴은 여전히 살아 있었고, 오히려 펠릭스에게 달려들어 그의 목을 졸랐다. 다른 황족이 깜짝 놀라 총으로 라스푸틴을 쏘았지만, 그는 이번에도 죽지 않고 파티장 밖으로 도주했다. 암살자들은 그를 쫓았고, 곤봉과 쇠사슬로 무자비하게 때린 다음, 말 다리에 묶고 네바강 부근으로 끌고 갔다. 암살자들은 그를 꽁꽁 묶어서 강 아래로 던져 버렸다.

며칠 뒤 경찰이 라스푸틴의 시체를 건져냈다. 그런데 검시관의 조사에 따르면 라스푸틴의 최종 사인은 익사였다고 한다. 즉 물에 잠기기 전까지 그는 살아 있었다.

죽은 후에도 그의 명성은 끝나지 않았다. 성기 이야기가 남았다. 맞다 그 성기. penis. 그는 살아생전 섹스를 잘했다고 알려져 있다. 성기도 크고 아름다운 것으로 유명했는데, 그 때문에 그를 따랐던 여성들도 많았다.

아무튼 그가 죽은 후 누군가 그의 성기를 잘라간다. 아마 신성하게 여겼거나 너무 커서 가지고 싶었던 모양이다. 잘린 성기는 표본 통에 담겨 지금도 남아 있는데 길이가 23센티미터에 달한다. 그것도 죽은 후 수분이 빠져나간 상태의 크기이고 살아생전에는 30센티미터, 발기 시에는 40센티미터에 달했다고 한다.

그런데 현재 남아 있는 그의 성기는 총 3개다. 하나는 해삼으로 판명 났지만, 2개는 진짜 성기다. 그의 성기가 맞는지 아닌지 말이 많지만, 만약 둘 다 그의 성기라면 그는 성기가 둘 이상인 중복음경증이 아닐까 싶다. 라스푸틴의 딸 마리아는 1977년 사망 직전까지 아버지 성기에 대한 소유권을 주장하며 돌려달라고 요청했지만, 끝내 받아내지 못했다.

여러 가지 의미로 라스푸틴은 대단했고, 이야기가 될 만한 인물이었다. 하지만 제정러시아가 라스푸틴 때문에 망했다고 한다면 라스푸틴으로서는 억울할 수도 있다. 그가 등장하기 이전부터, 근대화에 뒤처진 러시아의 민중은 불만이 이글거리고 있

크고 아름다운 혐짤

었다. 더구나 황제 니콜라이 2세는 정치에 별 관심이 없었다. 혹은 뭔가 하려고 해도 이미 상황이 너무 엉망이라 손을 댈 수 없었는지도 모른다. 그는 라스푸틴에게 모든 걸 일임하고 아무 일도 하지 않았다. 어쩌면 그나마 라스푸틴이라도 있었기에 국가가 그 정도라도 운영된 것일지도 모른다.

최순실 사태가 터졌을 때도 사람들은 박근혜 대통령보다 최순실을 더 비난했다. 하지만 이후 공개된 녹음 파일을 들어 보면 그나마 최순실이 있어서 나라가 돌아갔다는 느낌이 들 정도로 박근혜는 바보였다. 그러니까 최순실 때문에 나라가 망한 게 아니다. 망할 만해서 망한 거지. 마찬가지로 라스푸틴 때문에 제정러시아가 망한 게 아니다. 이미 나라에는 망조가 들었고, 혁명은 목전에 와 있었다. 그는 대중의 분노를 뒤집어쓴 것이다. 마리 앙투아네트가 프랑스 혁명에서 오명을 쓴 것과 비슷하다. 그녀가 말년에 사치를 하긴 했지만, 왕비치고는 그렇게 심한 것도 아니었고, 배고픈 시민에게 "빵이 없으면 케이크를 먹으라"는 말은 한 적도 없다. 단지 그녀가 외국 출신에 다른 왕비들에 비해 나대는(?) 편이었기에, 귀족이나 백성들은 그녀를 못마땅하게 여긴 것이다. 사람들은 동성애, 근친상간, 하루에 10명과 자는 걸레, 왕이 기를 못 펴게 하는 여자 등등, 온갖 소문을 지어내 그녀를 괴롭혔다. 혁명 세력은 헛소문인 줄 알면서도 혁명의 완수를 위해 이를 적극적으로 이용했다. 하긴 진실이 아니라 해도 이미 그렇게 믿기로 한 대중을 설득할 방법은 없었을 것이다.

아무리 왕이 타락해도 왕을 직접 비판하기는 어렵다. 박근혜를 욕하는 것보다 최순실을 욕해야 보수 지지자들도 이끌어낼 수 있다. 욕받이가 필요한 사람들에게 선택된 이는 언제나 지도자의 최측근이면서도 정통성이 없는 사람이었다.

나는 내년까지 살기 어려울 것 같다.

만일 내가 내 형제와도 같은 러시아 국민들의 손에 죽게 된다면, 러시아 황제는 아무것도 두려워할 것이 없다. 왕조는 앞으로도 수백 년 동안 지속될 테니까. 그러나 내가 만일 특권층, 귀족들의 손에 죽어 그들이 내 피를 솟구치게 한다면, 그들의 손은 앞으로 25년간 피에 젖을 것이다. 그들은 러시아를 떠날 것이며, 형제들은 25년간 서로 죽이고 미워하게 될 것이고, 끝내 러시아에 귀족이 한 사람도 남지 않게 되리라.

러시아의 황제여, 만일 당신이 나의 죽음을 알리는 종소리를 듣게 된다면 당신은 다음을 명심해야 할 것이다. 만일 당신의 일족 중 누구라도 내 죽음에 연루된다면, 2년 이내에 당신의 일족, 가족과 자식들까지 모두 살아남지 못할 것이다. 그들은 모두 러시아 민중에게 죽임을 당할 것이다.

나는 내가 사라진 이후 황제가 어떻게 해야 할지를 말할 책임감을 느낀다. 반성하고 신중히 행동하라. 당신의 안전을 생각하고, 당신의 일족들에게 내 피의 앙갚음이 있을 것임을 알려

라. 나는 죽을 것이며, 더 이상 살아 있는 자들과 함께하지 못한다. 기도하고 기도하며 마음을 굳게 가져라. 당신의 가족을 생각하라.

라스푸틴이 마지막으로 썼다고 하는 편지다. 이 편지에 적은 저주는 대부분 실현됐다. 러시아 혁명으로 제정러시아는 붕괴됐고, 왕족과 귀족은 대부분 죽거나 러시아에서 쫓겨났다. 이후 러시아는 적백내전과 공산당의 분열, 대숙청 등으로 피로 물들었으며, 정확히 25년 후 독일과의 전쟁이 발발한다.

그럼 정말로 라스푸틴에게 신기가 있었던 것일까? 그랬을 수도 있다. 이제 와서 우리가 어찌 알겠는가. 다만 당시 상황에서 저 정도 예측은 어느 정도 정보가 있는 사람이라면 누구나 할 수 있었다. 그가 있든 없든 러시아는 종말을 향해 가고 있었다.

점쟁이는 자신의 미래를 내다볼 수 있을까

근대 이전 대부분의 국가 지도자 옆에는 점쟁이가 있었다. 권력은 매혹적이지만, 왕의 옆에서 점을 본다는 건 보통 위험한 일이 아니었다. 단순히 맞히고 틀리는 문제가 아니다. 과거 사람들은 점술을 진지하게 여겼기에, 왕은 자신에게 불리한 예언이 밖으로 새어 나가는 것이 두려워 점술가를 죽이기도 했다. 점술 때문에 반대 세력이 탄력을 받을 수도 있었기 때문이다. 그러니 맞든 틀리든 점술가는 언제든 처벌을 받을 수 있었다.

알렉산더 대왕은 명성만큼이나 많은 비화를 남겼다. 대부분은 후대에 만들어진 것이겠지만, 점쟁이의 운명에 관한 재미난 일화가 있어 소개한다.

이집트를 점령한 알렉산더가 이집트의 파라오이자 자신의 아버지인 넥타네보를 산 위로 부른다(몇몇 설화에서 알렉산더는 필리포스가 자리를 비운 사이 이집트의 파라오 넥타네보가 알렉산더의 어머니를 덮쳐 태어났다고 말한다). 넥타네보는 점술가로도 명성이 높았는데, 산 위로 그를 불러들인 알렉산더는 그에게 "당신이 언제 죽을지 예측해보라"고 명령한다. 넥타네보는 무언가 대답을 했지만, 그의 예언은 정답일 수 없었다. 왜냐하면 알렉산더가 그의 말이 끝나자마자 그를 절벽으로 밀어 죽여버리기 때문이다.

이후 "당신은 언제 죽는가?"란 질문은 권력자와 점술가 사이의 목숨을 건 재치 대결이 된다.

점술가 트라실로스는 악명 높은 네로 황제 옆에서도 수십년간 목숨을 유지하며 명성을 쌓았다. 네로는 많은 점술가를 절벽으로 불러 몇 가지를 묻고 답변이 마음에 들지 않으면, 그를 절벽으로 밀어버렸다. 트라실로스 역시 이 상황에 맞닥뜨린다. 네로는 그에게 몇 가지 질문을 한 다음 마지막으로 "당신의 운명을 점쳐본 적이 있는가?"라고 묻는다. 트라실로스는 알렉산더의 일화를 알고 있었던 것 같다. 그는 심각한 표정을 지으며 고민하더니 공포에 떨며 대답했다.

"결과를 정확히 예측할 수는 없지만, 치명적인 위기가 제게 다가오고 있습니다."

네로는 그 대답을 듣고 그를 신뢰했다고 한다.

프랑스 왕 루이 11세 때도 비슷한 일이 있었다. 한 점술가가 루이 11세의 애인의 죽음을 정확히 예측하자, 기분이 나빠진 왕은 그 점술가를 죽일 계획을 세운다. 루이 11세는 그를 궁전으로 불러들여 같은 질문을 반복한다.

"미래를 잘 아는 그대는 다른 사람의 운명을 예언할 수 있다는데, 그대 자신은 앞으로 얼마나 더 살게 될 것 같은가?"

이제는 클리셰가 된 것인지 점술가는 마치 기다렸다는 듯이 태연하게 대답한다.

"하늘의 별자리를 보아하니, 저는 폐하보다 사흘 먼저 죽을 것입니다."

당연히 루이 11세는 이 점쟁이를 죽이지 못했고, 이후 점쟁이의 건강에 문제가 생길까 싶어 늘 관심을 갖고 보살폈다고 한다.

티베트의 고승은 죽지 않는다

중국에는 전 세계 어디서도 찾아볼 수 없는 법이 하나 있다. 바로 '부활을 하기 위해서는 당국의 허락을 받아야 한다'는 법이다. 부활, 죽었다 다시 살아나는 것, 그 부활이다. 중국은 공산주의를 표방하며, 공산주의는 기본적으로 무신론이다. 그러니 중국에 부활에 관한 법이 있다는 것 자체가 어불성설이다. 물론 공산주의 국가가 아니라고 해도 부활에 대한 법이 있다는 건 이상한 일이다. 대체 어째서 부활까지 법으로 정해진 것일까? 이를 이해하려면 중국이 강제 병합한 티베트의 문화를 알아야 한다.

1950년 중국이 티베트를 편입한다. '하나의 중국'을 밀어붙이는 중국 정부는 소수민족의 독립운동을 철저히 탄압한다. 특히 종교 공동체 성향이 강한 민족일수록 그 탄압이 잔혹한데, 대표적인 곳이 이슬람교를 믿는 신장 위구르와 불교를 믿는 티베트 지역이다.

티베트는 나라 전체가 미신으로 돌아간다. 대부분의 현대 국가가 세속 국가임에 반해 티베트는 종교와 정치가 하나로 묶여 있다. 종교 지도자가 그대로 정치 지도자가 돼서 국가의 중요한 결정을 내린다. 흔하진 않지만 신정 국가를 표방하는 곳에서는 종종 볼 수 있는 정치체제다. 하지만 티베트는 종교 지도자를 뽑는 방식마저 미신에 의존한다.

티베트에서는 고승이 정치를 한다. 그런데 티베트 불교에서는 덕망 높은 고승이 죽으면 환생을 한다고 믿는다. 환생한 고승을 활불活佛이라 한다. '환생할 거면 그냥 오래 살지 뭐하러 죽냐?' 이렇게 생각하실 분이 계실 텐데, 인생이 무상하다는 걸 대중에게 보여줘야 하기 때문에 굳이 죽고 다시 태어난다는 깊은 뜻이 있다. 이게 대체 무슨 소린가 싶지만 아무튼 그렇다.

그렇다면 대체 누가 환생한 고승인가? 방식은 이렇다. 고승이 죽음에 이르러 다시 태어날 방향을 유언하면, 10개월이 지나고 49일 사이에 그 방향에서 태어난 아이 중 활불을 선정한다. 이들을 린포체Rinpoche라 한다. 문제는 이 환생했다는 아이가 한둘이 아니라는 것이다. 방향만 정해져 있으니 티베트는 물론 티베트 외부에서도 린포체가 나온다. 이들 중 한 명을 골라야 한다. 그래서 테스트를 거친다. 테스트는 보통 고승의 살아생전 기억을 묻는 것이다. 대체 어떻게 통과하는지 모르겠지만, 통과

한다고 한다. 환생한 소년은 고승의 제자들에게 가르침을 받아 공동체의 지도자가 된다. 이들은 어린 시절부터 그렇게 교육받았기에 자신이 진정으로 환생한 고승이라 믿는다. 그렇게 정치 지도자이자 국가 지도자가 된다.

이런 방식으로 뽑힌 지도자가 어떻게 시민의 지지를 받는지는 모르겠지만, 티베트는 중국의 탄압 속에서도 나름 잘 운영되고 있다. 〈영혼의 순례길〉은 티베트인의 삶이 잘 녹아 있는 다큐멘터리다. 순례길에서 만난 모두가 삶을 받아들이고 수행하는 과정을 보고 있으면, 티베트 불교에 대해 아무것도 모르는데도 경건함이 뼛속으로 파고든다. 종교가 진실인지 거짓인지는 중요하지 않다.

슬슬 중국이 왜 환생에 관한 법을 만들었는지 이해가 갈 것이다.

1989년 10대 판첸라마^{Panchen bla-ma}가 입적(사망을 불교식으로 표현한 말)한다. 판첸라마(아미타불의 화신)는 티베트 불교의 2인자로 입적 시 1인자인 달라이라마^{taa-laï bla-ma}(관세음보살의 화신)가 새 판첸라마를 지정했다. 14대 달라이라마는 '게둔 초에키 니마'라는 소년을 11대 판첸라마로 지정한다. 그런데 중국 정부가 이에 제동을 건다. 티베트 독립을 주장하는 현 티베트 지도자들에 불만이 있던 중국 정부는 게둔 초에키 니마를 납치하고 '기알첸 노르부'라는 아이를 11대 판첸라마로 지목한다. 이 소년의 부모는 고위 공산당원으로 친중국 성향이다.

11대 판첸라마가 2명인데, 달라이라마가 인정한 이는 여전히 실종 상태다. 아마 어디선가 비극적 최후를 맞이했거나, 갇혀 있거나, 협박에 못 이겨 눈에 띄지 않는 곳에서 조용히 지내고 있을 것이다. 단순히 판첸라마만의 문제가 아니다. 달라이라마는 2020년 현재 84세인데, 그가 입적하면 새 달라이라마를 판첸라마가 지목한다. 그래서 중국 정부는 무리해서라도 자기 입맛에 맞는 이를 판첸라마로 세운 것이다. 만약 달라이라마와 판첸라마가 모두 친중국 성향이 된다면 티베트 독립운동은 와해될 가능성이 높다.

달라이라마는 고심에 빠졌다. 자신이 지명한 판첸라마가 사라졌는데, 그렇다고 새로운 사람을 지명할 수도 없는 노릇이다. 새 판첸라마를 뽑으려면 기존 판첸라마가 죽고 그 유지를 받들어야 하는데, 지금은 그냥 사라진 상태이기 때문이다. 죽었다고 가정하고 새로운 판첸라마를 지목했는데, 중국 정부가 살아있는 판첸라마를 공개하면 환생이니 하는 것이 모두 거짓으로 드러나니 섣불리 움직일 수도 없다. 그렇다고 손을 놓고 있다가 달라이라마가 입적하면 중국 정부가 지목한 판첸라마가 차기 달라이라마를 뽑게 된다.

여기서 14대 달라이라마는 파격적인 선택을 한다. 자신은 더 이상 환생하지 않겠다고 선언한 것이다. 자신이 죽으면 달라이라마는 사라지고 티베트는 의회 중심의 민주주의를 할 것이라

(좌) 환생을 포기한 달라이라마 (우) 중국이 임명한 판첸라마

선언한다. 그러고는 망명정부 수반직을 신임 총리에게 넘긴다.

현 상황에서 티베트가 어떤 정치체제를 택하든 중국의 통제로부터 벗어나기는 사실상 불가능해 보인다. 나라도 없는데 의회가 제대로 돌아갈지 아무도 알 수 없다. 하지만 중국의 어처구니없는 탄압이 결코 바뀌지 않을 것 같은 미신의 나라 티베트를 민주적으로 만들었으니 웃어야 할지 울어야 할지 모를 일이다(중국은 몽매한 티베트를 해방시키기 위해 티베트를 흡수한 것이라고 주장한다).

혹시 오해할 분들을 위해 덧붙이자면 티베트의 제도가 미신에 근거한다고 해서 중국 정부의 티베트 탄압이 정당하다는 뜻은 아니다. 티베트가 자유로웠다면 지금쯤 스스로 과거의 방식에서 벗어났으리라 확신한다. Free Tibet!

7

사상

사라지지 않는

유령

"나 혼자 꿈을 꾸면 그저 꿈일 뿐이다.

하지만 모두가 함께 꿈을 꾸면,

그것은 새로운 현실이 된다."

– 프리덴슈라이히 훈데르트바서

"하나의 유령이 유럽을 떠돌고 있다."

근대 이후 가장 중요한 책인 『공산당 선언』은 이렇게 시작한다. 여기서 말하는 유령은 당연히 '공산주의'다. 이 책을 읽지 않은 사람도 밥 먹듯 인용되는 이 문장만은 기억할 것이다. 하지만 정작 중요한 내용은 이 문장 다음에 나온다.

구 유럽의 모든 세력들, 교황과 차르, 메테르니히와 기조(당시의 권력자들), 프랑스의 급진파와 독일의 경찰이 이 유령을 사냥하려고 신성동맹을 맺었다. 반정부당치고 정권을 잡고 있는 자들로부터 공산당이라는 비난을 받지 않은 경우가 있는가? 또 반정부당치고 더 진보적인 반정부당이나 반동적인 적들에 대해 거꾸로 공산주의라고 낙인찍으며 비난하지 않는 경우가 어디 있는가?

당시 전 유럽의 모든 국가와 세력이 이 유령을 잡으려고 일치단결했다. 반정부 성향을 가진 이들조차 자기들보다 더 진보적인 이들을 공산주의자라고 비난했다. 하지만 그런 무차별적인 탄압에도 공산주의는 살아남았다. 자신을 탄압하던 권력자들이 모두 다 무너질 때까지 살아남았다.

　　공산주의만 그런 것이 아니다. 모든 사상은 한번 뿌리내리면 결코 쉽게 사라지지 않는다.

　　미신을 다루는 책에 사상이 왜 포함되어 있는지 의아한 이들도 있을 것이다. 일단 이 책에서는 결코 미신을 부정적 의미로 사용하지 않는다는 점을 다시 한 번 명확히 말하고 싶다.

　　그럼 한번 생각해보자. 사상도 미신인가? 이 질문에 답하기는 쉽지 않다. 앞에서 종교가 미신이라고 했으니 사상이 종교라고 가정해보자. 종교가 미신이니, 사상이 종교라면 사상도 미신 아니겠는가. 코넬대학교 국제학과 교수인 베네딕트 앤더슨Benedict Richard O'Gorman Anderson은 『상상된 공동체』에서 사상이 근대적 형태의 종교라는 관점으로 논지를 진행한다. 종교가 힘을 잃으면서 영원성에 대한 믿음이 사라졌고, 무언가는 그 공허함을 채우고 영속성을 부여해야 하는데 그 대체품이 사상이라는 것이다(그는 민족주의를 콕 집어 말했지만, 다른 사상 역시 마찬가지다).

　　사상과 종교는 비슷한 점도 있고 다른 점도 있다. 나는 사상을 종교 이전의 상태 혹은 종교 이후의 상태라고 생각한다.

종교는 맹목적이라는 점에서 미신과 같다고 앞에서 설명했다. 사상도 종종 맹목적이다. 사실 사상은 생각의 결과물보다는 종교로 다뤄질 때가 훨씬 더 많다.

처음에 어떤 괜찮은 대안이 생긴다. 이 자체로도 사상이 된다. 그리고 이 사상을 따르는 이들이 모여 하나의 집단을 이룬다. 여기서 두 갈래 길이 나온다. 하나는 자체적인 논리와 철학이 강화되어 정치체제가 되는 것이다. 또 하나의 길은 지도자를 신성시하며 종교의 길로 가는 것이다. 신성한 존재의 말은 법이 되므로 논리적일 필요가 없다. 신(혹은 선지자)이 말씀하시고 따르면 그만이다.

조선 말에 등장한 동학이 이를 잘 보여준다. 동학은 일단 사회 계급제도에 대한 불만으로 나타났다. '천하고 귀한 것이 따로 있지 않다'는 생각은 '사람이 곧 하늘'이라는 인내천 사상으로 이어진다. 조선판 공산주의라 할 만하다. 하지만 동학은 그 이상 체계를 갖추지 못했다. 동학을 주창한 이들의 한계일 수도 있고, 시대적 한계일 수도 있다. 만약 이들이 집단화되기 전에 멈췄다면, 동학은 사상으로 남았을 것이다. 혹은 집단화된 상태에서 내적 체계를 만들어냈다면 역시 사상이 되었을 것이다. 하지만 그들은 교주를 세우고 종교가 되어버린다.

물론 종교가 되면 실패고 사상으로 발전해야 좋다는 말은 아니다. 집단의 성격과 시대 상황에 따라 제각각 맞는 스타일이 있다. 가령 아나키즘은 종교나 완벽한 정치체제 이전의 사상으로 남아 있다. 이런 아나키즘의 미숙함을 비난하는 사람도 있지만, 그렇게 미완성된 상태야말로 지극히 아나키즘다운 것이다. 동학 도 마찬가지다. 만약 동학이 종교가 아니라 사상이었다면 당대의 농민을 설득하고 조직화해내는 파괴력을 가지지 못했을 것이다.

공산주의

사상으로 발전하더라도 언제든 종교화의 위험성이 있다. 현실 공산주의가 어떤 식으로 진행됐는지 보라. 대부분 국가에 서 독재자를 낳았다. 처음에는 혁명기의 혼란을 잠재우기 위한 일시적인 상태로 여기지만, 조금만 지나면 독재는 절대적 시스 템이 된다. 나는 공산주의 국가가 잘못됐다거나 그 지도자들이 모두 나쁜 사람이라고 비난할 생각은 없다(물론 대다수는 나쁜 놈 들이었다). 다만 이제껏 존재한 공산주의는 종교와 같은 구조였 다. 어째서 공산주의 국가에서는 늘 대량 학살이 일어났는가? 현실 공산주의는 종교보다 더 종교적이었다.

공산주의가 종교적인 건 공산주의를 채택한 국가들이 공 산주의를 잘못 시행했기 때문만은 아니다. 애초에 공산주의는 기독교와 비슷한 점이 많다. 『공산당 선언』의 첫 구절을 다시 떠 올려보자. 왜 마르크스와 엥겔스는 공산주의를 유령으로 표현 했을까? 단순한 비유였을까?

『공산당 선언』과 『자본론』은 대중에게 앞으로 천국이 다가올 것을 약속한다. 그들은 과거의 역사를 자신들이 원하는 방식으로 해석한 다음, 미래에는 필연적으로 자본주의 사회가 공산주의로 대체될 수밖에 없다고 예언한다. 그들은 노동자들에게 그것은 정해진 길이니 그 길을 따르면 된다고 말한다.

산업화 초기 런던의 노동자들은 한 방에 평균 13명씩 끼어 자면서 악랄하고 위험한 노동에 시달렸다. 노동과 수면 외에는 어떤 활동도 하기 어려웠다. 그들은 인류 역사를 통틀어서(원시 시대와 흑인 노예 시절을 포함해) 가장 힘든 삶을 살았고, 중세 사람들보다도 수명이 짧았다. 그런 인민들 앞에 공산주의자들이 나타나 "곧 공산주의가 너희를 구원할 것"이라 말한다. 인민들에게 공산주의는 유대인 앞에 등장한 모세와 마찬가지였을 것이다.

『공산당 선언』이나 『자본론』은 사상을 다룬 책치고는 미래를 상당히 낙관적으로 예언한다(원래 철학이란 암울한 것이다). 그들은 공산주의를 당연한 귀결로 받아들인다. 그런데 마르크스는 정말 미래를 낙관했을까? 그가 정치 평론가로 활동하며 쓴 다른 글을 보면 전혀 그렇지 않다. 그는 당시 상황이 녹록하지 않음을 충분히 파악하고 있다. 그럼에도 자신의 대표 저서에서는 노동자들에게 천국을 약속한다. 그것은 정해진 이치이니 우리는 그냥 따르기만 하면 된다고 말한다. 그가 왜 책에 그렇게 썼는지는 모르겠다. 아마도 노동자들에게 용기를 북돋아주기 위해서가 아닐까? 종종 시위에 참석해본 분은 느낄 텐데, 앞에서 시위를 주도하는 운동가들은 우리가 싸우면 모든 걸 막아내고 모든 걸 바꿀 수 있을 것처럼 말한다. 하지만 사석에서 만나 이야기해보면 그들은 현실을 비관적으로(객관적으로) 바라본다. 투쟁 현장에서 사람들이 새 세상을 제시하는 것은 그 말을 진정으로 믿어서라기보다는, 그렇게 말해야 힘을 내서 투쟁을 이어갈 수 있기 때문이다.

『공산당 선언』은 복잡한 이론서가 아니라 종교 교리에 가깝다. 그들은 종교적 방식으로 사람들에게 접근하는 게 훨씬 파괴력이 있다는 것을 염두에 두고 글을 썼거나, 본능적으로 알고 있었다. 어찌 보면 노동자들에게 사기를 친 것이다. 그들이 말하는 유토피아가 언젠가 올 수도 있지만, 당장의 투쟁이 가져올 결과는 희생뿐이었다. 그리고 공산주의 신자들은 기꺼이 그 예정된 길을 갔다. 그럼에도 나는 공산주의가 사기라고 생각하진 않는다. 왜냐하면 공산주의자들이 정말 그 결과를 몰라서 그 길을 따랐다고 보진 않기 때문이다.

사상에 대한 제대로 된 이해 없이 종교처럼 조직된 공산주의 집단은 힘든 상황에서 노동자들을 조직해 세상을 뒤집기는 좋았지만, 국가를 건설하고 난 뒤에는 문제를 드러냈다. 어쩌면 예수가 2,000년 전에 하고 싶었던 게 공산주의 사회를 만드는 것은 아니었을까? 우리가 알고 있는 예수의 일생에서 신비 요소를 제하고 나면 공산주의자와 흡사한 모습만 남는다. 다만 시대적 한계로 예수는 자기 생각을 사상으로 발전시킬 만큼 체계를 세우지 못했고, 자의든 타의든 구원자로서 종교의 상징이 되어버렸다. 마르크스는 생전에 자신의 사상이 왜곡되는 것을 보고 "나는 마르크스주의자가 아니다"라고 발언한 적이 있다. 아마 예수도 오래 살았다면 비슷한 말을 했을 것 같다. 나는 기독교인이 아니라고.

자본주의

그럼 자본주의는 어떨까? 자본주의는 더욱더 종교에 가깝다. 게오르그 짐멜Georg Simmel이나 발터 벤야민Walter Benjamin은 자본주의를 "세속화된 종교"라고 평했다. 하지만 자본주의는 그 이상이다. 자본주의는 인류 역사상 가장 완벽한 형태의 종교다. 인간사 만물의 진리는 '기브 앤드 테이크'다. 어떤 행동을 하면 보상을 줘야 한다. 그런데 종교는 보상이 취약하다. 믿었을 때 보상을 해줘야 하는데, 대중 종교는 신자가 많고 이들은 각자 다른 상황에 처해 있기 때문에 문제를 해결해줄 수가 없다. 그래서 대부분의 종교는 내세의 천국을, 오지 않을 이상향을 약속한다. 어차피 오지 않기 때문에 공약을 남발한다. 그랬기에 과거부터 현실을 중시하는 이들은 그런 사탕발림에 넘어가지 않았다. 과거 사람들은 모두 종교를 믿었을 거라 생각하기 쉽지만, 과학이 종교의 허구를 밝히기 이전부터 꽤 많은 지식인이 종교에 회의적인 시각을 가지고 있었다. 다만 사회 분위기 때문에 표현을 못 했을 뿐이다. 제대로 된 보상이 없는데 당연하지 않은가?

하지만 자본주의는 종교에 치명적인 보상 문제를 해결했다. 돈은 완벽한 달란트다. 얻는 즉시 그만큼의 천국을 약속한다. 천 원을 벌면 천 원의 행복을 구입할 수 있고, 만 원을 벌면 만 원의 행복을 구입할 수 있다. 물론 행복의 가치는 사람마다 다르지만, 어쨌든 보상이 있다는 것만은 확실하다. 행복이라는 말이 와 닿지 않는다면 자유라고 해도 좋다. 우리는 돈을 가진 만큼 자유로워진다.

하지만 이렇게만 보면 자본주의는 종교라기보다는 인간이 단순히 자신의 욕망을 좇는 것으로 보인다. 종교에는 맹목적인 믿음이 있어야 하고 믿음에는 기꺼이 희생을 감수하는 부분이 있어야 한다. 그냥 잘 먹고 쇼핑하고 여가를 즐기며 쾌락을 위해 돈을 버는 사람들은 자본주의의 신자가 아니다. 사회는 이 방탕한 탕자들을 비추며 자본주의를 비판하지만, 그들은 그냥 욕망을 추구하는 평범한 사람일 뿐이다.

진정한 자본주의의 신자들은 금욕적인 사람들이다. 이들은 돈을 벌기 위해 자신의 행복 따윈 신경 쓰지 않는다. 한평생 먹고살 돈이 충분한데도 남들보다 더 열심히 일하는 이들을 우리는 심심찮게 발견할 수 있다. 실제로 돈을 많이 버는 사람일

수록 오히려 여가 중에 얻는 행복감이 적다고 한다. 그들은 그 시간에 일했으면 벌었을 돈을 계산하느라 결코 여유를 즐기지 못한다. 그들은 돈을 벌기 위해 돈을 번다. 그들은 기꺼이 자신을 희생해서 쓰지도 못할 자본을 축적한다. 이들은 신의 말을 따르기 위해 자신의 몸에 채찍질을 하는 종교인과 마찬가지로 지독한 변태들이다. 방탕한 삶을 사는 재벌 2세나 3세들은 사회의 지탄을 받는다. 그들을 보며 사람들은 자본주의에 회의감을 느낀다. 하지만 자본주의의 열성적인 변태들은 사회의 존경을 받으며, 영웅이 되어 자본주의의 가치를 수호한다.

환경오염도 비슷한 관점으로 볼 수 있다. 사람들은 이기심이 환경을 파괴한다고 착각한다. 길에 쓰레기를 버리고 플라스틱이나 비닐을 사용하는 건 분명 편하자는 개인의 이기심이다. 하지만 기업이 자신들의 이익을 위해 환경오염을 일으키거나 오염물질을 방출하는 행위는 이기심과는 다르다. 환경을 파괴하면 그 피해는 당연히 우리 모두에게 돌아온다. 하지만 그 대가로 자본을 축적할 수 있으므로 사람들은 기꺼이 환경을 파괴해 자신을 위험에 빠뜨린다. 자본주의에 대한 그들의 헌신은 눈물이 날 정도다. 자본주의의 진정 놀라운 점은 자본을 위해서 하는 일을 마치 자신을 위해 하는 일인 것처럼 완벽히 포장한다는 것이다. 이 글을 읽고 난 다음에도 우리가 자본 축적을 포기하지 않듯이 말이다.

그런 면에서 작가 찰스 부코스키^{Henry Charles Bukowski}는 자본주

의와 정면으로 맞붙은 사람이다. 그는 늘 술에 취해 살았고, 원
고료가 나오면 경마장에 가서 날려버렸다. 그는 그렇게 무가치
하게 사는 것이 자본주의를 흠집 낸다고 믿었다. 그의 묘비명인
"노력하지 마라"는 그가 무엇에 맞서 싸웠는지, 혹은 싸우다 포
기했는지를 명확히 보여준다.

　　많은 사람들이 자본주의를 욕하지만 자본주의를 벗어나지
못하는 것을 "현실적으로 어쩔 수 없다"고 이야기한다. 하지만
실은 정반대다. 자본주의는 현실에서는 실패했지만, 정신을 점
령하는 데 성공했다. 그래서 자본주의의 실패를 알리는 수많은
사건(경제 공황, 빈부 격차)에도 불구하고, 사람들은 새로운 대안
이 아니라 자본주의의 수정을 이야기한다. 모든 이들이 교회의
문제를 타락한 목사에게만 덮어씌우고 개신교 자체는 아무 문
제가 없다고 주장하는 광신도들처럼 행동한다.

네이버에서 공산주의를 검색했을 때 나오는 결과. 10퍼센트 할인, 5퍼센트 적립, 로
켓배송으로 공산주의를 살 수 있다. 자본주의의 압도적인 힘은 바로 이런 것이다.

민족주의 & 내셔널리즘

민족주의와 내셔널리즘(국가주의로 번역하기도 하는데, 그러면 국가가 경제나 사회 정책을 통제해야 한다는 의미의 국가주의와 혼동되므로 영어 표현을 그대로 사용한다)은 대놓고 종교적이다. 이런 류의 사상은 자본주의와 마찬가지로 얼핏 보면 본성에 충실해 보인다. 사람은 자신에게 가까운 이에게 동질감을 느끼고 이타적인 행동을 할 확률이 높다. 자신부터 가족, 이웃, 친척, 소속 집단, 마을, 지역, 같은 식으로 공동체의 범위를 늘려 나간다. 그 과정에서 민족과 국가는 공동체의 최후 지점처럼 보인다.

하지만 민족이라는 개념은 근대 국가가 성립되면서 만들어졌다. 그 이전부터 민족의 씨앗이라 할 만한 것은 있었지만, 민족주의라는 개념이 생기기 전까지만 해도 이 정도로 강력하진 않았다. 가령 근대적 의미의 민족이라는 개념이 생기기 전까지 독일과 이탈리아는 1,000년 동안 단 한 번도 통일된 적이 없다. 그들은 단지 지리적으로 붙어있었을 뿐이다. 하지만 신문이 등장하고 단일 언어를 쓴다는 강력한 동질감을 바탕으로 민족이라는 개념이 강화되면서 그들은 분열을 끝내고 통일 국가를 만든다.

유전자를 조사해보면 특정 민족의 공통점은 크지 않다고 한다. 사실 한 집안의 유전자는 열 세대만 지나도 완벽한 타인이 된다. 가령 이씨 종친회에서는 자신들이 이순신의 후예라며 그 정신을 운운하겠지만, 유전적으로는 크게 관련이 없다.

국가 역시 개념이다. 가령 제주도에 사는 사람은 지리적으로 서울보다 일본에 더 가깝다. 역사적인 교류도 한반도보다 해상국가였던 일본과 더 많았을 것이고 유전적으로도 더 가까울 것이다. 그럼에도 제주도민은 한 나라라는 이유로 한국에 소속감을 느끼며, 한국 사람이나 북한 사람을 한 민족으로 여긴다. 국가라는 경계는 가까운 사람이 아니라 경계 안에서의 동질감을 강화한다. 자신과 가까운 쪽부터 동질감을 느끼는 것이 훨씬 자연스러운데, 민족주의와 내셔널리즘은 그 거리를 인위적으로 조절한다. 가까워서 국가가 됐겠지만, 언젠가부터는 국가로 묶였기 때문에 가까워진다.

철학자 슬라보예 지젝Slavoj Žižek은 2013년 강연 '멈춰라, 생각하라'에서 이런 발언을 한 적이 있다.

한국의 역사는 파란만장했습니다. 고통이 극심했던 일제강점기 시절 일본의 만행을 잊기 위해 한국 국민들은 많은 노력을 했다고 들었습니다. 그러다 보니 니체가 항상 말하는 표준화된 공식을 전도하는 방식의 생각을 한국인들이 하는 것 같습니다. 우리가 많이 듣는 말 중에 이런 말이 있죠. '용서는 하되 잊지는 말자.' 그런데 제가 보기에 한국 분들은 '잊자, 그러나 절대 용서하지 말자'라고 하는 것 같습니다.

실제로 그렇다. 우리는 일제강점기의 디테일들을 대부분 잊어버렸다. 하지만 한국인들은 거의 본능적으로 일본에 반감을 드러내며 사소한 것이라도 그들이 잘못되면 즐거워한다. 역사를 잘 모르는 한국인조차 일본을 미워한다. 물론 우리가 일본을 싫어하는 데는 명백한 역사적 이유가 있지만, 그 디테일은 없다. 그냥 국가라는 관념이 이를 강요한다(지젝은 이 무조건적인 분노를 나쁘다고 하지는 않았다. 다만 그런 측면이 있다는 것이다).

민족주의나 내셔널리즘의 탄생은 정치적 목적 그 이상도 이하도 아니다. 앤더슨은 민족주의를 "다른 사상과는 달리 독자적 사상가조차 배출하지 못할 만큼 이념적으로 공허하다"라고 지적하면서, "지식인들이 깔본 탓에 이 사상에는 홉스들도, 토크빌들도, 마르크스들도, 베버들도 없다"라고 평가했다. 현대의 많은 지식인들이 민족주의나 내셔널리즘을 유치하다고 비판한다. 그런데 우리가 고민해봐야 할 지점은 이 사상이 유치한가 아닌가가 아니라, 왜 유치하고 단순한 사상이 그토록 위력을 발휘하는가 하는 점이다.

그러니까 이런 사상들은 발전하지 못한 게 아니라 일부러 유치한 상태로 남은 것이다. 유아적인 상태로 남아 있어야 맹목적 믿음을 쉽게 주입할 수 있다. 이런 사상들이 파시즘이나 영웅주의, 권위주의(보통은 셋 다)와 결합할 확률이 높은 것도 이 때문이다. 독재 국가들은 대부분 이런 사상이나 종교적 믿음을 함께 가지고 있다. 그들은 정치적 목적을 위해 발전된 형태의 사상을 거부하고, 국민을 미개한 상태에 묶어둔다. 국민을 하나로 단합시키는 방법은 아주 약간의 교육으로 민족과 국가를 이해할 정도까지만 똑똑하게 만드는 것이다.

이런 체제에서는 지도자를 신적 존재로 만드는 것이 유리하다. 삼촌의 권위로 황제가 된 나폴레옹 3세는 이를 적극적으로 활용했다. 그는 모자 속에 항상 치즈를 넣고 다녔는데, 그러면 치즈 냄새를 맡은 독수리가 그의 머리 위로 원을 그리며 날아다녔기 때문이다. 로마 시대 이후 독수리는 늘 권력을 의미했다. 독수리를 끌어당긴 것이 치즈라는 것을 모르는 대중은 동물마저 알아보는 나폴레옹의 카리스마에 머리를 조아렸다(아니면 냄새 때문에 고개를 못 들었거나).

많은 이들이 파시즘 국가의 국민들이 탄압당한다고 착각한다. 물론 일부는 그럴 수 있다. 하지만 국민 대다수는 진심으로 독재자와 국가에 열광하며 자발적으로 대의에 뛰어든다. 1940년대 초반까지 히틀러가 뜨면 독일인들은 남녀노소를 불문하고 열광했다. 당시 영상을 보면 마치 록스타라도 영접한 듯 여성들이 실신하고 어떻게든 히틀러의 손 한 번 잡아보려고 난리가 난다. 만약 그게 연기라면 그 사람들은 모두 오스카 감이다. 독신주의자였던 히틀러는 수많은 여성으로부터 연애편지를 받았다. 아래는 그 일부.

당신을 눕히고 당신에게 입을 맞춰요. 나도 옷을 벗었어요. 내가 얼마나 당신을 사랑하는지 당신이 느낄 수 있을 거예요.

친애하는 총통 각하, 저는 당신의 아이를 가지고 싶습니다. 저는 정말로 당신을 만나고 싶어요. 당신에게 아이를 선물하지 못할까 봐 걱정이 됩니다.

저 편지가 연기로 보이는가? 나치는 그 여성들에게 상을 주기는커녕 오히려 정신병원에 감금해버렸다. 위험한 수준의 집착이 총통에게 위협이 된다고 판단했기 때문이다. 많은 독재 국가에서 대중은 독재자에게 집착한다.

개인적인 호불호 때문에 비판적으로 말하고 있긴 하지만, 사실 근대라는 개념은 민족국가 위에서 세워질 수 있었다. 프랑스 혁명 이후 프랑스가 유럽 전체를 상대로 싸울 수 있었던 이유는 나폴레옹이라는 걸출한 군인이 있었기 때문이기도 하지만, '총력전'이 가능했기 때문이기도 하다. 기존 전쟁은 직업군인이나 용병이 하는 그들만의 놀이였다. 백성들은 전쟁에서 누가 이기든 크게 신경 쓰지 않았다. 하지만 혁명으로 무장한 프랑스에서는 전 국민이 열정적으로 전쟁에 뛰어들었고, 남은 이들도 후방에서의 지원을 아끼지 않았다. 프랑스의 힘을 목격한 유럽 국가들은 전쟁 후 국민을 하나로 묶는 작업에 들어갔고,

그렇게 내셔널리즘이나 민족주의가 뿌리내리게 된다.

그런데 이렇게 하나의 대의명분을 공유하게 되면 구성원 간 관계는 점점 평등해질 수밖에 없다. 국가를 위해 함께 싸우는데, 누구는 귀족이고 누구는 노예일 수 없다. 내부에서 동지애(박애)가 싹트고 평등과 자유가 뒤따라온다. 기득권을 지키기 위해 민족주의와 내셔널리즘을 받아들인 국가에서 신분제도가 타파되는 역설적인 상황이 벌어진다. 그리고 이런 생각이 조금 더 발전하면, '모두가 평등한데 다른 민족이나 외국인도 평등한 것 아냐?'라는 생각으로 이어지고, 이는 결국 내셔널리즘과 민족주의를 무너뜨리는 또 한 번의 역설로 이어진다.

내셔널리즘이나 민족주의 같은 맹목적이고 단순한 믿음이 필요할 때가 있다. 가령 쿠르드족이나 팔레스타인 사람들은 강대국에게 땅을 뺏기고 권리를 박탈당했는데, 이들이 민족을 중심으로 뭉치는 행위를 과연 유치하다고 비난할 수 있을까? 소수 집단은 이런 식으로 스스로 정체화해야 한다. 소수자 인권 운동이나 페미니즘 같은 정체성 운동도 마찬가지다. 종종 아는 체하는 이들은 정체성 정치의 편협함을 지적한다. 실제로 정체성 정치는 편협하며 유치한 면이 있다. 하지만 그런 사고가 필요한 시기가 있는 법이다.

민족주의나 내셔널리즘은 비판하긴 쉽지만 극복하기는 어렵다. 정치학자 카를 슈미트^{Carl Schmitt}는 『정치적인 것의 개념』에서 아군과 적을 나누는 것을 정치적 행위라 규정하고 아군의 최종 단계를 국가로 상정한다. 평소 국가를 비판하던 사람도 국가가 위험에 처하면 국가에 충성한다. 2차 세계대전 당시 독일 노조는 히틀러를 지지했다. 많은 진보단체들이 국가의 위기 혹은 국가의 이익 앞에서 국가주의적 선택을 하는 우를 범한다. 공산주의자들 역시 인터내셔널리즘(국제주의)를 성공시키지 못했다. 러시아 혁명을 이끈 블라디미르 레닌의 위대한 점은 이 고리를 끊어버린 것이다. 러시아가 1차 세계대전에 참전했을 때, 레닌은 오히려 내전을 선택함으로써 내셔널리즘을 끊고 혁명에 성공한다. 물론 이후 생겨난 공산주의 국가들은 다시 내셔널리즘과 민족주의의 함정에 빠지긴 하지만.

정부는 늘 적을 만든다. 적을 만듦으로써 아군에게 충성을 강요한다. 눈에 뻔히 보이는 전략이지만 거절하기 힘든 제안이다. 이 전략은 21세기에도 유효해 많은 나라들이 국경을 걸어 잠그고 자국 우선주의로 가고 있다.

민주주의

민주주의는 이제까지 인류가 만든 정치체제 중에 최고로 여겨진다. 하지만 정말 그런지는 판단하기 매우 어렵다. 민주주의는 정말 독재보다 강력할까?

'수니파의 역설'이라는 말이 있다. '시아파의 역설'인가? 어차피 내가 지어낸 말이므로 수니파인지 시아파인지는 중요하지 않다. 이슬람교는 크게 수니파와 시아파로 나뉜다. 소수인 시아파는 1인 지도 체제 아래 규율을 정해왔다. 반면 수니파는 중요한 결정을 마을 공동체가 한다. 직접적인 비교는 그렇지만, 어쨌든 시아파는 독재 체제, 수니파는 민주주의에 가깝다. 그러면 우리가 생각하기에 수니파가 더 민주적이고 평등하고 진보적인 곳이 되어야 할 것 같다. 그런데 상황은 정반대다. 수니파가 시아파보다 인권이나 여러 면에서 보수적인 성향을 보인다. 한번 생각해보라. 마을 공동체가 민주적으로 무언가를 결정하면, 그 결정은 바뀌지 않을 가능성이 높다. 과거의 인습은 잘 바뀌지 않는다. 다수가 무언가를 할 때는 보통 하던 대로 한다. 말다툼하기 귀찮아서 어르신이 시키는 대로 한다. 그게 수니파의 방식이다.

반면 시아파는 독재 체제다 보니 가끔 진보적이고 의식 있는 지도자가 나오면 큰 변화가 일어난다. 역사적으로 왕을 비롯한 독재자들은 대부분 바보였다. 하지만 종종 세종대왕 같은 큰 인물이 등장해 세상을 진보시켰다. 수니파와 시아파 역시 마찬가지다. 1,000년 정도 지나보니, 민주적인 결정 체계를 가진 수니파보다 독재 성향의 시아파가 여성이나 외국인, 타 종교에 오히려 진보적인 자세를 취하는 역설적인 상황이 발생하는 것이다. 물론 수니파가 민주적이라는 것도 현대적 의미의 민주주의는 절대 아니고, 수니파와 시아파의 가치 평가를 하는 건 더더욱 아니지만, 어쨌든 그런 측면이 있다.

현대사회에서도 유사한 경우를 종종 볼 수 있다. 민주적으로 진행했는데 오히려 반동적인 결정이 내려질 때가 있다. 특히 소수자 인권과 관련해서 참담한 결과가 나오기도 한다. 반면 중국의 경제 발전을 보면 독재가 얼마나 효율적으로 사회를 운용하는지 알 수 있다. 폐단이 많지만 그 속도나 방식은 결코 민주 국가에서는 일어나기 힘든 일이다. 또한 기술의 발달로 가짜 뉴스나 특정 집단의 조직적인 선거 개입을 감안하면 과연 민주주의가 앞으로도 합리적일 수 있을지 의심하지 않을 수 없다. 사실 교과서적으로 이상적인 민주주의 사회는 구현된 적도 없고, 앞으로 구현될 가능성도 낮다.

이것이 나만의 통찰일 리는 없다. 많은 사람이 배워서 알든 경험해서 알든 알고 있다. 그럼에도 여전히 사람들은 민주주의를 최고의 가치로 여긴다. 제대로 된 민주주의가 구현되면 더 나은 사회가 될 수 있다고 진지하게 믿는다. 민주주의의 진정한 가치는 사람들이 그 가치를 믿기 때문에 생긴다. 민주주의를 시행하는 나라를 다른 나라의 국민도 신뢰하고, 그 신뢰는 해당 국가에 실질적인 힘과 발언권을 준다. 나 역시 수많은 단점에도 불구하고 민주주의를 해야 한다고 믿는데, 그 방향성이 사회를 진보시킨다고 믿기 때문이다. 실현 가능성은 언제나 중요한 요소지만, 종종 중요하지 않은 순간이 있는데, 내가 보기에 민주주의에 대한 인류의 믿음이 그렇다.

인본주의

18세기 신학자 윌리엄 페일리William Paley는 경이로운 자연에 대해 "신이 인간의 신앙심을 고취할 목적으로 세상을 장식한 것"이라 말했다. 그렇게 말하면 세상이 아름답게 보일지는 모르겠지만 현실과는 아무 상관이 없다. 그의 말대로라면 세상이 인간을 위한 장식이라는 소리인데, 그럼 대체 왜 가장 아름다운 자연은 집 앞이 아니라 수만 킬로미터 떨어진 곳에 존재한단 말인가. 우리는 페일리의 말이 더는 사실이 아님을 알지만, 여전히 그와 같은 시선으로 세상을 이해한다.

인간이 하나의 종으로서 끝내 벗어나기 어려운 사상이 딱 하나 있다면 그건 바로 인본주의일 것이다. 이름 그대로 '인간을 기본이자 중심'으로 여기는 것으로 인문주의라고도 한다. 위키피디아에서 인본주의(인문주의) 항목을 찾아보면 "인간의 존재를 중요시하고 인간의 능력과 성품, 그리고 인간의 현재적 소망과 행복을 귀중하게 생각하는 정신. 신이 세상을 지배한다는 신본주의, 모든 사물에 정령이 깃들어 있다는 애니미즘 및 기타 샤머니즘, 피상적으로 관찰된 자연의 원리에 따라 살아야 한다는 자연환원주의에 반대한다."라고 나온다. 전반적으로 맞는 말이지만, 신본주의나 애니미즘, 샤머니즘, 자연환원주의를 인본주의와 반대되는 개념으로 본 것에는 동의하지 않는다. 사실 인간이 만든 모든 사상은 인본주의에 바탕을 두고 있기 때문이다.

신본주의를 생각해보자. 신은 왜 하필 인간의 형상인가? 물론 성경에는 신의 형상을 본떠 인간을 만들었다고 나오지만, 결과적으로 보면 신이 인간의 형상이고, 성경을 그대로 받아들이더라도 신이 인간을 특별히 여긴 것이다. 신은 하릴없이 우리를 쳐다보고 있다가 기적을 행하고 마지막엔 우리를 심판한다. 왜? 신이 왜 그래야 한단 말인가? 지독히 인간적인 생각 아닌가. 동양의 몇몇 종교는 인생을 고통으로 보고 환생하지 않는 것을 최고의 미덕으로 여긴다. 하지만 그런 종교들조차 악덕을 쌓으면 동물로 환생한다는 논리가 들어 있다. 인생은 고통이지만 그래도 동물보다는 인간이 낫다고 주장한다.

결국 모든 사상과 종교는 인간이 잘 먹고 잘 살기 위해 시작된 것이다. 그래서 독재를 행하는 국가의 지도자들조차 '이밥에 고깃국'을 약속한다. 인본주의를 벗어나면 그 어떤 사상도 오래 지속될 수 없다. 환경주의자들조차 환경 그 자체가 아니라 '우리와 우리 자손이 살아갈 환경'을 걱정한다.

민주주의, 자유주의와 결합한 인본주의는 더 강력해졌다. 왕이 다스리던 시대에도 백성이 근본이긴 했지만, 소소한 희생을 거리끼긴 않았다. 하지만 이제는 생명 하나하나에 의미가 있다고 믿는다. 그래서 나타난 문제는 끝없이 늘어나는 수명이다.

내 어머니는 요양병원에서 보호사로 근무하신다. 어머니 말에 따르면 일단 병원에 입원한 환자는 죽어서 나간다고 한다. 불치병에 걸려서가 아니다. 환자 대부분이 70세 이상의 노인인데 아무도 그들을 찾지 않고, 그냥 병원에서 임종을 맞이하기 때문이다. 어머니는 일을 시작하신 이후로 입버릇처럼 자신이 큰 병에 걸려도 절대 치료하지 말라고 신신당부하신다. 그렇게 사는 것은 사는 게 아니라고.

수렵 채집 시절 인류는, 무리를 따라오지 못할 정도로 노쇠한 이를 무리에서 퇴출했다. 일부러 쫓아냈다기보다는 본인이 알아서, 그런 문화 속에서 당연하게 사라졌다(사실 그 나이까지 살아 있는 경우도 드물었다). 역시나 무리를 따르기 힘들 정도로 신체에 문제가 있는 아이는 가차 없이 버렸다. 그들도 당연히 동료와 가족에 관한 의식이 있었지만, 노인이나 아이를 버리는 행위를 윤리와 결부시키지 않았다. 하지만 현대에 아이나 어른을 그렇게 취급한다면 윤리적 비난을 받기 이전에 일단 감옥에 간다.

수명이 길어진 건 좋은 일이다. 그러나 늘어난 수명에 비해 노인들은 할 게 없다. 인본주의에서는 '살 권리' 못지않게 '인간답게 살 권리'도 중요하다. 유명한 노동가의 가사처럼 단 하루를 살아도 인간답게 살고 싶다. 하지만 인류에게는 문제가 너무 많다. 아이도 문제고 청소년도 문제고 청년도 문제고 장년도 문제다. 문제가 너무 많아서 노인들이 대체 뭘 하고 있는지는 관심을 가질 여력이 없다. 단지 그들이 죽지 않게만 하고 있다. 죽는 것보다 늙는 게 더 두려운 사회, 표피적 인본주의가 만든 우리 사회의 단면이다.

인간 중심적인 사상은 문화 속 깊숙이 남아 있다. 곰과 호랑이는 굳이 고생해서 인간이 되고 싶어 한다. 야생동물들은 버려진 아이를 젖을 물려 키우고, 그 아이가 지도자가 될 수 있도록 돕는다. 이는 전 세계 신화에서 흔히 나타나는 방식이다. 동물들이 대체 왜 그렇게 행동하는가? 이유는 하나뿐이다. 주인공은 인간이기 때문이다.

이제 인류는 지구가 우주의 중심이 아니란 것을 알고, 인간이 진화로 만들어진 별 대수롭지 않은 존재라는 것을 안다. 그럼에도 우리의 사고는 천상천하 유아독존이다. 가령 환경보호를 생각해보자. 누군가는 환경보호를 인간보다 자연을 중시하는 인본주의에서 가장 멀리 떨어진 생각이라 할지도 모르겠다. '지구를 보호하자'는 캐치프레이즈는 인간의 욕망을 내려놓고 자연을 중심으로 생각하는 것처럼 보인다. 하지만 지구는 우리가 보호하고 자시고 할 대상이 아니다. 지구의 기온이 계속 상승해 섭씨 100도가 된다 한들 지구는 아무 문제가 없다. 그런 행성은 많다. 문제는 지구에 사는 우리들이다. 우리는 우리가 살 수 있는 지구를 계속 유지하는 것을 지구를 지킨다고 말한다. 진심으로 지구만을 걱정하는 것이라면, 걱정하지 마라. 지구는 아무 문제없다.

1990년대 할리우드 영화에 대한 가장 큰 비판은 '미국 중심주의'였다. 잘난 미국인이 자기들만을 중심으로 생각한다는 것이다. 영웅도 미국인이고 악당도 미국만 쳐들어오며 외계인도 영어를 했다. 그런데 사실 미국 사람들이 미국인이 주인공인 영화를 만드는 것이 뭐가 그렇게 비판받을 일인지 아직도 잘 모르겠다. 2000년대 들어 할리우드 영화에서 미국색이 많이 빠진 이유는 미국 영화계가 자성했기 때문이 아니라 영화 시장이 미국에서 전 세계로 확대됐기 때문이다. 소비자가 늘어났으니 그 니즈에 맞춰 변화한 것뿐이다.

미국인이 미국 영화를 만드는 것은 문제가 아니지만, 그 세계관이 유일하다고 생각한다면 문제가 된다. 인본주의가 그런 상황이다. 미국 중심주의를 미국 중심주의라고 비판할 바깥 세계의 존재가 인본주의에는 없다. 적어도 아직까지는 인간 외의 지적 생명체가 발견된 적 없고, 그러니 아무도 인간 중심주의가 문제라고 말하지 않는다. 인본주의는 종종 사건의 맥락을 이상한 관점에서 보게 만든다. 인공지능을 생각해보라.

"인간은 로봇의 애완동물이 될 것이다."

– 스티브 워즈니악Steve Wozniak(애플의 공동 창업자)

"적어도 인간 독재자는 죽는다. 그러나 인공지능에게는 죽음이란 없다. 영원히 살 것이며, 이는 인간이 피할 수 없는 불멸의 독재자를 접하게 된다는 뜻이다."

– 일론 머스크Elon Musk (기업인)

　　몇 년 전부터 세계의 내로라하는 석학들과 IT 기업의 리더들이 인공지능에 대한 두려움을 진지하게 표하고 있다. 더 발전된 형태의 인공지능이 나오면 그들이 인간 세상을 장악할 것이라는 거다. 이게 웬 SF영화 같은 소리냐 하겠지만, SF 자체가 지독히 인본주의적이다. 어쨌든 끝에 가서는 인간다움이 승리하는 이야기이지 않던가.

　　SF의 클리셰 중 하나는 인공지능이 인간을 공격하고 인간 흉내를 내는 것이다. 이는 '동물이 인간이 되려고 한다'는 이야기의 현대 버전이다. 대체 왜 인공지능이 인간이 되려고 하겠는가? 지능이라는 표현 자체가 인간을 떠올리게 하지만, 인공지능의 사고 패턴은 인간과는 완전히 다르다. 인공지능은 결코 인간처럼 생각하지 않는다. 발전된 인공지능의 문제는 그 기술이 특정 인물이나 단체에 악용되는 것이지, 기술 자체는 아니다. 악용 가능성이 커지므로 기술 발전을 우려하는 것이라면 어느 정도 수긍할 수 있지만, 마치 그 기술 자체가 인간을 공격하고 인간을 대체할 것이라는 건 과도한 생각이다. 그런데 그 과도한 생각을 지성인들이 진심으로 진지하게 하고 있다. 인본주의적

세계관이 기술을 제대로 이해하지 못하게 가로막고 있는 셈이다. 객관적으로 보라. 기계가 뭣 하러 인간을 흉내 내겠는가.

사상은 종교와 마찬가지로 한번 머릿속을 지배하고 나면 좀처럼 바꾸기 어렵다. 가령 공산주의는 "인간의 모든 역사는 계급투쟁의 역사"라고 선언한다. 원시공산제(자연 대 인간), 고대 노예제(주인 대 노예), 중세 봉건제(귀족 대 농노), 자본주의(부르주아 대 프롤레타리아) 모두가 그렇다. 하지만 우리 세상이 복잡하듯 과거 세상도 복잡했을 것이다. 그들의 삶을 계급투쟁 하나로 설명할 수 있을 리가 없다. 하지만 마르크스와 엥겔스가 인간의 삶을 "계급투쟁의 역사"라 선언하고 우리의 사고 속으로 들어온 후부터는 그 기준으로밖에 이해할 수 없게 된다.

과학철학자인 칼 포퍼Karl Raimund Popper는 과학의 정의를 '반증 가능성'에 뒀다. 언제든 이성적이고 합리적인 반론에 의해 깨질 수 있어야 과학이라는 것이다. 과학이 아니면 비과학이고, 비과학이면 미신이라고 단순하게 정의하기는 어렵지만 일단 그렇다고 치면, 사상은 확실히 미신이다.

사상은 깨지지 않는다. 그 체계 안에서 세상 어떤 것이든 설명 가능하다. 공산주의를 신봉하는 이들은 결코 '공산주의의 실패'라는 표현을 쓰지 않는다. '현실 공산주의의 실패'라고 한다. 당시 상황 때문에 공산주의가 성공하지 못한 것이지 사상 자체가 문제가 있거나 불가능한 것은 아니라고 항변하며, 지금의 경제적 문제를 볼 때도 "마르크스가 이미 예측한 것"이라 떠든다. 모든 사상은 절대 틀리지 않는다.

　이는 미신의 공통적 특징이다. 사주팔자를 보는 사람도 예측이 틀린 후에 다시 사주를 보면서, "아 이걸 생각을 못했네", "옆 사람의 기운이 고려가 안 됐네" 하면서 사후 합리화에 들어간다. 모두가 그렇다. 다 그럴 만한 이유가 있었고 원론적으로 잘못된 것은 아니다.

　그럼 사상이 왜 필요한가? 수많은 사람이 모여 사는 사회에는 이익이 충돌하는 지점이 생기고 그에 따라 피해가 발생한다. 한 집단 내의 사상은 이런 피해를 구성원이 받아들일 수 있게 한다. 가령 내셔널리즘이나 민족주의에서는 독재가 자주 나타나는데(그것이 한 명의 지도자로 인한 독재든 대중 독재든 간에), 그러면 상대적으로 자유가 위축되고 탄압받는 이가 생긴다. 하지만 대다수 대중은 이를 대의를 위한 어쩔 수 없는 일로 받아들인다. 개인에게도 마찬가지다. 공동체의 이익과 개인의 이익이 충돌할 때, 사회가 같은 사상을 공유하고 있다면 개인은 스스로 희생을 감수한다. 공산주의라면 새 사회가 오기 전까지 희생을 각오하며, 자본주의에서는 지금의 가난을 감수할 수 있게 된다.

　어떤 공동체를 보더라도 젊은 세대를 '이기적'이라고 말한다. 그런데 이것은 개인의 문제라기보다는 새로운 세대가 공동체의 사상에 동의하지 않기 때문에 발생하는 현상이다. 그것이 국가주의든 가족주의든 공동체주의든 혹은 명명할 수 없는 어떤 것이든 기존 사회 구성원이 의식적, 무의식적으로 동의하는 대의가 있는데, 새로운 세대는 여기에 동의하지 못하므로 공동체를 위해 희생할 이유가 없는 것이다. 당연히 기존 구성원 입장에서는 그런 태도를 이기적으로 보는 것이고.

종교보다 종교적인

　사상이 종교가 된 가장 극단적인 사례는 가미카제神風일 것이다. 가미카제는 조종사가 저렴하고 가벼운(사실상 자살 외에는 할 수 있는 게 없는) 전투기에 폭탄을 가득 싣고 적진에 충돌하는 것으로 일본이 미국과의 전쟁에서 펼친 자살공격이다.

　이 무서운 작전은 2차 세계대전 당시의 국가주의와 일본의 전통적인 사고관이 결합하면서 가능했다. 일본인들은 신토神道와 불교의 영향으로 과거부터 자기희생에 대한 저항이 적었다. 죽은 사람에 대한 존경, 죽어서도 완전히 잊히지 않는다는 확신, 그로 인해 생기는 죽음에 대한 가벼운 태도, 명예로운 죽음을 기꺼이 받아들이라고 강조하는 일본의 무사도, 육체의 미덕이 정신적 미덕과 동일시되는 현실, 이 모든 것들이 어우러져 가미카제라는 무기가 탄생했다.

　초기 가미카제는 희생적 자살을 통해 일본이 전쟁에서 승리할 수 있으리라는 생각에서 시작됐다. 기술력과 물자에서 밀린 일본은 전쟁 막바지인 1944년쯤 되면 공격 목표까지 제대로 도달할 수 있는 전투기가 몇 대 남지 않는다. 일본 조종사들은 어쨌든 자신들은 죽는다고 판단했고, 어차피 죽어야 한다면 효과적으로 죽자는 결론에 이른다.

1944년 10월, 일본 제1항공함대 사령관은 미군의 대규모 공격이 확실해지자 부하들에게 "미군을 저지하려면 250킬로그램의 폭탄을 전투기에 싣고 가는 수밖에 없다. 제군들은 어떻게 생각하는가?"라고 외쳤다. 젊은 항공병들은 한 사람도 빠짐없이 희생을 맹세했다. 특공대 지원자는 수백 명이 넘어서 사용 가능한 전투기보다도 많았다. 일본은 인간을 갈아 넣어 당시 기술로는 불가능한 탁월한 유도미사일을 개발한 셈이다(가미카제처럼 정교한 수준의 유도 미사일은 2차 세계대전 후에 개발된다).

이후 가미카제는 일본에는 없어서는 안 될 전략이 된다. 최초의 특공대 지원자는 일본인의 숭배를 받았고, 유족은 연금을 받았다. 그러자 놀랍게도 많은 군인들이 가미카제에 자원했다. 그 정도가 아니었다. 선발된 지원자들은 먼저 비행기에 타고 싶어 안달이 났다. 자신들이 자살을 하기 전에 전쟁이 끝나버릴지도 모른다는 생각에 그들은 진심으로 초조해했다.

이후 일본은 가미카제에 특화된 '벚꽃'이라는 전투기를 만든다. 이 1인승 전투기 앞부분에는 1톤의 고성능 폭탄이 실려 있었다. 이외에는 어차피 일회용이었으므로 최소한의 장치만

(좌) 당시 평범한 전투기 조종석 (우) 가미카제 전투기 조종석. 일본의 디자인이 미니멀해서 조종석이 미니멀한 것이 아니다.

달려 있었다. 조작할 버튼도 3~4개 정도로 매우 적었다. 덕분에 짧은 시간에 조종사를 육성할 수 있었다. 그들은 전투기를 타고 방향을 조종해 적진으로 돌진만 하면 됐다. 어차피 죽을 테니 다른 복잡한 상황은 알려줄 필요가 없다. 일단 전투기에 오르면 조종사는 내릴 수도 없다. 그들은 적진에서 급하강해 적선에 충돌한다. 당시 일본군은 가미카제뿐 아니라 인간 어뢰, 자살 잠수함, 자살 보트 등을 계획하고 실행했다.

사실 가미카제는 말도 안 되는 광적인 발상이었지만, 초반에는 어느 정도 통하긴 했다. 실제로 미군은 가미카제 초기에 제대로 대응하지 못했다. 미국과 일본의 물자 생산 능력을 감안하면 전투기 1대와 전함 1대를 바꾼다고 하더라도 미국은 결코 불리한 입장이 아니었다. 그만큼 미국의 물량은 압도적이었다. 하지만 가미카제를 본 미군 중 다수는 전의를 상실했다. 목숨을 걸고 미친 듯이 달려오는 상대에게는 도저히 이길 수 없다고 느낀 것이다.

그러나 이도 잠시, 미군은 곧 가미카제에 대응할 방법을 찾아내고 피해를 최소화한다. 그런데 일본군은 변하지 않았다. 더 이상 가미카제가 먹히지 않는데도 지도부는 특공대를 보냈고, 특공대는 같은 행동을 반복했다. 그들은 실패할 것이 뻔한 상황에서도 언제나처럼 목숨을 던졌다.

가미카제는 하나의 종교의식이 되어갔다. 전투기에 오르기 전 특공대원은 주변을 정리하고 남은 물건을 나누었다. 유서를 작성하고 머리카락과 손톱을 넣었다. 가족에게 물건을 보내는 이들은 소포에 자신의 계급을 한 단계 올려서 적었다. 전사한 군인은 사후에 한 단계 진급하기 때문이다. 그들은 속옷부터 모두 깨끗하게 갈아입고 천황이 사는 곳을 향해 절을 하고 묵념을 했다. 그리고 작은 꽃다발을 받고 이별의 술을 한 잔 마신 뒤 (때에 따라서는 히로뽕을 마신 뒤) 전투기에 올랐다. 그들은 완벽히 비이성적인 상태였지만 놀랍도록 차분했다. 결코 그들은 타의로 작전을 수행하지 않았다.

미군은 자신들이 확실히 승기를 잡으면 일본군이 전의를 상실해 가미카제를 그만둘 것이라 생각했다. 하지만 가미카제 특공대원들은 전쟁이 끝나는 순간까지도 끝없이 작전을 수행했을 뿐 아니라, 사기도 전혀 떨어지지 않았다. 오히려 조국이 패하기 전에 자신도 작전에 투입되길 간절히 원했다. 미군들은 이런 광기에 사기가 꺾였고, 함대 철수를 진지하게 고려했다. 하지만 그때 가미카제가 갑자기 끝이 난다. 지원자가 없어서가 아니라 전투기가 부족했기 때문이다. 결국 일본은 패배한다.

일본군 사료에 따르면 태평양 전쟁에서 자발적으로 죽음을 맞은 특공대원은 총 4,615명이다. 역사적으로 자살공격은 끊임없이 일어난다. 하지만 가미카제처럼 전 조직원 모두가 죽기를 희망하는 경우는 전례를 찾아보기 어렵다. 일본 전체가 천황을 중심으로 종교화되었기에 가능한 일이다. 그들은 이기기 위해 죽은 것이 아니라 종교를 위해 순교한 것이다.

8

현대

환상의 세계,
호구의 세계

"잠든 사람은 깨울 수 있어도

 잠든 척하는 사람은 깨울 수 없다."

– 아메리카 원주민 나바호족의 속담

미신은 여전히 여전하다. 길거리에 가득한 타로 부스나 페이스북에 가득한 '오늘의 운세'뿐만이 아니다. 이사, 결혼 같은 인생의 중대사에 미신은 언제나 관여한다. 모두가 "믿지는 않지만, 그래도 혹시 모르니까"라고 말하며 거금을 쓴다. 지난 10년간 돈을 벌어보고 느낀 점이 하나 있다면 사람들은 절대로 '혹시나 몰라서' 돈을 쓰지는 않는다는 것이다. 내가 명리학을 배운 걸 아는 지인들은 백이면 백 나에게 사주를 봐달라고 한다.

정치, 경제, 문화 등 사회 전반에 음모론과 미신이 뿌리내리고 있다. 어쩌면 우리 사회 전체가 무분별한 믿음 위에 성립된 것인지도 모른다. 가령 현대사회의 근간인 민주주의를 생각해보자. 민주주의는 인간이 평등하다는 믿음 위에 성립한다. 하지만 아무리 생각해봐도 우리는 평등했던 적이 없다. 그런데도 아무도 민주주의를 의심하지 않는다.

8장에서는 미국을 통해 현대의 미신을 살펴볼 예정이다. 한국을 소재로 삼지 않는 이유는, 너무 가까운 이야기는 웃을 수 없기 때문이다. 특히 정치적 사안과 얽히면 누군가는 불쾌해지기 마련이다. 여러분이 믿거나 말거나 나는 누구의 기분도 망치고 싶진 않다. 그것이 설혹 나와 생각이 다른 사람일지라도 말이다.

그럼 왜 하필 미국일까? 일단 그나마 우리가 잘 아는 국가이기도 하고, 무엇보다 미국은 현대의 가장 위대한 국가이기 때문이다. 위대한 국가 중 하나가 아니라, 문자 그대로 '가장' 위대한 국가다. 미국이 사라져야 한다고 외치는 반미주의자들조차 이 사실을 부정하진 않을 것이다. 사실 반미의 기준조차 미국 아닌가. 그런데 이런 위대한 천조국을 나는 한마디로 '호구의 나라'라고 부르겠다.

시작부터 잘못됐다

세상의 모든 영웅은 오해와 과장 속에 만들어진다.

아메리카 대륙을 발견했다는 콜럼버스 역시 마찬가지다. 콜럼버스가 가기 1만 년도 전에 아메리카로 넘어간 이주민들이 있었고, 500년 전에 넘어간 바이킹이 있었다는 당연한 말을 하는 것이 아니다. 더 중요한 것은 사람들이 콜럼버스를 마치 지구가 평평하다고 여기던 시절에 지구가 둥글다는 진실을 깨달은 선지자처럼 묘사하는 지점이다. 우리는 그가 바다의 끝이 낭떠러지라는 종교적 편견을 깬 인물이라고 배우지만, 사실 이건 새빨간 거짓말이다. 당시 종교가 금지한 지식은 지구가 둥글다는 것이 아니라 지구가 태양 주위를 돈다는 것이었다. 당시에도 상식이 좀 있는 일반인들은 지구가 둥글다는 것쯤은 알고 있었다. 콜럼버스보다 200년도 더 전 사람인 신학자 토마스 아퀴나스조차 '누구나 참이라고 인정하는 사실'로 지구가 둥글다는 것을 뽑을 정도였으니까.

당시 유럽에서 인도로 가는 육로는 이슬람 세력과의 충돌로 매우 위험했고, 아프리카 희망봉을 돌아가는 바닷길은 너무 멀었다. 콜럼버스는 지구는 둥그니까 자꾸자꾸 걸어가면 온 세상 어린이를 다 만날 수 있다고 생각했고, 망망대해인 서쪽으로 가도 인도로 갈 수 있다고 확신했다. 그러니까 그는 아메리카 대륙이 아니라 인도를 가는 새 루트를 찾으려 했던 것이다.

그런데 지구가 둥글다는 사실을 다들 알고 있었음에도, 왜 콜럼버스 이전에는 이 루트를 택한 사람이 없었을까? 왜 콜럼버스가 서쪽으로 가겠다고 했을 때 다들 그가 실패할 거라고 생각한 것일까?

간단하다. 다른 사람들이 콜럼버스보다 훨씬 똑똑했기 때문이다. 콜럼버스는 지구가 둥글다는 건 알았지만, 지구의 크기는 정확히 알지 못했다. 그는 지구를 실제보다 훨씬 작게 계산했다. 그의 제안을 검토한 전문가들은 서쪽 항로로는 절대 인도에 닿을 수 없다고 확신했다. 그래서 해상 모험으로 경험이 빠삭한 국가에서는 그를 지원해주지 않았다. 그는 스페인의 지원을 받는데, 당시 스페인은 오랜 내부 분열을 봉합하고 세력 확장에 나선 때였다. 스페인이 그에게 투자를 한 건 대박을 노린 베팅이었지, 확신은 아니었다.

전문가들의 예측대로 콜럼버스는 인도에 닿지 못했다. 하지만 죽지도 않았는데, 당시 유럽인들이 알지 못했던 새로운 대륙이 태평양 가운데 있었기 때문이다. 만약 아메리카(이 이름은 한참 뒤에 붙는다)가 없었다면, 콜럼버스와 그의 선원들은 망망대해에서 모두 사망했을 것이다. 사실 그는 아메리카까지 가는 데만도 선원 절반을 잃었고, 나머지 선원들도 반란을 일으키기 직전이었다. 그는 파멸 직전에 바하마 제도의 한 섬에 도착해 겨우 살아남았다. 오죽했으면 콜럼버스가 이곳의 이름을 산살바도르(성스러운 구세주)라 붙였겠는가. 그는 이후 탐험을 계속 이어가 지금의 쿠바와 아이티 지역에 상륙했는데, 그곳이 인도라고 굳게 믿었기에 원주민들을 인디언이라 불렀다. 그는 배가 파손되어 함께 돌아갈 수 없는 선원 40명을 그곳에 버리고 유럽으로 돌아왔다. 아무리 좋게 포장하려고 해도 그는 무분별한 믿음을 갖고 있으면서 타인은 무시하는, 하지만 더럽게 운이 좋은 사람에 불과했다.

어쨌든 그의 잘못된 믿음이 세계의 발전을 가속했다는 것만은 분명하다. 만약 인류가 확실한 정보를 가지고 안전을 담보한 다음 서쪽 항로를 개척하려 했다면, 최소 수십 년의 시간이 더 걸렸을 것이다.

금광을 찾아서

위대한 탐험가 혹은 운이 좋은 멍청한 사기꾼(사실 큰 업적을 이룬 많은 이들이 이 과에 속한다)이었던 콜럼버스는 스페인으로 돌아와 자신이 인도로 가는 새 루트를 찾았으며, 그곳에는 수많은 금광이 있다고 거짓말을 했다. 그는 이후 세 차례 더 인도라 믿은 곳으로 모험을 떠났지만, 단 하나의 금광도 발견하지 못했다. 그러나 금광이 넘친다는 그의 말을 의심하는 이는 없었다. 당시 유럽인들에게 아메리카 대륙은 멀고 먼 곳에 있는 엘도라도 같은 곳이었다. 떼돈을 벌 수는 있지만, 도저히 갈 엄두가 나지 않는 곳. 이 환상은 소문에 소문을 거쳐 점점 확대된다.

결국 사회 부적응자와 약자들이 그 꿈에 달려들었다. 가난한 사람들, 범죄자, 종교 탄압을 받던 이들이 미국으로 넘어 간다. 하지만 초창기 미국으로 떠난 이들 중 대다수는 미국 땅을 밟아보지도 못하고 죽었다. 살아남아 도착한 이들의 삶도 지옥이었다. 각종 전염병과 토착민들이 그들을 기다리고 있었다.

물론 미국에는 그들이 꿈꾼 대로 대량의 금이 있었다. 하

지만 이는 19세기 이후 발견되었다. 미국 이민이 시작되고 300
년간 만족할 만한 금광은 발견되지 않는다. 미국에 가본 적도
없는 사기꾼들이 금을 이야기하고 사람들을 유혹하며 수수료를
갈취했다. 물론 금이 없어도 미국은 유럽에 비해 풍족한 땅이
다. 하지만 이건 어디까지나 100년 이상이 지나 안정된 후의 이
야기이고, 초기에 건너간 이들은 혜택을 전혀 받지 못한 채 비
참한 죽음을 맞았다.

환상의 나라, 호구의 나라

   미국은 환상에 속은 사람들이 개척한 나라이고 이 때문인
지 이후 믿고 싶은 모든 것은 마음대로 믿을 수 있는 나라가 되
었다.
   20세기 유럽에서는 마녀재판이 더는 벌어지지 않았지만,
미국에서는 1970년이 되어서야 공식적으로 마녀재판이 사라
졌다. 그들은 종교의 자유를 찾아 대양을 건넜으나, 그것이 오
히려 족쇄가 되었다. 자유로운 미국의 분위기는 광적인 종교가
생기기 좋은 환경을 제공했다. 개척교회의 목사들은 수도사보
다는 비즈니스맨에 가까웠고, 화려한 언변과 쇼맨십으로 대중
을 사로잡았다. 유럽이 종교에서 벗어나는 사이 미국은 세속화
한 종교가 자본주의와 결탁하면서 기존에 없던 새로운 형태의

광신도를 양산했다. 사이비 종교도 많이 생겼다. 미국의 목사와 전도사들이 모두 사이비는 아니지만, 그들은 사이비나 다름없는 행태를 벌였다. 안타깝게도 한국 교회는 미국 교회의 영향을 많이 받았고, 그래서 목사이면서 교주이고 구원자인 이들이 많다. 그중 일부는 정말 자신이 구원자라 착각해 새 종교를 만들거나, "하느님 까불면 죽어"라고 외치기도 한다.

한국만의 현상은 아니다. 라틴아메리카 지역은 전통적으로 가톨릭 세가 강하다. 가톨릭 하면 흔히 유럽을 떠올리지만, 라틴아메리카의 가톨릭 신자 수는 유럽의 2배가 넘는다. 아르헨티나 출신 추기경이 교황이 된 데는 다 이런 배경이 있다. 그런데 1990년 이후 라틴아메리카 국가들의 개방·개혁이 본격적으로 진행되면서, 미국 개신교인 오순절 교회가 공격적으로 진출하고 있다. 오순절 교회는 은사주의를 통한 방언이나 기적 등 일종의 신내림을 강조하는데, 그러다 보니 목사의 쇼맨십과 결합하기 좋은 측면이 있다. 사실 쇼맨십은 굉장히 순화된 표현이고, 이쪽 목사들은 그냥 아무 말이나 한다(한국 순복음교회가 오순절 교회에 속한다). 전 세계에서 가톨릭 신자가 가장 많은 브라질은 1970년대까지만 해도 가톨릭 비율이 90퍼센트였으나, 최근 조사에서는 50퍼센트까지 떨어졌고 개신교 비율은 30퍼센트로 올라갔다. 만약 이 추세가 지속된다면 2032년, 최대 가톨릭 국가인 브라질에서조차 개신교 인구가 가톨릭 인구를 앞지르게 된다.

미국은 여전히 종교적이다. 사실 이 말은 잘못됐다. 미국은 21세기 들어 과거보다 더 기독교화되고 있다. 미국인의 3분의 1은 성경을 쓰인 그대로 믿는다. 아무리 종교인이라 해도 그것을 당연히 은유로 받아들여야 할 텐데, 그들은 성경에는 단 하나의 거짓도 없다고 생각한다. 천사도 악마도 문자 그대로 믿으며, 과학 수업에 창조설(신이 인간을 만들었다는 주장)과 진화론을 함께 가르쳐야 한다고 진지하게 주장하고, 그런 발언을 하면서도 부끄러운 줄 모른다.

기독교인이 아니라고 해서 더 나은 것도 아니다. 미국의 광신적인 분위기는 사회 전반에 영향력을 발휘한다. 점성술, 강신술, 온갖 대체의학과 사상이 유행한다. UFO를 가장 많이 발견(?)한 사람도 미국인들이다. 아마 그 외계인들도 금을 찾으러 왔나 보다. 달 착륙 음모론, 지구 평면설 등 온갖 음모론을 제조하고 퍼트리는 것 역시 미국인 전매특허다. 2016년 14년 만에 돌아온 〈X-파일〉 새 시즌이 과거만큼 큰 인기를 끌지 못한 건 그 정도 음모론은 이제 미국 사회에서 전혀 특별할 것이 없기 때문이다.

긍정적이다 못해 공포스러운 자기 계발 광신은 미국을 넘어 전 세계에서 맹위를 떨치고 있고, 기이할 정도의 진취성이 사회 저변에 깔려 있다. 그것이 실리콘밸리를 포함한 다양한 분야에서 일정 성과를 낸 원동력이라고 평가하는 이들도 있지만, 아무리 봐도 정상인 것 같진 않다. 하긴 모두가 진취적이라면 그렇지 못한 내가 이상한 사람이겠지.

미국의 상징이 할리우드와 디즈니랜드인 것은 결코 우연이 아니다. 그들은 전 세계에 꿈이라는 미신을 판다. 그것은 수많은 실패와 부작용을 낳았지만 여전히 성행 중이다. 그중에는 우리가 살아가는 집도 포함된다.

디즈니랜드가 만든 이상한 마을

미국 영화에 등장하는 전형적인 가정을 생각해보라. 부부, 아이 둘, 개 한 마리가 정원이 딸린 교외의 한적한 주택단지에 산다. 할리우드 영화에 익숙해진 탓에 이제는 동아시아에 사는 우리까지 이런 집을 꿈꾸지만, 이런 주거 환경은 전혀 자연스럽지 않다. 대부분의 나라에서 도시 주거지는 도시 안이나 도시 가까이 형성된다. 직장에서 가까운 곳에 사는 것이 편하니까. 하지만 미국에서는 도시에서 일하면서 멀고 먼 교외 주택으로 출퇴근하는 구조를 표준으로 만들었다.

개척 초기, 미국 이민을 홍보했던 영국의 사기꾼들은 신세계의 자연이 얼마나 웅장한지 설파했다. 그 연설에 많은 이들이 낚여 미국으로 떠났으나, 현실은 참혹했다. 이민 브로커들의 말이 거짓은 아니었다. 그들의 말대로 자연은 웅장했다. 문제는 웅장해도 너무 웅장했다. 이민자들은 무슨 일이 생겨도 아무도 도와주지 않는 휑한 곳에서 살아남아야 했다. 야생동물이 습격했고, 무법자들이 설쳐댔으며, 그들이 두려워해 마지않던, 인도에서 태어나지 않은 인디언들의 습격을 견뎌야 했다. 그렇게 100년 이상 고생하고 나서야 겨우 제대로 된 도시가 생기기 시작했다.

그런데 시간이 지나자 사람들은 자신과 선조들의 고난은 잊고 자연에 대한 환상을 가지기 시작했다. 그들은 존재하지도 않던 평화로운 시골 마을을 그리워했다. 도시가 성장할수록 사람들은 자연을 찬양했다. 그것이 얼마나 현실적인가는 중요하지 않았다. 자연에는 인간의 정수가 있다고 모두가 믿었으며, 그곳으로 돌아가 안빈낙도하는 것을 미덕으로 여겼다. 유명인과 작가들은 이런 현상을 부채질했다. 특히 헨리 데이비드 소로Henry David Thoreau가 쓴 『월든』은 그 절정이었다.

『월든』은 소로가 2년간 숲 속에서 살면서 느낀 점과 떠오른 생각들을 적은 책이다. 그 책에서 그는 "마을에서 떨어진 한적한 숲 속에 내가 직접 지은 집에서 살며, 오로지 나 자신의 육체노동으로만 생계를 유지했다"라고 썼다. 그는 도시에서의 삶을 "제대로 쉬지도 못하고 늘 긴장하면서 살아야 하는, 하찮고 부산스럽기만 한 삶"으로 정의하고 자연을 예찬했다. 『월든』의 국내 번역서 중 하나에는 이런 부제가 붙어 있다. '대자연의 예찬과 문명사회에 대한 통렬한 비판이 담긴 불멸의 고전.' 어마

어마하다. 부제만 보면 책을 쓴 소로는 자연 속에서 신선이 되었을 것 같다.

하지만 현실은 전혀 다르다. 본인이 직접 지었다고 주장하는 집은 사실 친구의 도움을 받아 지었고, 그가 살았다는 숲에서 30분만 걸어가면 그의 부모와 친구들이 살고 있는 도시가 나왔다. 현대인의 출퇴근 시간도 그것보단 오래 걸린다. 뭐 여기까진 그럴 수 있다. 시골도 좋지만, 친구랑 가족도 좋고, 도움을 안 받을 이유는 없으니까. 절정은 엔딩이다. 2년간 자연을 만끽한 소로는 도시로 돌아가 아버지 연필 공장에서 일하면서 도시에 있는 저택에서 여생을 보냈다(이렇게 부러울 수가!). 진정한 자연주의 실천가였던 존 뮤어John Muir는 소로를 두고 "과수원 옆에 있는 작은 숲 속에서 마치 대자연을 즐기는 양 허세를 부린 한낱 구경꾼"이라고 혹평했다. 참고로 소로는 산불을 내는 바람에 30만 평이 넘는 숲을 잿더미로 만들기도 했다. 누구나 실수를 할 수 있으니 비난하고 싶진 않지만, '잘 모르면 자연을 괴롭히지 말고 도시에나 있어'라는 말이 목구멍까지 올라온다.

하지만 소로는 천부적인 글쟁이였고, 사람들은 그가 심어준 환상에 환호했다. 목가적 환경에서 살고 싶어 하는 미국인들의 욕구는 점점 커져 일부 집단(주로 종교 공동체)은 굳이 황무지로 떠나 자신들만의 마을을 만들었다. 사람들은 자신이 자리 잡은 곳에 진짜 자연이 아니라 소로가 『월든』에서 묘사한 호수와 숲과 오솔길을, 대자연을 만들었다.

그러나 모든 사람이 그렇게 떠날 수는 없다. 사람들에게는 각자의 삶이 있고, 도시가 발전하면서부터는 더욱더 도시를 떠나서는 살 수 없게 되었다. 그리하여 자연에 대한 열망은 자연이 배경으로 깔린 안락한 교외 주택의 꿈으로 변모한다.

교외 주거 형태는 미국 개척기 시절의, 존재하지도 않았던 스윗홈을 상상해서 만든 디즈니랜드를 다시 흉내 내서 만든 것이다. 실제로 디즈니사는 1990년대 '셀레브레이션'이라는 마을을 직접 만들기도 했다. 셀레브레이션에는 광활하지만 통제된 자연과 디즈니식의 아기자기함과 안락함이 공존한다. 당연히 미국 사람들은 열광했고, 셀레브레이션은 값비싼 집세를 자랑하는 동네가 됐다.

하지만 교외의 삶은 효율성과는 거리가 멀다. 교외 주택에서 살기 위해서는 시간과 자원, 에너지를 추가로 소비해야 한다. 생각해보라. 도시에 살면 출퇴근 시간이 많이 들지 않는다. 하지만 멀리서 출퇴근을 하면 그만큼 시간을 잡아먹는다. 또한 교외는 단위 면적당 거주자 수가 적기 때문에 대중교통이 발달하기 힘들다. 결국 가까운 곳을 가더라도 자가용을 타야 한다. 대중교통 수요는 더 줄어들게 되고, 그러면 대중교통을 이용하던 사람들까지도 자가용을 구입해야 한다. 그 많은 차들이 일정 시간에 몰려 움직이니 당연히 교통 체증이 생기고, 그에 따라 도로를 추가로 건설해야 한다. 난방비도 크게 오른다. 종종 환경을 보호하기 위해 시골에 내려가서 산다는 이들이 있는데, 그들이 아무리 분리수거를 잘하고 텀블러를 써도 난방에 추가로 들어가는 에너지만으로 모든 선한 행동을 상쇄시켜버린다.

미국은 1인당 에너지 소비량이 세계에서 가장 높을 뿐 아니라, 인구를 무시한 총량을 따져도 에너지를 가장 많이 사용하는 나라다. 중국 인구는 미국의 4배에 달하고 경제도 어느 정도 성장했지만, 그럼에도 미국보다 에너지를 적게 사용한다. 그렇다고 미국 사람들이 특별히 뭘 더 하는 게 아니다. 그냥 교외로 출퇴근하고 집을 유지하느라 온통 에너지를 날리고 있을 뿐이다. 딱히 하는 일도 없이 열심히 지구를 파괴하는 것이다.

교외 생활은 지독히 비효율적이지만, 미국은 그 비효율을 감당할 만한 풍족한 자원과 국제적 위상을 가졌기에 헛된 욕망이 실현될 수 있었다. 만약 미국이 좀 더 효율적이고 정상적으

자유를 찾아 만든 부자유한 마을

로 주거 형태를 구축했다면 지금보다 더 강력한 경제력을 갖췄을지도 모른다. 무엇보다 환경보호라는 측면에서는 이루 말할 수 없이 좋았을 것이고.

외부의 모두가 적이다

정치를 제외하고 우리가 외신에서 가장 많이 접하는 미국의 뉴스는 총기 난사 사건이다. 미국에는 총기가 흔하다. 우리는 할리우드 영화 속에서 드넓은 땅을 활보하며 사냥을 즐기는 미국인을 심심찮게 본다. 하지만 미국 인구 중 가끔이라도 사냥을 즐기는 이는 15퍼센트가 채 되지 않는다. 1970년대 30퍼센트에서 지금은 절반이 줄었고, 남은 이들도 대부분 고령층이라 사냥을 즐기는 인구는 앞으로 더 떨어질 것이다. 미국인들은 더 이상 사냥을 다니지 않는다.

총기 사고가 잦으니 미국의 총기 규제가 점점 엄격해지고, 사냥 인구도 줄었으니 총기 수도 줄어들 것으로 생각하기 쉽다. 하지만 미국의 총기 수는 지난 50년간 2배 이상 증가했다. 현재 미국에는 공식적으로 등록된 총기만 3억 정이 넘는다. 미국 인구가 3억이니 평균으로 따지자면 미국인 1명당 총 1자루를 가지고 있는 셈이다. 물론 이렇게 말하면 평균의 함정에 빠진다. 미국인 중 총을 가진 사람은 4명 중 1명이다. 그 1명이 보통 3자

어릴 때는 디즈니랜드에서, 나이가 들면 셀레브레이션에서.

루 이상의 총을 가지고 있다. 미국인의 2.4퍼센트에 해당하는
총기 애호가들은 평균 17자루의 총을 가지고 있으며, 이는 전체
총기의 절반을 차지한다. 미국에서는 교통사고만큼 총기 사고
가 흔히 발생하고, 사망자는 교통사고보다 많다. 살면서 누구나
크든 작든 한두 번은 교통사고를 직접 경험하고 열댓 번은 목격
하는데, 미국에서는 그 정도로 총기 사고를 경험한다고 생각하
면 이해가 될 것이다.

　총기 소지를 지지하는 이들의 그나마 합리적인 주장은 갑
자기 범죄자로부터 위협을 받을 때 자신을 방어하기 위해서라
는 것이다. 물론 다른 나라의 사례를 보면 총이 없어도 치안이
잘 유지되지만, 불안한 사람들도 있을 테니 이런 주장까진 그러
려니 할 수 있다. 하지만 총기를 가지고 있는 것이 실제로 범죄
로부터 자신을 구하는지는 의문스럽다. 지난 10여 년간 실시된

범죄 피해 경험 조사에 참여한 100만 명이 넘는 피해자 중 범죄
나 위협으로부터 자신을 방어하기 위해 총기를 사용한 사람은
단 한 명뿐이었다.

　　미국이 왜 이런 상황까지 오게 되었는지를 이야기하면 많
은 이들이 개척 시기 미국의 역사를 들먹거린다. 총기 문화가
시작된 것에는 분명 역사적 원인이 있다. 하지만 지금까지도 역
사적 이유 때문이라고 한다면 의문이 생긴다. 가령 미국과 비슷
한 역사와 환경을 가진 캐나다 역시 총기 소유가 가능하지만 미
국처럼 문제가 심각하진 않다. 이야기란 만들어지기 마련이다.
만약 우리나라에 총기 문화가 있다면, 그 전통은 일제강점기 독
립군에서 기인했다고 주장할 수 있지 않겠는가.

　　미국 수정 헌법 제2조에는 "무기를 소장하고 휴대하는 인
민의 권리는 침해될 수 없다"라고 명시되어 있다. 총기 자유를
부르짖는 사람들은 이 문구를 금과옥조처럼 여긴다. 하지만 사
람들은 저 문장 앞에 쓰인 부분은 보지 않았거나 알면서도 말하
지 않는다. 정확한 구문은 이렇다.

　　"잘 규율된 민병대는 자유로운 주의 안보에 필수적이므로,
무기를 소장하고 휴대하는 인민의 권리는 침해될 수 없다"

　　미국 건국의 아버지들은 거대 정부를 피하려고 했고, 군대
도 최소한으로 유지하려고 했다. 하지만 전쟁이 일어나면 군대
가 필요하기 때문에 그럴 때는 언제든 주에서 민병대를 조직할

수 있도록 시민의 총기 소유권을 허가한 것이다. 즉 무기를 소장하고 휴대하는 인민의 권리는 주의 안보에 필요하기 때문에 성립한다. 하지만 이제 시대가 변했고, 주에는 민병대가 필요치 않다. 수정 헌법 제2조는 시민의 천부적 권리가 아니라, 당시 상황에서 군대를 효율적으로 운영하기 위해 만든 것에 불과하다. 그런데도 미국총기협회^{NRA}가 총기 규제에 관해 회원들에게 보낸 이메일에는 이렇게 쓰여 있다.

> 강압적인 정부가 헌법에 적힌 우리의 권리를 빼앗고, 우리의 집안으로 쳐들어와 우리의 총을 강탈하고 우리의 사유지를 파괴하며 심지어 우리를 다치게 하고 죽일 수도 있는 권리를 가졌습니다. 오늘날 그들은 우리의 무기고에 참견하고 있지만, 내일은 모든 시민들에게서 언론의 자유, 종교의 자유, 권리장전에 적힌 모든 자유를 빼앗을 것입니다.

총기를 완전히 규제하는 것도 아니고 반자동소총같이 누가 봐도 범죄 외에는 딱히 쓸 일 없는 총기를 규제하는 것에 그들은 왜 이렇게 흥분할까? 총기 난사 사건이 벌어질 때마다 총기 규제가 화두에 오른다. 하지만 총기 소지를 지지하는 사람들은 이런 사건에 크게 영향을 받지 않는다. 그들은 오히려 총기 난사 사건이 총기를 규제하려는 진보주의자들이 꾸민 음모라고 주장한다. 대체 어쩌다 그들은 이런 망상에 빠지게 되었을까?

할리우드 영화에 등장하는 공권력은 부패하거나 무능하다. 주인공이 모든 것을 스스로 해결하고 가족을 구원한다. 실제로 미국은 복지가 빈약해 가족이 유일한 사회 안전망인 경우가 많다. 이런 상황은 사회에 대한 불신을 강화하고 거대 정부에 대한 반감을 키워 복지정책을 막는 악순환을 부채질한다. 미국 전역에 퍼진 공권력에 대한 불신은 음모론으로 변질된다. 〈X-파일〉부터 〈매트릭스〉까지 모두 같은 이야기를 하고 있다. 음모론에 빠진 이들은 모피어스 귀신이 나타나 "빨간 휴지, 아니 빨간 약 줄까, 파란 약 줄까?" 하기를 기다리고 있다. 빨간 약의 세계 따윈 없다. 하지만 역설적으로 그런 세계가 없기에 그 세계는 환상 속에서 현실이 되고, 현실은 오히려 허구가 된다. 결국 이렇게 세상 자체를 믿을 수 없으니 믿을 것은 자신뿐이며, 그러니 무기가 필요해진다.

정부가 시민을 탄압할 때, 국가를 뒤엎는 반란군의 조직을 위해 무기가 필요하다고 항변할 수도 있다. 실제로 혁명을 거친 많은 국가들이 그런 이유로 총기를 허용하기도 한다. 하지만 이런 주장은 20세기 중반 이후 사실상 무의미해졌다. 음모론자의 말처럼 정부가 뒤에서 어떤 일을 꾸미고 있다 해도 시민의 무장으로 국가를 전복할 수 있는 시대는 지나갔다. 개인 총기로는 신식 무기에 전혀 대응할 수가 없다. 총기 자유는 단지 자유롭다는 환상을 줄 뿐이다.

적을 만드는 행동은 국가를 벗어나도 계속된다. 미국인들 중 상당수가 유엔(국제연합)이 미국의 힘을 억제하며, 국제 협력을 하지 않아야 미국이 진정 위대해진다고 믿는다. 다른 국가들이 유엔을 미국의 하수인 정도로 여기는 정서를 생각해보면 이 격차는 엄청나다. 그들은 기후변화도 미국의 힘을 누르기 위한 유엔의 음모라 생각한다. 아니면 월스트리트의 금융가들(유대인)이 만들어낸 허상이라고 생각하거나. 인식이 이 정도 수준이니 대통령도 환경보호를 외치는 중학생과 말싸움이나 하는 것이고, 난민이 넘치든 전염병이 창궐하든 모든 상황에서 국경을 걸어 잠그는 데만 혈안인 것이다.

혁명의 좌절이 미신을 부른다

1960년대 후반, 유럽과 미국은 변화를 향한 열정으로 들끓었다. 전쟁 후 태어난 세대는 그 이전 어떤 세대도 누리지 못한 풍요를 누렸고, 자연히 권위적이고 이성적이기만 한 기성 세대에 반감을 갖게 된다. 아니꼽게 보는 사람은 '배부른 자들의 투정'쯤으로 여기겠지만, 이때야말로 현대의 진보적인 사상들이 꽃핀 시절이기도 하다. 역시 사람은 배가 불러야 생각을 한다. 풍요는 반항을, 반항은 철학을, 철학은 변화를 꿈꾸게 했다. 유럽에서는 68혁명이, 미국에서는 베트남 전쟁 반대 운동이 일어난다.

베트남전은 영상으로 중계된 첫 번째 전쟁이었다. 전쟁이 참혹하다는 건 누구나 알고 있었지만, 영상으로 중계되자 참혹함이 피부로 다가왔다. 또한 세계 평화를 지킨다고 믿었던 미군의 각종 만행을 보면서 미국인들은 전쟁 자체에 회의를 품게 되었다. 사실 북베트남군이나 빨치산들이 미군보다 잔인하고 비열한 행동을 더 많이 했지만(전력이 약한 측의 전술은 비열해질 수밖에 없다), 미군 측 영상이 더 많이 노출되었기에 사람들은 반전운동에 뛰어들었다.

르네상스 시대에 반종교적인 모든 것이 유행했던 것처럼, 1960년대에는 반권위적이고 반이성적인 모든 것이 유행한다. 사람들은 이성적인 서구 사회를 비판하기 위해 동양 사상, 특히 힌두교와 선불교의 사상을 끌고 온다. 물론 그대로는 아니고, 자신들이 취하고 싶은 것을 핀셋으로 골라 힙한 무언가를 만들어낸다. 여기에는 요가, 정신 수양, 그리고 급격한 정신 수양(약물)과 함께 온갖 미신이 포함된다. 그들은 『티베트 사자의 서』를 읽으며 죽음과 환생을 이야기하더니 타로를 보고, 명상을 통해 지각이나 염력을 배우려 했으며, UFO를 발견하고 별자리점을 봤다. 한마디로 개판이었다.

이때 꽃핀 문화를 통틀어 뉴에이지New Age라 한다. 뉴에이지의 정체성은 복잡하다. 문화이기도 하고 대안 종교이기도 하다. 뉴에이지의 시작은 1875년 신지학협회로 거슬러 올라간다. 신지학이란 신비적인 체험이나 특별한 계시를 통해 기존 종교로는 알 수 없는 신의 심오한 본질을 탐구하는 학문이다. 한마디로 강신술이든 신내림이든 영적 체험을 통해 진리에 도달하겠다는 것이다. 이들은 모든 종교의 본질은 같기 때문에 피부색이나 성별, 종교 등 어느 것으로도 차별당해서는 안 된다고 주장했다. 모두가 평등하니 개개인에 숨어 있는 잠재력을 최대한 끌어내는 것이 중요하고, 그러기 위해서는 명상과 강신술 등을 통해 초자연적인 깨달음을 추구해야 한다는 것이다. 결론에서 '엥?' 하는 생각이 들겠지만, 원래 종교란 그런 것이니 넘어가자.

뉴에이지는 사람들 사이에서 조금씩 퍼지다가 1960년대 반전운동, 반정치적 진보 운동, 그리고 그냥 힙한 것을 좋아하는 사람들과 결합하면서 폭발적으로 성장한다. 사람들은 자유와 평등이라는 그들의 모토와 모든 것에 열려 있는 그들의 방식에 열광했다. 히피 세대 대다수가 뉴에이지 신자라 할 수는 없지만, 그 문화를 공유했다. 불교 신자가 아니어도 템플 스테이에 참가하듯, 당시 사람들은 뉴에이지가 주도하는 집회, 명상 모임, 강령회 등에 열정적으로 참석했다. 그것은 정치적 행동이자 개인적 행동이었다.

이런 열망에도 불구하고 1980년 대선에서 공화당 후보였던 로널드 레이건이 당선되면서 신자유주의 바람이 휘몰아친다. 모두가 변화를 원한다고 믿었으나 사실 그 수는 과반이 되지 않았고, 정치적 변화의 열망은 실패로 끝난다. 하지만 뉴에이지가 가져온 수많은 미신은 사라지지 않고 살아남는다. 본질이 사라지자 오히려 주변부가 더 강화된다. 반이성주의가 꼭 반지성주의가 되는 것은 아니지만, 정치적 구호가 사라진 뉴에이지는 반지성주의로 급격히 추락한다.

이런 현상은 1980년대 미국에서만 일어난 것이 아니다. 프랑스 혁명이 좌절되고 유럽이 구체제로 돌아갔을 때 점성술을 비롯한 온갖 미신이 그 자리를 채웠다. 혁명을 전하던 신문은 어느새 점성가의 별자리 운세로 채워졌다. 1970년대 일본의 전공투全共鬪 운동이 실패했을 때도 마찬가지다. 혈액형 성격론, 별자리 성격론 등 지금 우리에게 익숙한 미신들 대부분이 이때 유행한 것이다. 미신의 원류는 더 오래되었지만, 대중적 흥행은 언제나 혁명이 실패한 후에 찾아왔다.

미신, 힙해지다

문화적 뉴에이지, 혹은 반지성주의는 케이블 방송의 개국으로 더 확대된다. 온갖 신비주의가 케이블을 타고 미국 전역으로 퍼졌고, 급기야 지상파에도 진출한다.

뉴에이지의 가장 세련된 형태는 〈오프라 윈프리 쇼〉다. 이 방송은 1986년 시카고의 한 지역 방송국에서 시작해 폭발적 인기를 얻으며 2011년까지 25년간 진행됐고, 전 세계 140개국에 방영됐다. 수많은 미신이 이 방송을 통해 세련된 형태로 대중에게 퍼져 나갔다. 가령 1995년에는 이 방송에 로즈메리 앨티어라는 심령술사가 출연했다. 진행자 오프라 윈프리는 "믿을 만한 친구들이 소개한 세계 최고의 심령술사"라고 그녀를 소개했다. 그녀는 자신이 죽은 자와 소통할 수 있다고 주장하더니 즉석에서 방청객과 소통을 시작했다. "당신 뒤에 누군가 서 있다." "사랑하는 사람을 익사 사고로 잃은 사람이 이 자리에 있습니다." 뭔가 특별한 거 같지만 누구 하나는 걸려들 것 같은 말들. 결국 방청객 중 한 명이 울음을 터트렸고, 자신의 이야기를 마구 쏟아냈으며, 이 모습이 전파를 타고 전국에 방영됐다. 이후 앨티어의 책은 베스트셀러가 됐고 상담 신청도 폭증했다.

사실 오프라나 방송 제작자들은 강신술을 진지하게 믿지 않았을 것이다. 방송쟁이들은 인기 있고 재밌기만 하다면 무엇이든 가져와 사용한다. 그렇기에 태세 전환도 빠르다. 〈오프라 윈프리 쇼〉가 미신을 부추긴다는 비난을 받자, 제작진은 즉각 과학자들을 초청해 비과학적인 태도와 미신을 비판하는 방송을 만들었다. 사실 이 쇼는 매우 훌륭하며 사회가 고민해봐야 할 많은 주제를 선도적으로 던졌다. 오죽했으면 오프라히제이션Oprahization(오프라가 다루면 사회적 파장을 몰고 온다)이라는 말까지 생겼겠는가. 미국에 환경오염이라는 이슈를 대중에게 효과적으

톱스타는 물론 대통령도 출연하고 싶어 하는 〈오프라 윈프리 쇼〉

로 던진 것도 이 방송이 처음이다.

　하지만 그래서 이 방송에는 비과학적인 것이 섞였다. 자연 친화적인 혹은 그렇게 보이는 대체 의술이 방송을 통해 효과가 있는 것처럼 퍼졌고, 자연 치유에 대한 맹신도 확산됐다. 대체 의술은 과거 그들의 선조가 피해를 끼친 아메리카 원주민이나 동양에서 온 것이 많았다. 그러니 그런 것을 소개하는 행동은 정치적으로 매우 올바르게 보였고, 자연 치유 개념은 환경보호와도 연결되어 있어 진보 진영의 열광적 반응을 이끌어냈다. 하지만 정치적으로 올바르다고 해서 미신이 과학이 되지는 않는다(자연 친화적으로 살았던 과거 사람들이 왜 현대인보다 수명이 짧았겠는가). 종종 진보 지지자들은 옳음을 강조하다가 과학을 무시하는 결과를 초래하는데 이 방송이 그랬다.

그중 백신 거부는 사회 전체를 위협하는 심각한 결과를 낳았다. 배울 만큼 배운 부유한 중산층 부모들이 앞장서서 자녀에게 백신 맞히기를 거부했다. 지역 내의 6퍼센트만 예방접종을 포기해도 집단 면역 체계가 무너질 수 있는데, 미국에서 가장 진보적이라는 뉴욕시의 사립학교 12곳에서 30퍼센트가 넘는 학부모들이 자녀에게 백신 맞히기를 거부했다. 로스앤젤레스에서도 같은 일이 벌어졌다. 진보적 성향의 학교에서 학부모 과반이 아이의 예방접종을 중단했다. 그 결과 매해 8,000명 정도로 떨어졌던 백일해 환자 수가 6배로 늘어났고, 홍역에 걸린 사람은 10배로 늘어났다.

'긍정적인 태도가 삶을 변화시킨다' 류도 이 방송의 단골 소재였다. 『시크릿』의 저자 론다 번$^{Rhonda Byrne}$이 바로 〈오프라 윈프리 쇼〉가 배출한 스타였다. 방송 이후 그녀의 책은 찍어내는 속도보다도 빠르게 팔려 나갔다. 한국에서도 2년간 베스트셀러 1위에 오르며 200만 부가 팔렸다. 『시크릿』을 읽고 삶이 변했다는 간증이 많으니, 그 책에 적힌 내용이 모두 무의미하다고 말하진 않겠다. 긍정적인 태도? 얼마든지 좋다. 필요하다. 하지만 그것이 우주의 기운이 어쩌고 하는 지점까지 나가면 적어도 의심을 해봐야 한다. 이 책에 감동받아 우주가 자신을 도와준다고 믿은 전직 대통령이 지금 어디 있는지를 떠올려보면 특히나 말이다.

오프라는 쇼 비즈니스계의 총아였다. 망해가던 지역 방

자신이 키운 스타 중 한 명인 닥터 오즈의 방송에 나가 대체의학의 실험 대상이 되고 있는 오프라 윈프리. 꼭 자극적인 방송만 나쁜 것이 아니다. 평안을 주는 방송도 나쁠 수 있다.

송 토크쇼를 전 세계인이 시청하는 방송으로 만들었다. 2004년 유엔이 주는 올해의 지도자상을 수상했고, 2005년에는《타임》이 선정한 세계에서 가장 영향력 있는 100인에 뽑혔다. 2020년 대선을 앞두고 일부 민주당 관계자는 "트럼프를 막으려면 오프라를 후보로 세워야 한다"라고 말하기까지 했다. 이런 인기와 존경을 아무나 받는 것은 아니다. 그녀는 탁월하며 존경받을 만하다. 〈오프라 윈프리 쇼〉는 그래서 위험하다. 이 방송보다 더 나쁘고 잘못된 내용을 전파하는 곳은 수없이 많다. 당장 주말에 교회만 가도 우리는 온갖 편견과 잘못된 정보에 시달린다. 하지만 이 방송은 사람들에게 큰 신뢰를 준다. 방송의 권위로 비과학적인 것들이 퍼져 나갔다. 대체 의학, 자연 치유 등 온갖 비현실적인 것을 자유롭고 힙한 무언가로 만들었다. 그것이 미국의 '무엇이든 괜찮다'는 태도와 합쳐지자 그 파급력은 세상을 바꿨다.

그녀의 쇼는 이제 끝이 났지만, 상황은 나아지지 않았다. 〈오프라 윈프리 쇼〉의 막 나가는 후예들이 지상파 방송, 케이블 TV, 유튜브, 팟캐스트 등에서 잘못된 평화를 전파하고 있다. 그런 삶의 태도가 나쁠 건 없다. 하지만 나쁘다.

꿈만 꾸는 아이의 세계, 꿈을 팔거나 불만을 팔거나

현대인에게 피터팬신드롬은 디폴트 값이다. 다들 어른이 되지 않으려 한다. 꿈은 언젠가 이루어지고, 간절히 바라면 우주가 도와주는 세계에 살고 있다. 나이가 들수록 조금이라도 어려 보이려고 피부를 당긴다. 탈모 남성들이 괴로운 이유가 두피를 보호하지 못하기 때문은 아니다. 어릴 때는 디즈니월드에 가고 나이가 들면 디즈니가 만든 마을에 가서 산다. 사회학자 장 보드리야르Jean Baudrillard는 이렇게 말했다. "디즈니랜드는 사실 미국 전체가 디즈니랜드라는 사실을 감추기 위해 존재한다." 환상의 세계인 디즈니랜드가 있으니 그 밖의 세상은 현실이라 착각하지만, 실상은 사회 전체가 환상에 빠져 있다.

사회는 끊임없이 꿈을 좇는다. 운동화 광고만 봐도 삶은 희망으로 넘친다. 어른이 되면 무조건 꿈을 포기하고 회색빛 삶을 사는 것이 옳다는 뜻은 아니다. 문제는 꿈은 자꾸 늘어가는데, 모두가 그 꿈을 이룰 수는 없다는 것이다. 물론 그런 건 아무도 신경 쓰지 않는다. JUST DO IT! 일단 팔리면 그만이다.

어쨌든 밝고 희망차면 좋은 거 아니냐고? 그렇게 간단하지 않다. 모두가 꿈을 꾸지만 대다수는 그 꿈을 이룰 능력이 없다. 아이들은 결코 자신의 패배를 받아들이지 않는다. 그러고는 투정을 부리기 시작한다. 남의 말은 귀에 들어오지 않고 불만만 가득하다. 왜 자신이 실패했는지에는 관심이 없다. 트럼프 대통령의 당선은 그 절정이다. 한 번도 거절당해본 적이 없는 아이 중의 아이는 "네가 잘못된 건 다 세상 탓이고, 소수자 탓이고, 다른 나라들이 미국을 등쳐먹기 때문"이라고 말한다. 물론 세상은 잘못되어 있고, 당신의 불행한 삶이 당신 잘못만은 아니다. 하지만 어느 정도는 당신 탓이고, 투정 부린다고 해결될 것도 없다. 세상은 그렇게 굴러간다.

기업들 역시 이런 분위기에 편승한다. 그들은 어떻게 하면 돈이 되는지를 안다. 그들은 꿈을 판다. 애플Apple의 사례를 보자. 애플은 제품 그 자체보다 이미지에 훨씬 더 공을 들인다. 명품 브랜드 전략이다. 그들은 명품이 즐비한 거리에 애플스토어라는 신전을 세우고 지니어스라고 명명한 사제들을 배치한다.

애플 제품의 성능은 타사 제품보다 특별히 뛰어나지 않는다. 폐쇄적인 생태계를 추구하다 보니 빅데이터 기반 분야에서는 오히려 뒤처진다는 평가를 받는다. 하지만 사람들은 뒤처지는 시스템을 더 비싼 값을 주고 구입한다. 사람들은 애플이 직관적이며 쓰기 편하고 디자인도 좋다면서 자신의 소비를 합리화한다. 물론 애플 제품은 그런 장점이 있다. 하지만 그들이 제시하는 가격에 비하면 그 장점은 턱없이 부족해 보인다.

누군가는 애플이 혁신을 한다고, 새로움을 창조한다고 말한다. 분명 그렇겠지. 하지만 혁신이 그들의 유일한 성공 요인은 아니다. 지난 수십 년간 혁신적인 제품을 가장 많이 출시했던 소니Sony는 매출 하락으로 전자제품 사업 자체가 위축됐다. 제품 판매를 위해서는 진짜 혁신이 아니라 혁신을 한다는 이미지가 중요하다. 애플이 3.5밀리미터 헤드폰 잭을 가장 먼저 없앨 수 있었던 건 그들이 혁신적이어서가 아니라, 그들이 무슨 짓을 하든 고객들이 따라오기 때문이다. 애플의 주력 상품인 아이폰은 다른 기기와의 호환성이 떨어진다. 보통의 브랜드였으면 이미 퇴출당했을 것이다. 하지만 앱등이들은 아이폰을 포기하느니 다른 제품을 모두 포기하고 호환이 되는 애플 제품을 구매한다(혹시 앱등이가 비하 표현이라고 할까 봐 고백하자면, 이 원고는 맥북으로 작성했다. 그러니까 나는 지금 자기혐오 중이다).

과거 대기업의 이미지는 좋지 않았다. 하지만 애플을 비롯한 IT 대기업들은 대중의 지지를 받는다. 사람들은 메뚜기목의 한 곤충으로 불리는 고난을 감수하면서까지 애플을 사용한

이제는 전자제품 매장의 표준이 된 애플스토어. 어쩌면 그들이 한 유일한 혁신은 혁신의 이미지를 만든 것이 아닐까?

다. 마치 종교인 같은 자세다. 애플의 창업자인 스티브 잡스^{Steve} ^{Jobs}는 성인^{Saint}의 반열에 올랐다. 그는 직원들에게 노동법을 위반하며 갑질을 시전했지만, 대중은 그것을 천재의 기벽이나 카리스마로 여긴다. 애플은 조세 피난처를 통해 미국 역사상 가장 많은 세금을 빼돌렸지만, 어떤 미국 정치인도 이를 크게 문제삼지 않는다. 몰라서가 아니라 애플과 척을 져서 유권자의 눈밖에 나고 싶지 않기 때문이다.

절정은 애플이 FBI(연방수사국) 요청을 거부한 때였다. 2016년 FBI는 한 범죄자의 아이폰 잠금을 해제해줄 것을 애플에 요청했지만, 애플은 개인정보 보호를 이유로 거부했다. 물론 국가의 요청을 기업이 다 들어줄 필요는 없다. 개인정보 보호는 중요한 가치다. 만약 해당 범죄자의 혐의가 명확하지 않거나, 범죄가 소소하거나 정치적이었다면, 애플의 거부를 나 역시 크게 지지했을 것이다. 하지만 애플이 보호하려고 한 범죄자는 캘리포니아에서 대량 총기 난사 사건을 일으킨 사람이다. FBI가 해당 범죄자의 죄를 밝히려고 아이폰을 해제하려 한 것도 아니다. 범죄는 명확했다. 단지 공범자와 사건 경위를 알기 위해 잠금 해제를 요청했을 뿐인데도, 애플은 이를 거절했다.

기업의 자유를 중시하기로는 둘째가라면 서러워할 마이크로소프트의 전 CEO 빌 게이츠^{Bill Gates}조차 "FBI는 일반적인 경우가 아닌 특정한 사건에 대한 정보만을 요청하고 있다. 애플은 정부와 법원의 요청에 협조해야 한다"라며 FBI 편을 들었을 정도다. 물론 사람에 따라서는 중범죄자의 개인정보라고 해도 중요하게 여길 수 있다. 애플이 정말 특별한 신념이 있어서 욕을 먹는 걸 감수하면서까지 그렇게 행동했다면 거기까진 그럴 수 있다.

내가 진짜 놀란 건 애플의 대처에 대한 대중의 반응이었다. 미국 시민의 절반 가까이 혹은 그 이상이 애플을 지지했다. 애플이 중국에서는 재빨리 굴복하고 미국에서만 뻗댄다는 것도 전혀 문제가 되지 않았다. 한국인들의 반응도 마찬가지였다. 당시 카카오톡이 국정원의 민간인 사찰에 가담한 상황이 드러난 탓에 애플의 행동은 더 영웅적으로 묘사됐다.

하지만 한번 가정해보자. 만약 경찰이 연쇄살인범의 잠긴 자동차를 열어달라고 했는데, 현대자동차가 범죄자의 인권을 이유로 거절했다면 무슨 일이 벌어졌을까? 과연 애플이 받는 정도의 찬사를 현대가 받았을까? 찬사는 고사하고 엄청난 악플과 불매에 시달렸을 것이다.

하지만 그 주체가 애플이었기에 사람들은 패를 나눠 논쟁을 벌였다. 얼토당토않은 사건이 애플이라는 단 하나의 이유로 논쟁이 된 것이다. 물론 나는 이 논쟁이 IT 시대에 유의미했다고 생각한다. 하지만 이 사태에서 사람들이 애플에 보인 집단적 옹호는 여러모로 놀랍다.

사람들은 실리콘밸리에서 대단한 혁신이 일어난다고 착각한다. 소소한 혁신이야 종종 일어나겠지. 하지만 최근 10여 년간 우리 사회에 큰 변화는 일어나지 않았다. 그들은 그냥 인터넷과 스마트폰 안에서 카피&페이스트한 꿈을 판매할 뿐이다. 도시화가 진행되던 시기를 떠올려보라. 상수도와 하수도가 집집마다 깔린 것은 일대 혁신이었다. 평균 수명을 10년 이상 끌어올렸고, 삶의 풍경 자체를 바꾸었다. 기차와 자동차가 있기 전과 후를 생각해보라. 과연 현대 기업들이 그 정도의 변화를 이끌어내는가?

1990년대에 인터넷이 보급된 이후 세상은 점점 느려지더니 스마트폰이 등장한 이후에는 모두 그 사각형만 보고 있다. 우리는 지난 20여 년간 이전 100년에 비해 매우 느린 세계에 살고 있다. 그런데도 우리는 현대사회가 급변한다고 믿으며, 변화의 중심에 IT 기업이 있다고 말한다. 물론 그나마 그들이 혁신을 이끄는 건 사실이다. 다른 쪽은 아무것도 안 하니까.

모빌리티 플랫폼 '타다'와 관련된 금지법이 이슈가 된 적이 있다. 택시 업계의 반발이 거세지자, 국회가 '타다금지법'을 제정해 타다 운영에 제동을 걸었다(복잡한 사건이지만 사람들은 이 정도 수준에서 받아들였다). 타다를 허용해야 한다고 주장한 이들은 타다를 꼭 '타다 혁신'이라 불렀으며, 이를 제지한 국회를 맹렬히 비난했다. 국회가 변화에 선제적으로 대처하지 못하고, 이미 사업을 시작한 회사에 타격을 준 것은 나 역시 문제라고 생각한다. 하지만 해외에 이미 있던 포맷을 가져와, 기존 노동자에 대한 제대로 된 보호 장치도 없이 운영한 회사를 대체 어떤 점에서 '혁신'이라고 부른 건지는 잘 모르겠다.

우리는 혁신이 아니라 혁신의 이미지를 산다. 실리콘밸리에 모인 히피들은 여전히 꿈을 판다. 어제의 혁신이 외형만 바뀐 채 오늘 다시 판매된다. 왜 하필 성공한 벤처기업을 사자나 호랑이가 아닌 '유니콘'이라 부르겠는가. 모두 한탕을 노릴 뿐이다. 현대인은 꿈을 좇는다. 그런데 어제 무슨 꿈을 꿨는지는 기억하지 못한다. 결국 우리가 할 수 있는 건 소비뿐이고, 그걸 찍어서 SNS에 올리는 것뿐이고, 얻지 못하면 불만을 터트리는 것뿐이다.

뉴스에도 믿음이 필요하다

"가짜 뉴스를 좇는 사람들은 똥 먹는 병에 걸린 것이나 다름없습니다."

프란치스코 교황이 트럼프 대통령을 지지한다는 가짜 뉴스가 급속히 확산되자, 교황이 직접 반박하며 한 발언이다. 교황이라는 위치를 생각해보면 그가 할 수 있는 가장 심한 욕을 한 셈이다. 교황의 탁월한 식견에 무릎을 치며 동의한다. 역시 교황님! 다만 교황은 이 식분증(똥을 먹는 걸 고상하게 부르는 말)에 걸린 이들이 얼마나 강력한지 아직 잘 모르는 것 같다.

2016년 미국 대선은 가짜 뉴스가 선거에 영향을 미칠 수 있다는 걸 제대로 보여주는 난장판이었다. 트럼프와 힐러리 둘 다 가짜 뉴스에 시달렸지만, 힐러리 측의 피해가 더 컸다(어차피 트럼프는 손상될 이미지 자체가 없었으므로). 힐러리가 국무장관 시절 IS에 무기를 팔았다는 말도 돌았고, 이메일 논쟁을 덮기 위해 FBI 요원을 암살했다는 소문도 있었다. 그중 가장 어처구니없는 것은 '피자 게이트'였다.

2016년 10월, 힐러리와 민주당 고위 관계자가 아동 성 착취 조직과 연관이 있으며, 워싱턴 DC의 한 피자 가게 지하에서 아동 납치 및 성 착취가 벌어지고 있다는 음모론이 인터넷을 타고 퍼지기 시작했다. 미약한 근거에 말도 안 되는 억측으로 만들어진 음모론이었기에 주류 언론은 이 사건을 다루지 않았다.

해당 피자 가게의 간판에서 악마의식을 유추?

하지만 음모론을 철석같이 믿는 사람들은 '언론에 보도되지 않는 것을 보니 진실임이 분명하다'는 확신을 갖게 된다. 해당 피자 가게 벽면에는 온갖 욕설이 적힌 낙서로 도배되었고, 유리창은 멀쩡한 날이 없었다. 주인은 '아이들을 풀어주고 속죄하라'는 협박을 끊임없이 받았다.

　11월이 되어도 상황은 나아지지 않았고,《뉴욕 타임스》와《워싱턴 포스트》등 주요 언론이 이 사건이 만들어진 가짜 뉴스임을 대대적으로 기사화했다. 하지만 상황은 오히려 악화됐다. 그 보도를 반박하는 글과 영상이 인터넷에 쏟아졌고, 전국적 이슈가 되면서 음모론을 믿는 사람의 수가 더 늘어났다.

　급기야 12월 에드거 웰치Edgar M. Welch라는 바른 생활 청년이 인간의 탈을 쓴 악마 힐러리와 민주당의 손에서 아이들을 구출하기 위해 반자동소총과 산탄총으로 무장하고 해당 피자 가게를 습격해 총을 난사했다. 그 테러범은 아내와 두 딸이 있는 멀쩡한 시민이었고, 딸을 구하는 심정으로 분연히 일어나 영웅이 된 것이다. 그런데 이럴 수가! 피자 가게를 이 잡듯이 뒤졌으나, 그곳에는 성 착취를 당하는 아이들은 고사하고 지하실 자체가 없었다.

민주주의 국가는 대부분 선거로 지도자를 뽑는다. 선거 기간에는 당연히 가짜 뉴스가 판친다. 그러나 우리는 진위를 일일이 확인할 시간이 없다. 선거 직전에 후보에 관한 어떤 뉴스가 터지면 사람들은 그것이 진짜인지 가짜인지 확인하기 전에 투표를 해야 한다. 설혹 일찌감치 가짜 뉴스라는 게 밝혀진다 해도 이미 선입견에 사로잡힌 유권자는 잘못된 선택을 할 수도 있다. 왜냐하면 가짜 뉴스가 더 자극적이고 재밌기 때문이다.

2016년 미국 대선 전 3개월 동안 '교황의 트럼프 지지 선언'을 포함한 20대 가짜 뉴스가 페이스북에서 받은 '공유'와 '좋아요'는 870만 회였다. 반면 같은 기간 동안 신망 높은 매체(당신이 들어본 미국 신문사는 대부분 포함된다)의 20대 뉴스가 받은 '공유'와 '좋아요'는 730만 회에 그쳤다. 가짜 뉴스의 파급력이 전통적인 매체가 수십 년간 쌓아올린 파급력을 단번에 능가한 것이다.

인터넷과 스마트폰의 대중화로 가짜 뉴스의 파급력은 갈수록 커지고 있다. 러시아가 2016년 미국 대선과 영국의 브렉시트 투표에 관여했다는 사실은 이미 밝혀졌다. 미국 대선에서 러시아 정부와 관련된 것으로 밝혀진 계정들이 구글과 페이스북, 트위터에 사용한 정치 광고비는 10만 달러가 넘는다. 페이스북에서만 1억 2,000만명의 미국인이 러시아가 만든 선전물을 접했다.

외부 국가가 개입하지 않더라도 자국 내의 여론 조작은 공식적이든 비공식적이든 이제는 디폴트 값이 됐다. 당신이 지지하는 정의로운 정치세력도 이미 여론을 조작하고 있다. 우리는 과연 자기 생각을 정확히 표현하고 있는 걸까? 아니면 조작당한 생각을 자기 생각이라고 믿는 걸까? 우리가 조작된 정보를 바탕으로 투표를 한다면 그 투표 결과를 신뢰할 수 있을까? 정보의 자유로운 이동이 오히려 자유를 위협하는 역설적인 상황이다. 그나마 피자 게이트와 같이 명백히 거짓인 사건은 진실이 밝혀질 수 있다. 하지만 그렇지 않은 경우가 더 많다. 대다수 뉴스가 진짜인지 가짜인지 제대로 확인되지 않은 채 그대로 묻혀버린다. 미국이 이라크를 침공한 이유였던 대량 살상무기는 끝끝내 발견되지 않았다. 명백한 가짜 뉴스였다. 그런데 대체 그게 뭐가 중요하단 말인가. 이미 이라크는 무너졌는데.

거짓이 아니다. 대안적 사실이다.

왜 현실과 판타지를 구분하기 어려운지 알아?
둘 다 개소리기 때문이야.
– 뉴스를 보며 친구가 한 말

2017년 1월 20일, 트럼프 대통령의 취임식이 있었다. 다음 날, 미국 언론은 트럼프 대통령 취임식에는 90만 명의 인파가, 오바마 때는 2배인 180만 명의 인파가 모였다고 보도했다. 백악관의 숀 스파이서Sean Spicer 대변인은 언론 브리핑에서 "언론이 트럼프 대통령의 취임식 참석 인원을 의도적으로 축소했다"라며 불만을 토로했다. 행사 당일 근처 지하철역의 승하차 인원은 42만 명으로, 오바마 취임식 때의 32만 명보다 훨씬 많았다는 것이다. 당연히 그가 인용한 수치는 아무 근거 없이 멋대로 꾸며낸 것이었다. 현장을 찍은 항공사진을 보면 알 수 있듯이 트럼프 취임식 참석자가 오바마 취임식 참석자보다 훨씬 적었다.

다음 날 열린 백악관 기자와의 만남에 참석한 기자들은 "왜 대변인이 거짓말을 하느냐?"며 항의했다. 그러자 켈리앤 콘웨이Kellyanne Conway 백악관 고문은 전설이 될 말을 남긴다. "자꾸 우리가 거짓말을 한다고 말씀하시는데, 우리는 거짓말을 한 것이 아닙니다. 대안적 사실alternative facts을 제시한 거죠."

'대안적 사실'이라는 표현은 이렇게 탄생했다. 기자는 곧바로 "그건 대안적 사실은 아닙니다. 그냥 거짓말이죠"라고 반박했지만, 아무도 그 말을 신경 쓰지 않았다.

정치학자 브라이언 셰프너Brian F. Schaffner와 여론조사 전문가 서맨사 럭스Samantha Luks가 이 사건과 관련해 대중의 반응을 연구했다. 두 학자는 1만 4,000여명의 미국 성인들에게 두 장의 사

(좌) 2017년 트럼프 대통령 취임식 항공사진 (우) 2009년 오바마 대통령 취임식 항공사진. 앞쪽에만 사람이 몰려 있는 트럼프 때와 달리 오바마 취임식장은 인파로 가득 차 있다.

진을 나란히 보여주고 어느 쪽 사진에 사람이 더 많으냐고 물었다. 정말 간단한 질문이며, 정치 성향과도 아무 관련이 없다. 그런데 트럼프 지지자의 무려 15퍼센트가 사진을 빤히 보면서도 왼쪽 사진(트럼프 취임식)에 사람이 더 많다고 답변했다.

　20세기 미국 민주당 원로 정치인 팻 모이니핸Daniel Patrick "Pat" Moynihan은 "모든 사람이 자기만의 의견을 가질 권리는 있지만, 자기만의 사실을 가질 권리는 없다"라는 아주 멋진 말을 남겼고, 지식인들은 가짜 뉴스를 이야기하며 이 말을 끌어다 쓴다. 하지만 그는 2003년에 죽었고 게임의 룰은 바뀌었다. 이제는(적어도 정치적 의안에 대해서는) 거짓이 없다. 이렇게 사진 한 장으로 드러나는 사실조차 다른 말이 나오는데 무엇을 거짓이라 할 수 있겠는가. 오직 수많은 대안적 사실이 있을 뿐이다.

《워싱턴 포스트》의 팩트 체크에 따르면, 트럼프 대통령은 취임 후 1,000일 동안 1만 3,000개가 넘는 거짓말을 했다고 한다(코로나19가 터지기 전이다. 코로나19 이후로 확장한다면 이 수는 더 늘어날 것이다). 하루 평균 13개, 한 연구에 따르면 평범한 사람도 매일 100여 개의 거짓말을 한다고 하니 특별한 것은 아닐 수도 있다. 하지만 대통령이, 그것도 기록된 자료에서만 하루 13번 거짓말을 했다는 건 단순한 문제가 아니다. 그중 몇 개는 굉장히 심각한 사안으로 전 세계 주식시장이 출렁거렸고, 누군가의 목숨이 왔다 갔다 했다. 탄핵 사유가 될 만한 것도 많았다. 하지만 그의 지지자들은 이런 문제를 전혀 신경 쓰지 않았으며, 오히려 언론이 거짓말을 한다고 몰아세웠다.

데이터는 양측의 의견에 맞는 모든 자료를 내놓는다. 선동가들은 자신에게 유리한 자료만을 취합해 '대안적 사실'을 만들어낸다. 트럼프는 자신이 가짜 뉴스의 가장 큰 피해자라 주장한다. 그리고 지지자들은 그 말을 믿는다. 모든 것은 입장 차, 모든 것은 정치적 논쟁, 그 사이에서 사실을 찾기도 힘들며, 찾는다한들 어차피 사람들은 자신이 믿고 싶은 대안적 사실을 믿는다. 거기에는 맹목적인 믿음만이 있지만 그들은 자신이 합리적이라 믿는다.

미얀마의 종교는 90퍼센트가 불교, 기타 종교가 10퍼센트 정도로 구성되어 있다. 미얀마에서는 종교와 민족이 결합해 있어 소수 종교 탄압이 심한 편이다. 특히 이슬람교를 믿는 로힝야족은 시민권도 받지 못한다. 이 문제는 미얀마가 생겼을 때부터 있었다. 어제 오늘 일이 아니다. 그런데 2016년 갑자기 이 문제에 불이 붙더니 로힝야족이 군부와 불교도들에게 학살당하고 살아남은 이들은 도망쳐 보트피플이 되는 사건이 벌어진다. 왜 오래된 문제에 갑자기 불이 붙게 된 걸까?

놀랍게도 페이스북 때문이다. 미얀마는 오래도록 군사독재 정권이 잡고 있었다. 당연히 폐쇄적이었고, 인터넷 접속도 쉽지 않았다. 하지만 2016년 정권을 잡은 아웅산 수지는 경제 자유화 정책을 단행한다. 그러면서 스마트폰에 기반한 인터넷의 문이 활짝 열리게 된다. 개방 전에는 스마트폰에 들어가는 SIM 카드의 가격이 200달러가 넘었다. 하지만 개방 이후에는 2달러로 떨어졌다. 페이스북은 재빨리 미얀마어 서비스를 시작해 새로 유입된 미얀마 사람들을 끌어들였다. 다른 SNS는 미얀마어가 지원되지 않았기에 페이스북은 미얀마의 국민 SNS가 됐다. 문제는 이들이 사실상 자유로운 인터넷을 처음 접했다는 것이다. 그들은 페이스북에 퍼진 아무 말을 아무런 필터 없이 빨아들였다.

미얀마 군부는 발 빠르게 움직였다. 그들은 팝스타, 슈퍼모델, 가수 등의 프로필 사진을 내건 가짜 계정 700여 개를 만들어 가짜 뉴스를 유포했다. '로힝야족이 버마 여성을 강간했다', '습격 후 죽였다' 같은 가짜 뉴스를 자극적인 사진과 함께 올렸다.

성난 군중은 로힝야족 마을에 불을 지르고 집단 린치를 가한다. 미얀마 군부는 더 체계적으로 움직인다. 그들은 요원들을 러시아로 파견해 심리전을 배우게 했고, 선동은 점점 더 거대해졌다. 그들은 "이슬람 신자들이 불교 행사에 맞춰 지하드(테러)를 감행할 것", "승려들이 정부에 이슬람을 추방해달라고 청원했다"는 등, 선동적인 문구로 종교 간의 싸움을 부채질했다. 결국 페이스북을 통한 인종 청소가 시작됐다. 군부가 만든 가짜 계정들이 온라인에서 표적을 고르면, 성난 군중이 그들을 오프라인에서 불태웠다. 결국 72만 명의 로힝야족이 학살을 피해 방글라데시로 피신했다. 2015년 200만가량 되던 미얀마 내 로힝야족은 현재 60만 명으로 줄었으며, 여전히 공포에 떨고 있다.

가짜 뉴스는 갑자기 나타난 것이 아니다. 그리스 로마 시대에도 가짜 뉴스가 판쳤다. 로마의 초대 황제가 되는 옥타비아누스는 자신의 경쟁자인 안토니우스와의 싸움에서 이기기 위해 가짜 뉴스를 퍼뜨렸다. 공화정이었던 로마에서는 대중의 인기가 중요했는데, 초반에는 안토니우스가 옥타비아누스보다 훨씬 명망이 있었다. 옥타비아누스는 이를 뒤집기 위해 안토니우스가 본국에 없는 사이 그에 관한 나쁜 소문을 낸다. 먼저 그가 바람둥이에 온갖 음탕한 짓을 하는 부패한 사람이라는 소문을 뿌리고, 그 위에 그가 클레오파트라의 미인계에 빠져 더러운 행위를 하고 있다는 추문을 얹었다. 그러자 대중은 안토니우스가 지도자가 되면 로마의 이익을 배신하고 클레오파트라가 원하는 대로 이집트와 동맹을 맺을 것이라는 결론을 내린다. 안토니우스는 로마 시민들이 갑자기 돌아선 이유를 제대로 알지도 못한 채 옥타비아누스에게 패배했다. 결국 옥타비아누스는 가짜 뉴스의 힘으로 로마의 첫 번째 황제가 된다.

지금 우리에게 닥친 위기는 가짜 뉴스가 아니다. 진짜 위기는 더 이상 우리에게 권위를 주는 뉴스가 없다는 것이다. 군사정권 시절을 생각해보라. 당시 공식적인 뉴스의 절반은 독재자를 찬양하는 가짜 뉴스였다. 공식적인 가짜 뉴스가 판쳤다. 심각한 문제지만 문제가 되지 않았던 건 그 뉴스가 가진 권위 때문이었다. 대다수가 가짜 뉴스를 믿었기에 그건 가짜 뉴스가 아니었고 사회가 돌아가는 데 문제가 되지 않았다. 그런데 이제는 진짜 뉴스도 가짜 뉴스 취급을 받는다. "팩트"가 아니라고 말한다.

국내에서 '팩트'라는 표현이 떠오르기 시작한 것도 가짜 뉴스가 이슈화되기 전이었다. 수년 전부터 인터넷에서는 '일베'를 중심으로 팩트라는 표현이 널리 퍼졌다. 그들은 대안적 사실을 이야기할 때 늘 '팩트'라는 표현을 붙였다. 가짜 뉴스에 관한 문제가 제기된 뒤 방송사나 언론사들은 앞다투어 팩트 체크 프로그램을 만들지만, 팩트는 점점 알 수 없는 것이 되어가고 있다.

진실의 적은 거짓이 아니다. 복잡함이다. 이제 우리는 어느 것도 확신하지 못한다. 모든 것에는 양 측면이 존재한다. 모두가 팩트라고 주장하기 때문에 추적 조사를 통해 진짜 팩트(팩트라는 단어가 '진짜'라는 뜻인데 거기에 또 진짜가 붙다니)를 밝힌다 해도 사람들은 믿어주지 않는다. 이제 언론에는 그런 권위가 없다. 사람들이 믿어주지 않으니 팩트도 팩트가 아닌 게 된다. 우리는 우리가 믿는 것을 믿는다. 진실이 있다 한들 우리가 어찌 알겠는가.

정치인들은 이를 자신에게 유리한 방향으로 만들려고 노력하고 정치의 팬덤화는 더 심해진다. 가짜 뉴스 혹은 대안적 사실을 퍼트린 극우 매체 〈브레이브 바트〉의 스티브 배넌Stephen Kevin "Steve" Bannon은 트럼프가 당선된 뒤 백악관 수석 고문으로 임명됐다. 이는 가짜 뉴스가 단순히 일부 계층에만 영향을 주는 것이 아니라 이미 뉴스의 본령을 접수했음을 선언한 사건이었다.

문화비평가 커트 앤더슨Kurt Andersen이 『판타지랜드』에서 이렇게 정리한다.

"미국은 몽상가와 광신자, 연예 기획단장과 관중, 돌팔이 장사꾼과 호구에 의해 만들어진 나라다."

미국뿐 아니라 현대사회 전체가 그렇다. 우리는 몽상가나 광신자, 연예 기획단장과 관중, 돌팔이 장사꾼과 호구 중 한두 가지 역할을 수행한다. 하지만 큰 변화는 일어나지 않을 것이다. 사람들은 세상이 아무리 미쳐 날뛰어도 자신만은 괜찮다고 믿으므로.

9

심리

우리는 왜 미신을

믿는가

"믿지 않는 자가 길을 잃는다."

– 자크 라캉

우리는 왜 미신에 빠질까? 어쩌면 당신이 만난 용한 점쟁이가 미래를 정확히 맞히는 것을 경험했기 때문일지도 모른다. 하지만 세상의 비밀을 아는 사람이 그렇게 많을 리가 없다. 상당수 점쟁이들이 틀린 예언을 하는데도 사람들은 기꺼이 돈을 내고 점을 본다. 안 믿는다고 하면서도 점괘가 나쁘면 화를 낸다. 그렇다면 우리가 미신을 믿는 데는 심리적인 이유가 있지 않을까?

믿는 자가 구원을 받는다

미신은 마음을 편하게 만든다. 운명은 알 수 없는데, 보통 원하는 대로 되진 않는다. 우리는 운이 좋았던 때, 그것을 운이 아닌 실력이라고 생각하는 경향이 있다. 반면 재수 없는 경우는 재수 없다고 느끼고, 그렇기에 잘 기억한다. 당연히 우리는 불운이라는 불확실성이 주는 불안을 해소하고 싶어 한다.

그래서 1장에서 소개한 동물의 원초적 형태의 미신을 현대인들도 사실상 똑같이 수행한다. 이런 걸 '징크스'라 한다. 스포츠 선수들은 보통 한두 가지 징크스를 가지고 있다. 가령 농구 선수 마이클 조던^{Michael Jordan}은 경기가 있을 때마다 유니폼 아래 대학시절 반바지를 입었다. 축구 선수 데이비드 베컴^{David Beckham}은 다소 특이한 징크스를 가지고 있었는데, 바로 짝 맞추기 강박이다. 결벽증이 있는 사람에게서 볼 수 있는 징크스인데, 베컴은 정도가 심해서 경기 직전 냉장고에 음료수가 홀수로 있으면 짝을 맞추기 위해 한 병을 그대로 쓰레기통에 버렸다고 한다.

운동 종목별로 선수들이 징크스를 갖는 비율은 차이가 난다. 대중적인 스포츠 중에 징크스를 가질 확률이 가장 높은 종목은 야구다. 야구 선수 중에서도 공을 던지는 투수보다 공을 맞혀야 하는 타자가 징크스를 갖는 비율이 더 높았다. 야구를 아는 사람들은 이쯤에서 고개를 끄덕일지도 모르겠다. 투수와 타자가 붙으면 투수가 이길 확률이 훨씬 높다. 타자는 열 번 중 세 번만 안타를 쳐도 톱 플레이어가 된다. 전 세계에서 가장 잘하는 선수도 열 번 중에 여섯 번 이상 실패하는 셈이다. 불확실성이 큰 만큼 징크스를 가질 확률도 높다.

징크스가 이성과 거리가 멀다는 건 선수 본인도 알고 있을 것이다. 하지만 그들은 불안을 해소하기 위해 이런 행동을 한다. 마이클 조던이나 데이비드 베컴이 미신을 믿든 말든 그들은 운동을 잘했겠지만, 징크스를 지킨 것이 그들의 심적 안정과 자신감에 조금은 긍정적인 영향을 미쳤을 것이다. 물론 운동선수에게 징크스란 기본 옵션이므로 상대적으로 도움이 됐는지까지는 잘 모르겠지만.

특정한 행동이나 사물이 어떤 초자연적인 힘과 연결되어 있으며 그것을 지킴으로써 행운이 온다고(혹은 불행을 피할 수 있다고) 믿으면, 우리는 미래를 어느 정도 통제할 수 있다는 느낌을 갖는다. 그래서 미신을 적당히 믿으면 긍정적인 태도가 생기고 고민을 덜하며 세상을 살아갈 수 있다.

1장에서 인류의 가장 큰 사기가 농경이라 했는데, 위와 같은 맥락에서 보면 이해가 된다. 평균적으로 잘 먹고 잘 살지만 하루하루 모험을 해야 하는 수렵 채집보다는, 1년을 주기로 정해진 일을 반복하는 농사일이 스트레스가 덜하기 때문이다. 물론 농사라는 건 더 큰 운에 기대야 하는 것이지만, 어쨌든 수렵 채집인이 하는 고민의 횟수는 줄여줬을 것이다.

경제 위기나 전쟁, 혹은 어떤 이유에서든 사회적 불안이 커지면 사람들은 미신에 집착하는 경향을 보인다. 독일 기록을 보면, 경제 공황이 닥치고 1차 세계대전에서 패한 1918년과 2차 세계대전이 일어난 다음 해인 1940년에 사람들이 미신에 광적인 집착을 보였다고 한다. 나치를 향한 독일인들의 광적인 믿음이 경제 위기와 그에 따른 미신 발흥의 연장선상에 있다고 볼 수도 있다. 파스빈더Rainer Werner Fassbinder의 영화 제목처럼 '불안은 영혼을 잠식한다'.

버뮤다 삼각지대와 낙인효과

1945년 미 해군 항공대 제19비행단 1개 편대(4대)와, 그들을 구조하러 날아갔던 비행정 한 대가 돌연 실종된다. 비행기 다섯 대가 이유도 없이 사라졌으니 두고두고 이야기될 만한 사건이다. 1960년《마이애미 헤럴드》의 기자 에드워드 존스는 사건이 일어난 지역을 마의 삼각지대Devil's Triangle라고 명명한다. 그 유명한 '버뮤다 삼각지대'의 시작이다.

이후 그 지역에서 선박과 항공기, 승무원이 사라지는 사고가 15차례나 일어난다. 사람들은 사고가 날 때마다 말했다. "또 거기?" 그렇게 전 세계 사람들은 어디 있는지는 모르지만, 버뮤다 삼각지대라는 이름만은 확실히 기억하게 됐다.

왜 버뮤다 삼각지대에서는 사고가 많이 일어날까? 수많은 주장이 쏟아졌다. 그중에는 바다 속에서 나오는 메탄가스나 강한 자기장의 영향 때문이라는 과학적인 연구 결과도 있다. 그런데 이런 조사 이전에 먼저 짚고 넘어가야 할 점이 있다. 정말 버뮤다 삼각지대에서는 다른 곳보다 사고가 많이 일어날까?

버뮤다 삼각지대, 이름은 다 알지만 위치는 잘 모른다. 플로리다 해협, 버뮤다, 푸에르토리코를 삼각형의 꼭짓점으로 보면 된다.

버뮤다 삼각지대에서 일어나는 사고의 절대적인 수는 분명히 평균보다 높다. 하지만 해당 지역은 선박과 항공기 운행량이 많은 곳이다. 전체 수를 고려하면 버뮤다 삼각지대의 사고율은 오히려 평균보다 낮아진다. 그러니까 버뮤다 삼각지대의 진짜 미스터리는 이곳이 왜 다른 지역보다 사고가 적게 일어나는가 하는 것이다(아마 그곳의 악명 때문에 해당 지역을 지나는 조종사들이 특별히 조심해서 그런 게 아닌가 싶다). 물론 사고 발생에 비해 실종 비율이 높기 때문에 이곳의 악명이 모두 가짜라고 하긴 어렵다. 하지만 이 역시 합리적으로 설명할 수 있다. 해당 지역의 기후적 특성 때문에 토네이도 등 자연재해가 많이 발생하고, 연근해와 떨어져 있어 사고 발생 시 구조도 어렵다. 그러니까 안타깝게도 버뮤다 삼각지대에는 어떤 '악마'도 없다.

사실 우리는 다른 해역에서 일어난 사고에 대해서는 그다지 신경 쓰지 않는다. 오직 버뮤다 삼각지대에서 사건이 벌어졌을 때만 그 이름을 기억한다. 선입견이 사고를 강화하고, 사고가 다시 선입견을 강화한다. 아마 학자들이 주장한 이론(메탄가스, 자기장 등)은 버뮤다 삼각지대에서 사고가 일어나는 원인 중 하나일 것이다. 하지만 세상 모든 곳에는 각각 다른 사고의 원인이 있다. 그 원인으로 인해 일어나는 사고의 비율 자체는 어느 지역이나 비슷하다. 원인을 파악하는 건 좋은 일이다. 하지만 만약 그곳이 버뮤다 삼각지대가 아니었다면 학자들은 애초에 그런 연구를 하지도 않았을 것이다. 우리가 미신을 믿는 것도 비슷한 맥락이다. 운이 없다고 생각하면 운이 없는 경우만 눈에 들어온다.

믿음은 더 큰 믿음을, 무지는 더 큰 무지를

"무지는 지식보다 더 확신을 가지게 한다."

−찰스 다윈

"이 시대의 아픔 중 하나는 자기 확신이 있는 사람은 무지한데, 상상력과 이해력이 있는 사람은 의심하고 주저한다는 것이다."

−버트런드 러셀

이 두 위인의 말에 정확히 들어맞는 것이 더닝 크루거 효과다. 더닝 크루거 효과는 코넬대 사회심리학 교수 데이비드 더닝David Dunning과 대학원생 저스틴 크루거Justin Kruger가 실험하고 정리한 이론이다. 아래 표를 보자.

새로운 분야를 접하면 처음에는 누구나 무지하다. 그러다 어떤 계기로든 첫 번째 정보가 들어오면 그 내용을 신뢰하게 되며, 이후 자신이 그 분야를 잘 아는 것처럼 그 주장을 반복하게 된다. 스포츠나 게임을 할 때도 이상하게 처음에 게임이 잘 될 때가 있다. 이를 초심자의 행운이라고 하는데, 이것이 자신감을 주어 해당 분야를 잘 아는 것처럼 행동하게 한다.

더닝 크루거 효과

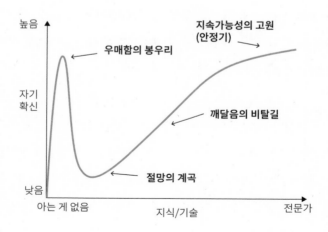

더닝과 크루거는 학부생 65명에게 각각 스무 가지 논리적 사고 시험을 치르게 한 다음 자신의 실력을 어느 정도 쯤으로 생각하는지 물었다. 그런데 시험에서 최하위 5퍼센트에 속하는 학생 대부분이 자신이 중상위권(상위 25~50퍼센트) 정도 되는 것 같다고 평가했다. 이는 실제 성적이 좋은 학생들이 같은 질문에 응답한 비율보다 훨씬 높았다.

그러니까 이 하위 5퍼센트의 학생들은 '우매함의 봉우리'에 있다. 이들은 자기 확신이 강해 틀린 결정을 내리지만, 자신들이 틀렸다는 사실조차 알 만한 능력이 없다. 그래서 이 근거 없는 자신감은 꺾이지 않는다. 사회가 복잡해지면서 이 문제는 더 심각해졌다. 현대에는 신경 쓸 일이 너무 많고 이슈도 너무 빨리 변한다. 그러니 대부분의 사람이 어떤 사안을 전혀 모르거나(그나마 낫다) 아니면 한번 들은 것을 믿고 끝까지 자신의 주장을 굽히지 않는다. 그들은 한번 접한 의견에 빠져 그걸 자신의 SNS에 퍼 나른다. 아무것도 모르는 사람이 대다수이므로 상대적으로 자신이 많이 안다는 착각에 빠진다.

그러다 그 분야를 진지하게 배우기 시작하면, 곧 그 분야의 천재들을 만나게 되고 '절망의 계곡'에 빠진다. 그때부터 자신감은 급격히 떨어져서 '나는 아무것도 몰라' 상태가 된다. 재밌는 건 이들도 상대적으로 자신을 낮게 평가하지는 않는다는 점이다. 소크라테스나 공자 같은 인류의 대스승들이 자신의 무지를 인정하는 것을 높게 평가한 게 문제다. 절망의 계곡에 빠진 사람들은 자신이 잘 모른다는 사실을 인정함으로써 '그래도 나는 내가 모른다는 걸 안다'라는 자신감을 갖게 된다. 그래서 그들 역시 자신을 진짜 잘 아는 사람의 아래 단계인 중상층으로 평가한다.

절망의 계곡을 지나 지식을 차곡차곡 쌓으면 '깨달음의 비탈길'에 이른다. 이제부터는 진짜 잘 알게 된다. 그런데 이들은 아무것도 모르던 과거의 자신을 잊고, 자신이 아는 만큼 남들도 잘 알 것이라는 착각에 빠진다(주변에는 자신처럼 잘 아는 사람이 많을 테니까). 그래서 바보 소리를 해대는 초심자들에게 결론을 내려주지 않는다. 그들은 자신이 틀릴 수도 있다는 것을 늘 전제하며, 복잡한 예외 상황을 가정한다. 하지만 초심자들은 어차피 그들의 말을 알아듣지 못하고, '전문가조차 내 의견에 제대로 반박하지 못했다'고 생각하면서 자신의 편협한 믿음을 강화한다. 사실 내가 온갖 분야의 책을 쓸 수 있는 것도 다 더닝 크루거 효과 때문….

아무튼 초보자부터 고수까지 모두 자신을 중상층으로 평가하는 묘한 구조가 형성된다. 그러니 미신이든 음모론이든 가짜 뉴스든 대안적 진실이든 종교든 사상이든 한번 박힌 생각은 좀처럼 바꾸기 어렵다. 어느 단계에 있든 자신이 늘 어느 정도 안다고 생각하기 때문이다.

또한 전문 분야가 너무 다양해진 현대에는 탁월한 전문가도 다른 분야에서 이상한 미신이나 믿음에 빠지는 경우가 허다하다. 창조과학을 믿는 물리학자나 화학자가 있는가 하면, 유니콘의 CEO이자 천재적인 프로그래머도 헤어진 연인에게 "자니?"같은 찌질한 문자를 보낸다. 나는 의사와 변호사 같은 소위 전문직 종사자가 대다수인 모임에 초청받아 이들과 오랜 시간 이야기를 나눈 적이 있다. 그런데 이들은 정말 진지하게 그리고 오랫동안 올해의 운세에 대해 이야기를 했다. 그들 중 상당수는 사주에 관심이 많았고, 일부는 사주가 빅데이터라고 주장하며 신뢰할 만하다는 발언까지 했다. 좋은 직업을 가졌다고 꼭 현명한 사람인 것은 아니지만, 어쨌든 고등교육을 받아도 얼마든지 미신에 빠질 수 있다. 자신이 어느 분야에서는 전문가이기 때문에 오히려 미신에 빠졌을 때 벗어나지 못하는 것일지도 모른다. '내가 난데' 가짜에 속겠는가.

그러니 당신이 존경하는 훌륭한 사람이 특정 미신을 믿는다고 해서 다짜고짜 그 미신을 따라 믿는 오류를 범하지 않길 바란다. 그 훌륭한 사람도 자신의 전문 분야가 아닌 곳에서는 어차피 호구일 뿐이다. 네임드 호구.

우리는 믿고 싶다

1948년 심리학자 버트럼 포러Bertram Forer는 대학생 39명에게 심리검사를 실시한다. 무료로 해준다고 하니 학생들은 신나서 실험에 참가했다. 학생들이 모든 문항에 체크를 하면 포러는 그들에게 결과를 보여주고 자신의 성격과 얼마나 일치하는지 0점(최하)부터 5점(최고)까지 평가해달라고 부탁했다. 39명의 평균 점수는 4.26점으로 만점에 가까웠다. 학생 대다수가 결과에 만족했다는 뜻이다. 그런데 학생들이 받은 결과는 사실 학생들의 성격과는 아무 관련이 없었다. 학생이 어떤 답안을 제출하든 포러는 똑같은 결과를 줬기 때문이다. 하지만 학생들은 그 결과가 자신의 성격과 일치한다고 믿었다. 포러가 학생들에게 준 결과는 아래와 같다.

당신은 다른 사람들이 당신을 좋아하고 존경하기를 바랍니다. 당신은 스스로에게 비판적인 경향이 있습니다. 당신은 당신에게 별로 도움이 되지 않는 능력을 갖고 있습니다. 또한 당신은 몇 가지 성격적 결함을 갖고 있지만, 평소에는 그것들을 상쇄할 수 있어 큰 문제가 되진 않습니다. 겉으로는 규칙을 준수하며 자제심 있게 행동하지만, 내면적으로는 걱정하며 불안해하는 경향이 있습니다. 가끔 당신은 당신이 옳은 결정을 내렸는지 심각하게 의심합니다. 당신은 어느 정도의 변화와 다양성을 선호하며, 구속과 규제로 갇히게 되면 불만스러워합니다. 당신은 독립적이고 자유로운 사고를 지닌 사람임을 자랑스러워합니다. 납득할 만한 증거가 없는 다른 사람의 말은 받아들이지 않습니다. 당신은 너무 솔직하게 자신을 다른 사람에게 드러내는 것은 어리석은 짓이라고 생각합니다. 당신은 외향적이고 친절하며 사교적이지만, 때로는 내향적이고 외부를 경계하고 내성적이 됩니다. 당신의 꿈 중 일부는 매우 비현실적인 경향이 있습니다. 안전한 삶은 당신의 주요한 목표들 중 하나입니다.

어떤가? 자신과 비슷한가? 너무 뻔한 수법 아니냐고? 맞다. 그래서 여기에는 몇 가지 전제가 필요하다. 일단 결과를 주는 사람에게 신뢰감이 있어야 하며, 나에게만 주는 답이라는 확신도 필요하다. 이 실험에선 두 가지 전제가 모두 충족된다. 실험을 진행한 포러는 권위 있는 심리학과 교수이며 심리 검사 이후 학생들에게 결과를 개별 통보했다. 부정적인 말보다 긍정적인 말을 많이 해주면 신뢰를 얻기 더 좋다. 확신만 줄 수 있다면, 예언은 모호하면 모호할수록 좋다. 어차피 무속인을 신뢰하는 사람은 그 모호함 속에서 자신의 이야기를 알아서 찾을 것이기 때문이다. 심지어 틀린 답을 내리더라도 그 틀린 답은 은유나 메타포가 되지 틀린 것이 되진 않는다. 예술가보다 중요한 건 대중이며, 마술사보다 중요한 것은 관객이듯이, 신보다 중요한 것은 신자이며, 점쟁이보다 중요한 것은 믿는 사람들이다.

탈종교 시대임에도 여전히 각종 미신이 흥하는 이유를 여기서 찾을 수 있다. 사주를 보든 타로를 보든 내리는 해답은 사

람마다 다르다(고 착각한다). 그런 포인트가 오히려 급변하는 시
대와 잘 맞아떨어진다. 그래서 종교는 약해지지만 미신은 강해
진다. 이를 포러 효과, 혹은 바넘 효과라 부른다(바넘은 미국의 서
커스 단장 겸 흥행업자다. 그가 사람을 현혹하는 기술이 이와 비슷하다고
해서 붙은 이름이다).

사람들은 타로나 사주에 대해서, 과거는 잘 맞추는데 미래
는 맞추지 못한다는 말을 하곤 한다. 그러면서 그 이유를 '빅데
이터에 기반을 뒀기 때문'이라고 말들을 하는데, 사실은 이 바
넘 효과 때문이다. 지나간 과거는 모호한 말 속에 자신의 경험
을 풀어 이해할 수 있지만, 미래를 해석할 때는 기대감이 포함
되기 때문에 정확히 맞힐 수 없다.

결국 우리를 속이는 건, 점쟁이가 아니라 우리 자신이다.
고대 그리스의 정치가 데모스테네스Demosthenes는 이렇게 말한다.
"세상에서 가장 쉬운 건 자기 자신을 속이는 일이다. 우리는 우
리가 믿고 싶은 거라면 뭐든 믿는 존재이기 때문에."

기원전 4세기 때부터 알고 있었지만, 우리는 지금도 기꺼
이 속는다.

진실은 직관적이지 않다

2015년 3월이 되기 며칠 전, 미국 워싱턴 DC 의회의사당

에서는 인상적이지만 쓸데없는 해프닝이 벌어진다. 환경 관련 회의차 의회의사당으로 가던 상원 환경위원회 위원장 짐 이노페Jim Inhofe 의원의 눈에 길에 쌓여있는 눈snow이 들어온다. 그는 보좌관을 시켜 밖에 쌓여 있는 눈을 한 덩이 가져오게 한다. 그리고 단상에서 눈덩이를 치켜들고 이렇게 말한다.

"지구 온난화는 거대한 사기극입니다. 오늘 저는 그 증거를 발견했죠. 이제 곧 꽃피는 봄입니다. 그런데 밖에는 눈이 쌓여 있어요. 단단합니다. 이런데도 지구가 따뜻해진다고 주장하는 음모론자들이 있습니다."

그는 눈덩이를 바닥에 던지고는 승자의 미소를 지었다.

눈처럼 맑은 뇌를 가진 상원의원의 발언은 당연히 곧바로 반박당했다. 이노페는 기후변화를 인정하지 않는 대표적인 인물로 화석연료와 관련된 기업으로부터 후원금을 받고 있다. 그런 사람이니 기후변화를 믿고 싶지 않은 마음은 충분히 이해가 간다. 그는 진심으로 기후변화가 없길 바랄 것이며, 진심으로 그렇게 믿을 것이다. 그는 자신의 책『세상에서 가장 큰 거짓말: 어떻게 지구 온난화 음모론이 우리의 미래를 위협하는가』에서 "지구 온난화란 그저 하느님이 잠깐 지구의 온도를 올린 것에 불과하다. 그분이 하시는 일을 인간이 바꿀 수 있다고 믿는 것은 오만"이라 말한다. 이런 내용을 진지하게 책으로 쓰고 있다니 우습다기보다는 걱정이 된다. 아무튼 이런 사람이, 자신이

눈을 들고 궁서체로 연설 중인 짐 이노페 상원의원.
이 눈을 바라봐. 넌 행복해지고 ♪
이 눈을 바라봐. 난 부유해지고 ♬

보기에 너무 명확한 증거(길에 쌓인 눈)를 발견했으니, 그걸 보여
주지 않고서는 도저히 참을 수 없었던 것이다.

　　이 사람만의 문제가 아니다. 미국 공화당 전체가 허우적거
리고 있다. 2008년까지만 해도 미국 공화당 강령에는 '기후변
화'가 13차례 언급되며, 기후변화를 "인간의 경제 활동으로 야
기되었다"라고 규정하고 "장기적으로 석유 소비를 줄이는 방향
으로 노력하겠다"라고 적혀 있었다. 하지만 이후 바뀐 강령에는
기후변화를 딱 한 번 언급하는데, 그것도 폄하하기 위해서다.
현재 공화당은 탄소 배출을 줄이자는 제안을 당연히 모두 거절
하고 있으며, 기후변화를 연구하는 것 자체를 반대하고 있다.

정치와 과학 인식이 완전히 후퇴한 셈이다.

하지만 냉소를 빼고 차분히 생각해보면, 짐 이노페 의원의 주장은 직관적이다. 기후변화에 대한 지식이 부족하면 충분히 혹할 만하다. 눈은 눈에 보이니까. 지금 당장 추우니까. 눈앞의 현실을 믿는 것이 당연하지 않은가.

더 이상 현실은 직관적이지 않다. 과학과 관련해서는 더욱 그렇다. 전통적으로 우리가 현실을 파악하는 방법은 합리론과 경험론이다. 합리적 추론으로 알거나 경험을 통해 안다. 그런데 현대 과학은 현실에서의 경험과 완전히 따로 움직인다. 우리가 사는 세계는 평평한데 지구는 둥글고, 우리는 꽉 차 보이지만 사실은 비어 있다. 그나마 상대성이론까지는 머리로 이해해보려 하면 어느 정도 이해할 수 있지만, 양자역학부터는 안드로메다로 가버린다. 과학자도 이해 못한다. 그냥 양자역학을 가정하고 실험하면 그 결과가 맞을 뿐이다. 그럼 경험론이 남는데 경험이란 어차피 사람마다 다 다르다. "내가 해봤는데…"로 시작하면 더 이상 할 말이 없다.

우리는 각자의 일로 바빠 세상만사의 진실을 확인할 시간이 없다. 그러니 대다수가 인정한 현상에 대해서는 대충 인정하고 넘어간다. 그렇게 믿기로 합의를 한다. 그래서 가짜에도 쉽게 넘어간다. "인위적으로 만든 것이 몸에 나쁘다"라는 주장은 직관적이다. 그 직관 때문에 우리는 GMO와 MSG를 불신한다.

일부 미국인들은 죽은 바이러스로 만드는 백신이 건강에 좋을 리 없다며 아이에게 백신 맞히기를 거부하다가, 사실상 사라진 홍역을 재창궐시켰다.

초기 백신 음모론의 핵심은 백신에 들어가는 수은 방부제가 자폐를 유발한다는 것이다. 수은과 방부제라니 이름만 들으면 최악의 결합처럼 들린다. 1998년 한 의사가 자폐 행동을 보이는 아이 10명을 조사해 그것이 백신 때문이라는 논문을 의학저널에 발표하면서 백신 불신이 사회 전역에 퍼지게 되었다. 이후 12년간의 조사 끝에 해당 논문의 데이터가 조작된 것으로 밝혀져 그는 의사 자격을 박탈당했다. 하지만 의심은 이미 생겨버렸고, 사람들은 여전히 백신을 불신한다. 그들은 보건 당국과 미국소아과학회를 압박해, 만에 하나라도 안전하지 않을 가능성을 고려해 백신에 방부제를 넣지 말 것을 권고했고, 소비자에게 찍히기 싫은 제조사들은 그 권고를 따랐다. 그러자 백신 음모론자들은 이렇게 말하기 시작했다.

"보세요. 우리가 옳았어요. 만약 정말 안전했다면 왜 방부제를 뺐겠어요?"

여전히 미국인의 3분의 1은 여전히 백신이 자폐를 유발한다고 믿으며, 국가가 예방접종을 강제해선 안 된다고 생각한다. 멀리 갈 필요도 없다. 미국 내 코로나19 확진자가 하루 10만 명을 넘어섰지만, 한 설문에서 미국인의 35퍼센트는 "백신을 무료로 배포한다고 해도 맞지 맞지 않겠다"라고 응답했다(코로나 19 백신의 경우 임상 기간이 짧아 안정성을 의심할 수 있다. 다만 미국인들은 안전이 확인된 기존 백신에 대해서도 비슷한 비율로 불신한다).

한국에서도 '안아키(약 안쓰고 아이 키우기)'를 시작한 한의사가 허위 정보 유포 혐의로 처벌받고 한의사 자격을 박탈당했지만, 여전히 그 주장을 믿고 실천하는 사람이 많다. 마치 종교적 믿음처럼, 음모론은 사실이 아니라고 밝혀진다 해서 사라지지 않는다. "수은 방부제가 문제가 없다면 다른 독성이 문제일 것이다", "자폐가 아니라면 천식이나 소아 당뇨병 등 다른 병을 유발할 것이다", "안전에 문제가 없다면 백신에 칩을 심어 국가가 (혹은 빌게이츠가) 우리를 통제할 것이다" 등등 음모론은 끝나지 않는다.

안타까운 것은 이런 가짜 주장이 사실보다 훨씬 직관적이며, 비전문가에게는 더 그럴듯하게 들린다는 것이다. MSG나 GMO가 나쁘지 않다는 사실을 알고 있는 당신조차 이렇게 생각할 것이다. '그래도 혹시 모르니까 안 먹을 수 있으면 안 먹는 게 좋지 않나?' '방부제 백신보다 방부제 없는 게 좋겠지. 혹시 모르니까.' 망할. 혹시 모르면 대체 집 밖에는 어떻게 나오나. 혹시 사고가 날지도 모르는데.

우리는 과학이 반증을 통해 발전한다고 배웠고, 모든 것을 의심하는 태도는 좋은 것이라 교육받았다. 하지만 현실에서 대중의 신념은 무지보다 나쁘게 작용한다. 많은 경우 다수의 전문가(다수가 중요하다. 한두 명이 말하는 게 아니라)가 하는 말을 그냥 인정하고 넘어가는 것이 자신에게도 편하고 사회에도 도움이 된다. 그러니 묘한 것이다. 그대로 믿어도 가짜에 속고, 의심해도 가짜에 속으니 말이다.

모든 일에는 이유가 있다

모든 일에는 이유가 있다. 그냥 일어나는 일은 없다.
......
...

어떻게 생각하는가? 아마 많은 독자들이 공감할 것이다. 사람들은 어떤 사건이 벌어지면 이유를 찾는다. 그래서 영화 〈달콤한 인생〉의 이병헌(선우 역)이 자신을 배신한 보스에게 이렇게 물은 것이다.

"나한테 왜 그랬어요? 말해봐요. 나한테 왜 그랬어요?"

이제 여러분에게 세상의 비밀을 하나 알려드리려고 한다. 새겨듣길 바란다. 우리의 생각과 달리 이 세상의 많은 일이 아무 이유 없이 그냥 일어난다(물론 영화에서는 이유가 있었다. 넌 나에게 모욕감을 줬…).

파푸아뉴기니 앵무새가 이긴 이유

2000년《월스트리트 저널》은 세 팀으로 나눠 10개월간 모의 주식투자 실험을 진행했다. 1팀은 원숭이 한 마리, 2팀은 펀드매니저 4명, 3팀은 개미투자자 4명이었다. 2팀과 3팀은 여러 명이므로 각자 투자를 해서 평균치를 계산했다. 1팀의 원숭이는 눈을 가리고 다트를 던져서 나오는 것을 대리인이 대신 투자했다. 결과는 놀랍게도 원숭이가 1등, 펀드매니저가 2등, 개미투자자가 3등이었다. 수익률은 등수마다 10퍼센트씩 차이 났다. 경제 상황이 좋지 않았는지 세 팀 다 마이너스를 기록했지만, 손해를 보더라도 원숭이가 20퍼센트나 적게 봤다.

2009년에 국내에서도 비슷한 실험이 있었다. 이번 주인공은 파푸아뉴기니에서 온 앵무새, 상대는 10명의 개인투자자였다. 결과는 동일했다. 앵무새가 10퍼센트 이상 큰 수익을 거뒀다. 사람은 마이너스 수익률, 앵무새는 플러스 수익률이었다.

어떻게 원숭이와 앵무새가 사람을 이겼을까? 그들이 똑똑해서? 그럴 리가. 다른 동물로도 수차례 실험했지만 대부분 동물이 이겼다. 심지어 인간은 금붕어한테도 졌다. 다들 나가 죽는 게… 여기서 중요한 건 동물의 지능이 아니다. 그냥 무작위로 결정하는 것이 고심해서 결정한 것보다 훨씬 나은 결과를 가져다준다.

사람들은 주식을 해도 서사를 만든다. 각 기업의 앞뒤 맥락을 고려하고 세계 시장의 흐름을 고려해서 '이 기업은 오르고, 저 기업은 떨어지고' 하는 식으로 접근한다. 그런데 그 예측은 금붕어보다도 못하다. 주식시장에는 인과가 없거나 있어도 카오스이론에 수렴하므로 정확히 알 수 없다. 주식시장뿐 아니라 세상의 많은 일이 그렇다. 모든 일에 인과가 없는 것은 아니지만, 많은 일이 우연히 일어난다. 그런데도 인간은 본능적으로 자신이 받아들일 수 있는 서사를 만들고 그 서사에 맞춰 행동한다. 그래서 이상한 믿음이 생기는 것이다. 물론 어떤 혼란 속에서도 패턴을 만들어내는 것이 인간의 가장 탁월한 능력이지만, 종종 그 능력이 인간의 발목을 잡는다.

사람들이 이유를 찾는 건 어쩌면 종교적 전통에서 생겨난 것일지도 모르겠다. 종교인들은 이해하기 힘든 일이 일어났을 때 이렇게 말한다. "신의 뜻이 있다." "신의 역사하심이 있다." 이유를 못 찾겠으니 신을 만들어 짐을 지운다.

이런 생각이 순간의 어려움을 극복하는 데 도움이 될 수도 있다. 인과를 이해하면 그것이 설령 거짓이라 해도 위안이 된다. 그래서 사람들은 모든 것에 이유를 찾기 시작했다. 전염병이 도는 데는 이유가 있다고, 다 마녀들의 짓이라고. 아이가 죽은 데는 이유가 있다고, 악마에 들렸다고. 물론 전염병이 돌고 아이가 죽은 데는 이유가 있다. 하지만 당시 사람들은 결코 알 수 없는 이유였다. 그들은 그것이 우연일 리 없다고 믿었기에 누군가를 악마로 만들어 처단했다.

인터넷이 등장하고 정보 공유가 활발해지면서 이런 태도는 극단으로 치닫는다. 각자의 경험과 생각과 허풍이 합쳐지자 세상 모든 것에는 음모가 숨어 있게 됐다. 1990년대까지 음모론은 괴짜들의 것이었다. 하지만 21세기가 되면서 음모론은 공개적인 영역까지 확대되었다.

1996년 폭스뉴스Fox News의 개국은 상징적이었다. 이후 정치에서는 음모론과 실제가 구분되지 않았고, 그것이 가짜 뉴스, 대안적 진실에 이르렀다.

한국에서는 〈나는 꼼수다〉(이하 나꼼수)의 등장이 이를 부추겼다. 나꼼수 진행자들은 정치권에서 벌어지는 모든 일에 "우연일 리 없다"고 말한다. "그 모든 게 우연이겠어요? 각하가 얼마나 꼼꼼하신 분인데요."

물론 각하는 꼼꼼하신 분이다. 하지만 세상 모든 일에 그럴 수는 없다. 그렇게 꼼꼼했다면 그들에게 발각되지도 않았을 것이다.

나꼼수는 선구적인 대안 언론이었고, 시민들이 정치적으로 각성하는 데 일정 부분 역할을 했다. 하지만 정치적인 모든 것을 음모론으로 보게 했으며, 세상 모든 일을 정치적인 것으로 만드는 부작용을 일으켰다. 삼단논법은 알아서들 해보시라. 사실 이건 부작용이 아니다. 그들이 정확히 의도한 바가 이것일 테니까.

나꼼수 멤버는 이제 지상파 방송에 나오며 대중으로부터 '가장 믿을 만한 언론인' 대우를 받고 있다. 그나마 그들까진 괜찮을지 모른다. 하지만 이후 보수와 진보를 가리지 않고 그들보다 더 극단으로 달리는 이들이 유튜브와 팟캐스트, 종편을 장악했다. 지금 한국에는 폭스뉴스를 능가하는 아무 말이 넘쳐나고 있다.

전혀 정리가 안 되는데, 다행히 나보다 훨씬 똑똑한 철학자 칼 포퍼가 100년 전에 쓴 『열린 사회와 그 적들』이라는 책에 내가 쓸 글을 보지도 않고 요약을 해두었다.

호메로스는 이 땅에 일어나는 모든 일들이 올림포스의 신들이 벌이는 공모의 결과라 믿었다. 사회의 음모론은 이 유신론, 즉 신의 변덕과 의지가 모든 것을 지배한다는 믿음의 한 변종이다. 그것은 거기서 신을 떼어내고 대신 이렇게 물을 때 성립한다. '신이 아니면 누가?' 신의 자리는 이제 여러 유력자 혹은 유력 집단들로 채워진다.

무언가를 의심하고 파고드는 것은 즐거운 일이며, 종종 바람직하다. 나는 모든 음모론이 거짓이라고 생각하진 않는다(미국이 실제로 전 세계를 도청하고 있다가 들통 나지 않았던가). 하지만 우리는 잊지 말아야 한다. 세상의 많은 일은 정말 우연히 일어난다. 이유가 없다. 음모가 없을 수도 있다.

우리가 미신을 찾는 것은 원인을 모르는 혹은 원인이 없는 일의 이유를 찾는 것일지도 모른다. 물론 이렇게 말하는 나도 나를 버린 그 사람이 왜 그랬는지 이유를 고심한다. 물론 그냥 내가 싫어진 거겠지만, 나를 사랑하지만 떠날 수밖에 없는 이유가 있었을 거라고. 그렇게 생각하기 시작하면 끝나지 않는다.

"그러니까 나한테 왜 그랬어요? 말해봐요. 나한테 왜 그랬어요?"

세상의 중심은 내가 아니다

마지막으로 『묵자』 귀의편에 수록된 일화 하나를 소개할까 한다. 중국 제자백가의 사상가 중 하나인 묵자는 변방 출신으로 본토 사람들과 비교해서 얼굴이 검었다. 묵자墨子라는 이름이 붙은 이유가 이 피부색 때문이라는 주장도 있다.

어느 날 묵자가 북쪽 제나라로 가다 한 점쟁이를 만난다. 점쟁이는 묵자에게 "오늘은 하늘이 흑룡 북방에 살을 내리는 날입니다. 선생은 얼굴이 검으니 북으로 가지 마십시오"라는 점괘를 내린다. 하지만 묵자는 그 말을 무시하고 길을 나선다. 아니나 다를까, 제나라로 가는 다리는 끊겨 있었다. 왔던 길을 돌아가던 묵자는 다시 그 점쟁이를 만난다.

"선생, 그러게 제가 뭐라 했습니까. 북쪽은 오늘 날이 아니라 하지 않았습니까?"

그러자 묵자는 이렇게 답했다.

"당신은 내가 얼굴이 검어 오늘 북쪽이 좋지 않다고 했습니다. 그런데 제가 끊어진 다리 앞에서 보니 얼굴이 검은 자뿐 아니라 흰 자도 많았습니다. 그들 모두 저와 함께 다리를 건너지 못했습니다. 운이 없는 것은 저인데 어찌 모두가 함께 길을 가지 못했습니까?"

많은 이들이 축구 경기를 보면서 "내가 화장실에 다녀오면 꼭 골이 들어간다", "내가 직관 가면 꼭 진다" 같은 말을 하곤 한다. 점을 보고 온 사람들이 가장 많이 하는 말은 이런 것이다. "내가 원래 점 이런 거 안 믿는데, 그 사람은 진짜 용하다니까. 다 맞혀."

미신을 믿지 않는다고 말하는 사람도 자신의 일을 맞히기 시작하면, 갑자기 태도가 달라진다. 하지만 그럴 때 묵자의 일화를 떠올려보라. 운이 좋든 나쁘든 간에 대체 세상이 왜 나의 운에 맞춰 움직인단 말인가? 세상의 중심은 내가 아니다. 그것만 알아도 세상 많은 일에 마음이 편해진다.

미신과 함께

내가 지금까지 쉬지 않고 노력해온 이유는

사람의 행동을 조롱하기 위해서도,

통란하기 위해서도,

모욕하기 위해서도 아니다.

바로 이해하기 위해서다.

– 바뤼흐 스피노자

30대 초반, 나는 국내에서 가장 유명한 명리학자(스승부심이니 토 달지 말자) 밑에서 1년 정도 수학했다. 교육도 서비스업인지라 선생님이 내 사주를 직접 풀어주신 적이 있는데, 그때 내게 세 가지를 말씀해주셨다(아마 더 말씀하셨을 텐데 내 편의대로 세 가지만 기억 중이다).

　　첫째, 너는 연쇄살인범 사주를 가지고 있다.

　　(사주를 볼 줄 아는 이를 위해 간단히 설명하면 일주 괴강에 극신약)

　　둘째, 너는 단명한다.

　　셋째, 앞으로 다른 사람 사주는 봐주지 마라.

　　…

　　제자에게 이런 말을 하다니. 지금 생각해보면 선생님이 나를 싫어하신 게 아닌가 싶다. 이 세 가지는 잊기에는 너무 강렬한 내용이라 지금도 머릿속에 깊이 각인되어 있다. 사주를 1년이나 배운 사람이 하기엔 이상한 고백이지만, 나는 사주를 믿지 않는다. 사주를 배운 것도 선생님에 대한 호감 때문이었지 사주를 믿어서는 아니었다. 지금도 마찬가지다. 다른 사람의 인생을 맞히는 짜릿한 경험도 해봤지만, 내 생각은 변함이 없다. 그럼에도 선생님이 내 사주를 봐주신 후 내 삶은 드라마틱하게 변했다.

일단 세 번째부터 말하자면, 지키면서 살고 있다. 지인이 부탁하면 가볍게 사주를 봐주기는 하지만, 각 잡고 본 적은 한 번도 없다(돈을 받은 적은 없다는 뜻이다). 선생님이 내게 다른 사람의 사주를 봐주지 말라고 한 건, 내 사주에 내가 말을 함부로 한다고 나와 있기 때문이다. 내 글을 읽어본 사람이라면 공감하겠지만, 나는 기본적으로 판단을 빨리 내리고 말을 함부로 하는 경향이 있다. 그건 사주에 적혀 있든 아니든 간에 맞는 말이다.

하지만 내가 타인의 사주를 보지 않는 이유는 스승님의 말씀 때문만은 아니다. 한번은 동기들과 케이스 스터디를 하면서 한 아주머니가 가져온 남편의 사주를 함께 푼 적이 있다. 부인이 남편의 사주를 가져오는 건 당연히 어떤 문제가 있기 때문이고, 그 문제는 열에 아홉은 돈 아니면 여자다. 남편의 사주는 재성이 강하고 혼잡했는데, 재성은 남자에게 재물 혹은 여성을 의미한다. 재성이 강하고 혼잡하니 동기들은 이 남자가 온갖 여자를 후리고 다니는 바람둥이라는 결론을 내렸다. 나는 살짝 당황스러웠는데, 아무리 사주가 그렇다 한들 남의 인생에 관해 그렇게 말해서는 안 된다고 느꼈기 때문이다. 고작 생년월일만 보고 한 사람을 가족을 버리고 바람을 피우는 무책임한 유부남으로 만들어도 되는 것일까? 그날 나는 명리학 공부를 그만뒀고, 이후 타인의 사주를 각 잡고 봐주지 않는다(공짜로 봐주는 건 뭐가 다르냐 싶겠지만, 사람들은 돈을 내지 않는 것에는 크게 신경 쓰지 않으므로 함부로 말해도 괜찮다).

나머지 두 가지는 한번에 풀어보자.

선생님은 연쇄살인범 사주라는 것은 일종의 비유로, '총명하고 과감하다'는 의미라고 했다. 살인은 누구나 할 수 있지만, 잡히지 않고 연쇄적으로 하는 건 아무나 할 수 없단다? 내 입으로 옮기자니 쑥스러운데, 아마 막말을 하신 게 미안했던지 좋게 풀이해주신 것 같다. 원래 점이란 건 좋게 해석해주는 거니까.

서른쯤 되면 누구나 그렇듯 당시의 나는 심하게 방황하고 있었다. 물론 10대나 20대도 방황하고, 중년도 방황하고 노년도 방황한다. 아무튼 서른 살의 나는 방황 중이었다. 그런데 첫 번째, 두 번째, 세 번째 풀이가 합쳐지자 선생님이 내게 주려는 메시지가 명확해졌다. '너는 똑똑하고 짧게 사니까 다른 사람 신경 쓰지 말고, 네 미래도 신경 쓰지 말고, 그냥 하고 싶은 대로 하고 살아.' 꿈보다 해몽이라고? 당연하지. 내 인생인데 내 마음대로 정신 승리하는 거다.

사실 선생님이 풀어주신 것과는 달리 나는 그렇게 과감한 사람도 똑똑한 사람도 아니다. 하지만 그날 이후 나는 하고 싶은 말을 어느 정도 하고 살게 되었다. 나는 과감한 사람이니까, 연쇄살인범이니까. 그렇게 생각하자 모든 일에 편하게 결정을 내릴 수 있었다. 재물 욕심도 사라졌다. 어차피 오래 살 거 아니니까. 이후 나는 내 사주에 어울리는 사람이 되었다. 정말 단명을 할지는 두고 봐야겠지만, 지금으로선 별 상관 없을 것 같다. 짧으면 짧은 대로 당연하다 싶고, 길면 남은 인생을 덤으로 생각하고 살면 된다.

선생님이 봐준 내 사주에는 어떤 과학적인 근거도 없다. 하지만 그 사주는 이후 내 삶을 지탱하는 중요한 요소로 작용했다. 내가 그렇다고 믿고 행동하기 때문이다.

미신의 미래

200년이 넘는 지난 세월 동안 전체 인구 중에서 과학자들이 차지하는 비율은 어디에서나 극소수였다. 그런데 현재 영국에서는 과학자의 수가 성직자와 군 장교의 수를 능가하고 있다. 만일 이 증가 추세가 앞으로도 이어진다면, 지구상의 모든 남녀노소는 말할 것도 없고, 말, 소, 개, 노새까지 죄다 과학자가 될 것이다.

1965년에 영국 과학교육부 차관이 한 말이다. 과학자가 된다는 게 꼭 미신을 믿지 않는다는 말은 아니지만(많은 과학자도 자기만의 미신을 믿고 있다. 본인은 인정하지 않겠지만), 일단 그렇다고 해보자. 그럼 60년이 지난 지금 이 차관의 예언은 적중했을까?

　　그렇기도 하고 아니기도 하다. 과학자가 조금 더 늘어났고, 교육을 받는 이는 훨씬 많아졌다. 아마 앞으로 인류 문명을 송두리째 날려버릴 재난이 닥치지 않는 한, 과학 기술은 더욱 발전하고 보편 교육은 더욱 확대될 것이다. 사람들은 이런 흐름 속에서 현대인들이 과거 사람들보다 훨씬 이성적이고, 미신을 믿는 수도 줄어들었으며, 앞으로는 더 줄어들 것이라 기대한다.

　　하지만 과연 그럴까? 어쩌면 지금이 인류 이성의 최대치는 아닐까? 과학이 폭발적으로 발전한 20세기, 사람들은 21세기가 오면 인류가 화성에 진출하고, 모든 불치병을 정복하고, 상온핵융합과 대체 에너지 개발로 화석연료 시대를 끝낼 것이라 믿어 의심치 않았다. 하지만 21세기가 시작되고 20년이 지난 지금, 화성은 고사하고 지구가 평평하다고 주장하는 사람들이 인터넷에 활개치고 있다. 병을 정복하기는커녕 예방접종을 거부한 이들 덕분에 사라진 질병마저 돌아오고, 새로운 전염병이 창궐해 악수도 못하는 사회가 되었다. 그리고 화석연료는 뭐… 하늘만 봐도 상황을 알 수 있다. 그러니 미신은 말할 필요도 없지. 인간의 욕심은 끝이 없고 같은 실수를(점점 더 빠른 속도로) 반복한다.

곽재식 작가의 SF 단편 「내 겸손한 배터리를 위한 기도문」 은 '미래에는 미신이 없어질까?' 라는 질문에 답하는 작품이다 (물론 작가는 그냥 소설을 썼다. 내가 그렇게 생각한다는 뜻이다).

이 소설의 중심 소재는 배터리다. 기술이 발전하고 웬만한 첨단기술이 모두 소형화되었지만, 유독 배터리는 소형화가 쉽지 않다. 현재 스마트폰 부피의 80퍼센트를 배터리가 차지한다. 부피를 줄이려고 압축하면 폭발 위험이 커진다. 삼성 갤럭시 노트 7이 배터리 폭발로 판매가 중단된 일을 다들 기억할 것이다. 하지만 이 제품뿐 아니라 다른 제조사의 스마트폰도 횟수가 적어서 그렇지 폭발한 적이 있다. 애플과 화웨이도 비슷한 사고가 있었고, 전기차 배터리 폭발사고도 있었다.

소설은 이 상황이 그다지 나아지지 않은 미래를 가정한다. 태양열 발전의 효율이 높아져 건물마다 배터리가 생긴다. 태양열로 만든 에너지를 태양이 없을 때 쓸 수 있게 저장하는 것이다. 배터리 효율은 여전히 높지 않기 때문에 건물만 한 크기의 배터리가 필요하다. 하지만 배터리는 여전히 폭발한다. 아무리 잘 만들어도 종종 폭발한다. 배터리가 커졌으니 사고는 더 거대해진다. 큰 산불이 나기도 하고 인명사고도 일어난다. 정부는 이를 모두 기업의 책임으로 돌렸고, 그러자 대기업은 배터리 관리만 하청 업체에게 맡기기 시작했다(정말 리얼하게 그려지는 미래다). 문제가 생기면 하청 업체도 아니고, 하청 업체에서 일하는 배터리 관리사가 책임을 진다.

소설의 주인공은 배터리 관리사다. 배터리 관리사는 꽤 고액 연봉을 받는 전문직이다. 하지만 하는 일은 없다. 다만 책임질 사람이 필요하니 만들어진 자리다. 그러니 배터리 관리사는 배터리 설치를 끝마치기 전에 항상 기도를 한다. 소설은 이렇게 끝이 난다.

"그런데 이렇게 중요한 일을 왜 그때그때 대충 때우려고만 할까요?"

"별 멋이 없잖아. 더 용량 큰, 더 안전한 배터리. 정치인들이 폼난다고 생각하는 구호는 아니지."

우리가 하는 일은 결국 우리가 감옥에 갈 위험의 대가로 돈을 버는 일이었다. 감옥에 안 가기 위해 할 수 있는 일이라고는 지금처럼 사고가 터지지 말기를, 신실히 기도하는 것뿐이었다.

"선배, 제가 같이 일하겠다고 찾아왔을 때 도대체 저 왜 뽑으셨어요?"

선배는 기도를 다 마치고 '설치' 단추를 눌렀다. 그리고 내 기도하는 손을 보며 대답했다.

"네가 손금이 좋더라고. 손금이. 감옥 갈 운이 없어."

물론 이 소설은 다큐가 아니다. 우리가 미래에도 여전히 미신을 믿을지는 알 수 없다. 하지만 이 소설은 우리가 왜 미신을 믿는지, 무엇보다 왜 앞으로도 미신이 사라지지 않을지를 잘 보여준다. 배터리 문제가 해결되더라도 우리의 인생은 알 수 없을 것이기에.

2장에서 나는 신화에 대해 논하며 '신이 이해할 수 없게 행동한다면 그건 신이 이상한 게 아니라 당시 사회 규범이 이상한 것'이라 말했다. 마찬가지다. 세상에 이해할 수 없는 미신이 있다면, 그건 미신이 이상한 게 아니라 그 미신이 생길 수밖에 없던 시대 상황이 이상한 것이다.

회의론자와 신념의 도약

종교와 유사 과학을 비판하는 과학자와 이성적인 사람들은 하나의 대안으로 '회의론자'가 되길 제안한다. 모든 것을 회의적으로 바라보며, 과학적 검증과 반증을 통해 합리적인 판단을 내리자는 것이다. 수학자 마틴 가드너Martin Gardner를 시작으로 칼 세이건Carl Sagan, 리처드 도킨스Clinton Richard Dawkins, 리처드 파인만Richard Feynman 등 수많은 지성이 이런 태도를 지지했다. 마이클 셔머Michael Shermer는 아예 《SKEPTIC》(회의론자)이라는 잡지까지 발행한다(상당히 훌륭한 잡지로 한국어판도 발행된다).

스켑틱한 것은 삶을 살아가는 데 좋은 태도이며, 나는 전반적으로 이 태도에 동의한다. 하지만 자칫하면 이런 태도는 현재 비실용적인 것을 모두 배척하는 결과를 가져올 수도 있다.

앞에서 봤듯 인류의 역사는 종종 무분별한 믿음에서 비롯됐다. 농경처럼 속은 것이기도 하고, 특정 사상처럼 희생한 경우도 있다. 어쨌든 그런 인류의 모습은 그다지 스켑틱하진 않았다. 슬라보예 지젝은 이런 인간의 모습을 『잃어버린 대의를 옹호하며』에서 '신념의 도약'이라고 표현했다. 닿을지 안 닿을지 확실하지 않은 상황에서 믿음을 바탕으로 무작정 뛰어드는 행동. 이런 행동은 대부분 실패했지만 가끔 성공했고, 이는 역사의 단계를 넘어가는 선택이 되곤 했다. 앞으로도 인류는 이제까지 그래온 것처럼 종종 위기에 처할 것이고, 신념의 도약을 해야만 하는 순간이 올 수도 있다.

'이성적'이라는 것의 기준은 매우 애매하다. 심지어 과학계에도 이런 비합리적인 믿음이 들어오곤 한다. 가령 타임머신이란 개념은 1895년 허버트 웰스Herbert George Wells가 쓴 소설에서 처음 등장한다. 웰스는 역사가이자 소설가였고, 과학과는 별 관련이 없는 사람이었다. 그는 그냥 재밌는 이야기를 위해 시간을 거슬러 간다는 설정을 사용한 것뿐이다. 하지만 이후 타임머신은 과학으로 설명해야 할 것이 되어버렸다. 그 개념을 잡는 데 과학은 아무 영향도 주지 않았지만, 이후 대중은 물론 과학자들까지도 타임머신을 설명하고 실현 가능하게 하려고 노력했다. 지금에서야 타임머신이 불가능하다고 어느 정도 결론이 났지만 (웜홀을 이용하면 부분적으로 가능할 수도 있는데, 복잡하고 제한적이다),

한때는 과학자들이 진지하게 토론하고 연구했다.

사람들이 상상을 진지하게 믿으면 그것은 실현 가능한 것이 된다. 지동설이 주창될 초기에는 천동설이 훨씬 합리적이었다. 지동설에는 '아름답고 단순하다'는 것 외에는 별 장점이 없었다. 하지만 일부 과학자들은 아름답고 단순한 지동설을 믿었고, 이를 증명하기 위해 노력한 끝에 진실을 밝혀냈다. 그런 면에서 초기 지동설 학자들은 신념의 도약을 한 회의론자였다. 회의론과 신념의 도약이 꼭 충돌하는 건 아니다.

나는 이 책에 언급된 많은 미신에 부정적이지만, 그렇다고 무분별한 믿음이 모두 잘못되었다고 쉽게 결론을 내리진 못하겠다. 사람이 늘 합리적인 것만을 믿을 수는 없는 노릇이니까. 가령 나는 종교에 대해 비난에 가까운 비판적 의견을 자주 제시한다. 하지만 나도 아는 걸 종교인이 모르진 않을 것이다. 원래 사랑이란 잘못된 줄 알고, 없는 줄 알면서도 어쩔 수 없이 받아들이는 것이다. 물론 아무것도 모르는 순결한 종교인을 만나면 한심하다는 생각이 들지만, 모든 걸 알면서도 "어쩔 수 없다"며 웃어 보이는 종교인에게는 경외감마저 느낀다.

인류는 원래 무분별하게 무언가를 믿는다. 조금 더 나은 대안이 있겠지만, 그런 말을 알아들을 존재가 아니다. 나는 사랑에 빠지는 이들을 볼 때마다(사랑도 무분별한 믿음이라는 측면에서 미신적인데, 특히 여성이 남성에게 빠지는 것이 그렇다. 인류 역사상 여성을 가장 많이 죽인 것은 자신의 남성 파트너이기 때문이다), 내가 나쁜 연인에게 빠질 때마다, 무엇보다 나에게 빠지는 정신 나간 사람을 볼 때마다 좌절하면서도 희망을 발견한다. 그래서 잘 모르겠다. 미신이 좋은 건지 나쁜 건지. 부정적인 생각이 들 때가 많지만, 나는 어차피 모든 걸 부정적으로 보는 사람이니까, 당신이 신경 쓸 필요는 없다.

　미신은 인류와 함께 존재해왔고, 세상을 바꿔왔다. 앞으로도 그럴 것이다. 좋은 쪽이든 나쁜 쪽이든. 아마 둘 다겠지.

책을 쓰는 데 도움을 준 자료들

책

강헌, 『명리』, 돌베개, 2015

곽재식 · 김보영 외 『SF 크로스 미래 과학』, 우리학교, 2017

김승섭, 『아픔이 길이 되려면』, 동아시아, 2017

김승호, 『새벽에 혼자 읽는 주역인문학』, 다산북스, 2015

난젠&피카드, 『에로틱 세계사』, 다산북스, 2019

정기문, 『역사는 재미난 이야기라고 믿는 사람들을 위한 역사책』, 책과
    함께, 2018

정연섭, 이유진, 『신내림의 진실』, 다크아트, 2017

로버트 고든, 『미국의 성장은 끝났는가』, 생각의힘, 2017

마이클 셔머, 『왜 사람들은 이상한 것을 믿는가』, 바다출판사, 2007

마르탱 모네스티에, 『자살에 관한 모든 것』, 새움, 2015

베네딕트 앤더슨, 『상상된 공동체』, 길, 2018

베르나르 베르베르, 『죽음』, 열린책들, 2019

벤저민 리버만, 엘리자베스 고든, 『시그널』, 진성북스, 2018

쑤상하오, 『새 부리 가면을 쓴 의사와 이발소 의사』, 시대의창, 2019

에드워드 글레이저, 『도시의 승리』, 해냄, 2011

에두아르트 폭스, 『풍속의 역사』, 까치글방, 2001

장샤오위앤, 『별과 우주의 문화사』, 바다출판사, 2008

케일린 오코너, 제임스 오언, 『가짜 뉴스의 시대』, 반니, 2019

커트 앤더슨, 『판타지랜드』, 세종서적, 2018

톰 필립스, 『인간의 흑역사』, 윌북, 2019

John Allyne Gade, *The life and times of Tycho Brahe*, 1947

기사, 칼럼, 논문

김상욱, 「우리는 어떻게 호모사피엔스가 되었는가」, 《스켑틱》 vol. 20, 2019

김학일, 「주식고수 물리친 '앵무새' 비결 '우량주 중심 장기투자'」, 《노컷뉴스》, 2009. 08. 05

신명호, 「명성황후, 무당 신령군(神靈君)에게 미혹되다」, 《중앙시사매거진》, 2015. 02. 17

진중권, 「대중의 꿈을 '사실'로 만든 허구, 사실보다 큰 영향력」, 《한국일보》, 2020. 01. 16

이헌진, 「故 이병철회장의 '관상면접'」, 《동아일보》, 2003.02.16

Brian F. Schaffner, Samantha Luks, "This is what Trump voters said when asked to compare his inauguration crowd with Obama's", *The Washington Post*, 2017.01.25

Sophia Yan, "China says Dalai Lama reincarnation 'must comply' with Chinese laws", *The Telegraph*, 2019.03.21

Neil Dagnall, Ken Drinkwater, "From black cats to broken mirrors: The science behind superstition", *Independent*, 2018.07.02

Jared Diamond, "The worst mistake in the history of the human race", *Discover*, 1987.05

Ted Barrett, "Inhofe brings snowball on Senate floor as evidence globe is not warming", *CNN*, 2015.02.27

S.E Moore, T. J Cole, A.C Collinson, E.M Poskitt, I.A McGregor, A.M Prentice, "Prenatal or early postnatal events predict infectious deaths in young adulthood in rural Africa", *Int J Epidemiol*. 1999

Alfred KueppersStaff, "Blindfolded Monkey Beats Humans with Stock Picks", *The Wallstreet Journal*, 2001. 06. 05

Olga Khazan, "How to Overcome Political Irrationality About Facts", *The Atlantic*, 2017. 01. 26

아직까지 책을 읽고 있는
하릴없는 이들을 위한 뒷이야기

이 책을 쓰기 전 나는 날아다니는 스파게티 괴물의 장난에 의해 사주에도 없는 과학책을 냈다. 심지어 그 책은 물리학자들이 주는 '올해의 과학도서'에 선정되었고, 나는 과학관을 비롯한 몇몇 진중한 곳에 초청돼 강연을 하는 호사를 누렸다. 딱히 나를 수식하는 단어가 없었으므로 주최 측에서는 나에게 '과학 스토리텔러'라는 호칭을 붙여주었고, 청중은 호칭에 속아 자신이 평소에 궁금해하던 과학에 관한 온갖 난해하고 깊이 있는 질문을 나에게 쏟아냈다. 어딜 가나 쓸데없는 질문을 하는 질문 빌런이 있었지만, 대부분은 훌륭한 질문이었다. 문제는 내가 답변을 해줄 능력이 없다는 거지.

보통의 작가들은 자신이 아는 것 수만 가지 중에서 몇 가지를 뽑아 글을 쓴다. 그래서 질문을 하면 책에 쓰지 않은 새로운 이야기를 많이 해준다. 하지만 나는 맥락만 맞으면 아는 걸 책에

다 때려 박는다. 심지어 맥락과 달라도 재밌으면 끼워 넣는다. 종 종 "어떻게 그런 생각을 하셨어요? 그렇게 이어질지 정말 몰랐 어요. 식견이 탁월하시네요" 같은 칭찬을 하는 독자들이 있는데, 그럴 때면 쥐구멍에라도 숨고 싶어진다(이런 식상한 표현을 하다니 다시 쥐구멍에 숨고 싶어진다). 그냥 아는 걸 다 끼워 넣는데 맥락을 맞춰야 하니 글이 그렇게 써진 것뿐이다. 만약 독자가 내 책을 읽 었는데도 모르겠다면, 작가인 나도 모르는 것이다.

아무튼 그런 이유로 다음 책은 과학과는 정반대 분야를 써 야겠다고 결심했고, 이 책은 그 결과물이다. 나보다 미신을 조 금 더 진지하게 믿는 사람이 썼다면 좋았겠지만, 그들은 이런 책을 쓸 시간이 없다. 이쪽 분야 사람을 몇 명 아는데(명리학자, 타로이스트, 무당, etc), 단 한 명도 빠짐없이 모두 나보다 돈을 잘 번다. 나도 글 따위 쓰지 말고 그쪽 길을 걸었어야 했는데… 이 게 다 남 사주 보지 말라던 스승님 때문이다.

나의 영원한 스승이신 강헌 선생님께 감사의 인사를 드린 다. 선생님을 만나지 못했다면 이 책을 쓸 생각은 전혀 못했을 것이다. 강헌 선생님이야말로 몇 없는 내 롤모델 중 한 분이다. 언젠가 선생님처럼 박학다식하면서도 안하무인하게 행동하는 사람이 되고 싶다. 결혼을 하게 된다면 꼭 주례를 부탁드려야겠 다고 생각하고 있는데, 결혼을 못해서 대신 책의 추천사를 부탁 하고 있다.

추천사를 써준 또 한 분, 강양구 기자님께도 감사드린다(명리학자와 과학전문기자가 함께 추천사를 쓰다니, 이 얼마나 신박한 책인가!). 황우석 사건 때부터 쭉 그랬지만, 최근에 유독 기자님을 괴롭히는 신념에 찬 불쌍한 영혼들이 많다. 예수의 말을 빌려 말하자면 '그들은 자신이 무슨 짓을 하고 있는지 알지 못하나이다'(『누가복음』 23장 34절). 물론 기자님은 하느님 아버지가 아니므로 그들의 죄를 사하여줄 필요는 전혀 없다.

함께 명리학을 공부했던 프로 점성가이자 프로 명리학자, 프로 타로이스트 신호형에게도 감사의 말을 전한다(프로라는 건 돈을 받고 점을 봐준다는 뜻이다). 책을 쓰며 궁금한 점이 생길 때마다 물어봤는데, 복채도 안 받고 조언을 해줬다. 프로가 돈을 안 받는다는 건 어마어마한 호의라는 걸 알아야 한다. 사주상 나와 잘 맞지는 않지만 이 정도면 90퍼센트 귀인 인증.

틀린 내용으로 욕먹을 뻔한 상황을 사전에 방지해준 J님에게도 감사의 말을 전한다. 원고를 보고 깜짝 놀라 영어로 된 관련 전문 서적을 잔뜩 안고 집 앞에 나타난 날이 생생히 기억난다. 지금은 사이가 틀어져 이 책도 보지 않겠지만, 혹시 보고 있다면 이 자리를 빌려 제대로 사과하고 싶다.

첫 책을 냈던 동아시아 출판사와 다시 작업하게 되어 고향에 온 듯 기분이 좋다. 전해 듣기로 동아시아 직원들은 MBTI에 빠졌다고 하던데(동아시아는 과학책 전문 출판사다)… 하긴 과학관에 강연을 갔더니 과학관 직원들이 모두 사주를 보더라. 아무리 배워도 사람은 다 똑같은가 보다. 이런 쓸데없는 이야기를 주저리주저리 하는 작가를 만나서 신소윤 편집자가 고생이 많았다. 내 아이돌 영업하듯 이 책의 영업도 열정적으로 해주길 고대해본다.

　마지막으로 언제나 그렇듯 독자 여러분에게도 감사의 인사를 전한다. 책 한 권 값이면 길거리 타로 부스에서 질문을 하나 할 수 있는데, 자신의 미래보다 내 책을 궁금해했다니 그저 고마울 따름이다. 이 책으로 여러분의 인성이 풍부해지고 나의 재성이 가득해지길 빈다. 그럼 미신 따위 필요 없는 평안한 인생 되시길.

"어떤 이야기를 사랑하고 믿느냐가 세상의 운명을 결정한다."

- 해롤드 C. 고다드

The Meaning of Shakespeare

믿습니까 믿습니다
별자리부터 가짜 뉴스까지 인류와 함께 해온 미신의 역사

ⓒ오후, 2020 Printed in Seoul, Korea

초판 1쇄 펴낸날 2021년 1월 11일
초판 3쇄 펴낸날 2021년 10월 27일
지은이 오후
펴낸이 한성봉
편집 하명성·신종우·최창문·이동현·김학제·신소윤·조연주
콘텐츠제작 안상준
디자인 전혜진·김현중
마케팅 박신용·오주형·강은혜·박민지
경영지원 국지연·강지선
펴낸곳 동아시아
등록 1998년 3월 5일 제1998-000243호
주소 서울시 중구 퇴계로30길 15-8 [필동1가 26] 2층
페이스북 www.facebook.com/dongasiabooks
인스타그램 www.instagram.com/dongasiabook
블로그 blog.naver.com/dongasiabook
전자우편 dongasiabook@naver.com
트위터 twitter.com/in_hubble
전화 02) 757-9724, 5
팩스 02) 757-9726
ISBN 978-89-6262-359-8 03300

이 도서의 국립중앙도서관 출판예정도서목록(CIP)은
서지정보유통지원시스템 홈페이지(http://seoji.nl.go.kr)와
국가자료종합목록 구축시스템(http://kolis-net.nl.go.kr)에서
이용하실 수 있습니다. (CIP제어번호 : CIP2020053102)

만든 사람들

편집 신소윤
크로스교열 오효순
디자인 김현중